Knaur.

Im Knaur Taschenbuch Verlag ist bereits folgendes Buch der Autorinnen erschienen:
Alles, was Mädchen wissen müssen

Über die Autorinnen:
Veronika Immler, geboren 1968, studierte an der FH München und arbeitete bis zur Geburt ihrer ersten Tochter als Architektin. Seither widmet sie sich schwerpunktmäßig der Familie – und ihrer Leidenschaft für die Fotografie.
Antje Steinhäuser, Jahrgang 1964, studierte Germanistik und Anglistik in Freiburg. Sie lebt und arbeitet als freie Lektorin und Autorin in München.

Veronika Immler
Antje Steinhäuser

Alles, was eine FRAU *wissen muss*

Knaur Taschenbuch Verlag

Besuchen Sie uns im Internet:
www.knaur.de

FSC
www.fsc.org
MIX
Papier aus verantwortungsvollen Quellen
FSC® C083411

Vollständige Taschenbuchausgabe Dezember 2011
Knaur Taschenbuch

Ein Unternehmen der Droemerschen Verlagsanstalt
Th. Knaur Nachf. GmbH & Co. KG, München

Redaktion: Angela Gsell
Alle Illustrationen von Gisela Rüger,
außer Seite 56: Achim Norweg
Umschlaggestaltung: ZERO Werbeagentur, München
Umschlagabbildungen: FinePic®, München
Satz: Wilhelm Vornehm, München
Druck und Bindung: CPI – Clausen & Bosse, Leck
Printed in Germany
ISBN 978-3-426-78175-3

2 4 5 3 1

INHALT

VORWORT

Dass Sie sich benehmen können, setzen wir voraus, dass wir Ihnen über Küche und Haushalt allenfalls Ausgefallenes erzählen sollten, ebenso – aber wussten Sie, dass die alten Römerinnen den Wonderbra längst erfunden hatten? Und was es mit der langen, unhygienischen Geschichte der Unterwäsche auf sich hat? Welche besonderen Führungsqualitäten Legastheniker haben, welcher Frau als erster der Titel »Man of the Year« verliehen wurde, und mit welcher technischen Erfindung eine der schönsten Frauen der Welt, die Schauspielerin Hedy Lamarr, bis heute die Funktechnik geprägt hat?

»Wer nichts weiß, muss alles glauben«, stellte die Schriftstellerin Marie von Ebner-Eschenbach klar. Damit Sie nicht so viel glauben müssen, sondern sich möglichst viel von dem ganzen bemerkenswerten und phantastischen Wissen, das man sich so aneignen kann, anhäufen können, aus purer Lust am Sammeln des Faszinierenden, möchten wir Sie zu einer Reise durch dieses Buch einladen.

Wir präsentieren Ihnen erstaunliche, anrührende, beeindruckende und erheiternde Fakten und Antworten. Warum bedeckt eine Frau aus Sumatra ihre Knie, wenn sie von Fremden überrascht wird? In welcher Disziplin konnten sich die Frauen bei den Olympischen Spielen im antiken Athen beweisen, und welcher Preis winkte ihnen? Wo leben die glücklichsten Menschen auf dieser Welt? Wie funktioniert luzides Träumen? Wie lange braucht die Nasenscheidewand, der Ohrknorpel oder die Schamlippe fürs Verheilen nach dem Piercen? Wie hilft die sogenannte Geräuschprinzessin, die »Otohime«, japanischen Frauen über peinliche Toilettengeräusche hinweg? Was sollten Sie bei Partnervermittlungen und Flirtbörsen im Internet beachten? Wie trainiert man die eigene Gehirnleistung? Wo lässt man sich vergorene Sojabohnen, geröstete Termiten und gegrilltes Gürteltier schmecken?

Und nicht zuletzt: Welche Domänen stehen Ihnen als Frau noch zur Eroberung offen? Werden Sie doch Bundespräsidentin, KSK-Mitglied, oder denken Sie über eine gefährliche Idee nach …

Veronika Immler & Antje Steinhäuser

GROSSE STAATSFRAUEN

Dass Frauen wählen durften, hieß lange Zeit nicht, dass sie als Politikerinnen Posten übernahmen.

- Die dänische Erziehungsministerin Nina Bang war 1924 das erste weibliche Kabinettsmitglied weltweit.
- Khertek Anchimaa-Toka war die erste gewählte weibliche Regierungschefin der Welt: In der Volksrepublik Tannu-Tuva, in sibirischer Ferne, kam sie 1940 an die Macht, aber nur für vier Jahre, dann wurde ihr Land von der Sowjetunion annektiert.
- In Deutschland war Luise Albertz 1946 die erste Oberbürgermeisterin einer Großstadt (Oberhausen, immerhin).
- 1961 war Elisabeth Schwarzhaupt die erste Frau auf einem Bundesministerposten (Gesundheitswesen).
- 1993 war Heide Simonis die erste deutsche Ministerpräsidentin (Schleswig-Holstein).

Inzwischen regiert eine Frau das bevölkerungsreichste Land der EU (Angela Merkel), in Argentinien (Cristina Kirchner), Indien (Pratibha Patil) und Liberia (Ellen Johnson-Sirleaf) behaupten sich Frauen als Regierungschefinnen, und in den USA (Hillary Clinton) und Frankreich (Christine Lagarde) spielen Frauen immerhin ganz oben in der Politik mit. In Deutschland ist ein knappes Drittel der PolitikerInnen weiblich, weltweit sind es immerhin 18 Prozent. Zwar sind Frauen in den Parlamenten immer noch eher die Ausnahme von der männlichen Regel, aber sie sind auf dem Weg dahin, kein Erstaunen mehr auszulösen.

Golda Meir

Sie gehörte im Mai 1948 zu den Unterzeichnenden der Proklamation des neuen Staates Israel. Millionen Dollar Spendengelder hatte sie vor allem in den USA für ihren Traum gesammelt: dem jüdischen Volk eine jüdische Heimat zu verschaffen. Antisemitische Pogrome gehörten bereits für die 1898 in Kiew Geborene zu ihren frühen Kindheitserlebnissen. Als sie fünf Jahre alt war, floh die Familie in die USA. Meir arbeitete als Lehrerin und Bibliothekarin in Chicago und New York. Ihr Interesse an Politik brachte sie in die sozialistisch-zionistische Bewegung, bis sie 1921 mit ihrem Mann Morris Myerson nach Palästina zog, wo sie ihrem Namen eine hebräische Anmutung gab: Meir heißt »jemand, der Licht bringt«. Zunächst lebte die Familie in einem Kibbuz, dann in Tel Aviv und Jerusalem. 1923 wurde Golda Meir Mitglied der Arbeiterpartei Mapai, ab 1928 war sie Aktivistin und später politische Leiterin in der Gewerkschaft Histadrut, für die sie sich in den USA mit Frauenorganisationen befasste, um dann, zurück in Israel, die zionistisch-sozialistische Frauenbewegung aufzubauen. Meir wurde Mitglied des Zionistischen Weltkongresses und stand der politischen Abteilung der Jewish Agency vor. 1948 war Meir die erste Botschafterin Israels in Moskau, von 1949 bis 1974 Abgeordnete der Knesset, von 1949 bis 1956 israelische Arbeitsministerin, von 1956 bis 1965 Leiterin des Außenministeriums. Im März 1969 wurde sie nach Levi Eshkols Tod die erste Premierministerin Israels. Nach bewegten fünf Jahren (Unruhen am Suezkanal, Jom-Kippur-Krieg) wurde sie 1974 von Jitzhak Rabin abgelöst. 1978 starb sie an Krebs. Der Staatsmann Ben Gurion nannte sie einmal den »einzigen Mann im Kabinett«. Sie gilt als große Persönlichkeit der israelischen Gründergeneration, die ihr Leben ganz in den Dienst ihres Volkes gestellt hat. Allerdings wird ihr mitunter vorgeworfen, sie habe Chancen beim Friedens- und Stabilisierungsprozess vertan.

Indira Gandhi

Das Volk setzte seine ganze Hoffnung in sie und nannte die Frau mit der aristokratisch-beherrschten Ausstrahlung Bharat Mata, Mutter Indiens. Schließlich hatte sie sich ein Ziel von historischen Dimensionen gesteckt: soziale Gerechtigkeit für ihr Land.
1917 wurde Indira als Tochter von Jawaharlal Nehru und Kamala Nehru in Allahabad geboren. Ihr Vater war Pandit-Brahmane aus Kaschmir und gehörte damit einer der höchsten Kasten an. Es prägte die junge Indira, dass ihr Großvater Motilal und ihr Vater zusammen mit Mahatma Gandhi (der kein Verwandter war) zur Unabhängigkeitsbewegung Indiens gehörten und gegen die englische Kolonialherrschaft aufbegehrten. Ihre Schulausbildung genoss sie in Europa. 1942 heiratete sie Feroze Gandhi, einen Freund der Familie, mit dem sie 1944 und 1946 die Söhne Rajiv und Sanjay bekam. Ab 1946 arbeitete Indira in Delhi eng mit ihrem Vater, dem Premierminister, zusammen. Als sie 1955 selbst den Parteivorsitz der Kongresspartei übernahm, sah ihr Mann ihre Ehe endgültig als gescheitert an. Es mag eine Rolle gespielt haben, dass Feroze, der 1960 starb, der niedrigeren Kaste der Parsen entstammte. 1964, kurz nach dem Tod ihres Vaters, wurde Indira Ministerin für Information und Rundfunk. Im Januar 1966 wurde sie als Premierministerin vereidigt. 1972, nach der Befreiung Bangladeschs gegen Pakistan, stand sie auf dem Höhepunkt ihrer Macht. Nach einer Wahlniederlage 1977 zog sie sich zurück, um 1980 erneut als Premierministerin anzutreten. Im Oktober 1984 wurde sie von zweien ihrer Sikh-Leibwächter erschossen. Sie hatte die beiden Männer bewusst nicht entlassen, da

sie Unabhängigkeit von religiösen Zugehörigkeiten demonstrieren wollte. In den Tagen danach wurden Tausende Sikhs ermordet, hunderttausend flohen nach Punjab.

Margaret Thatcher

Ihre Wirtschaftspolitik war rigoros, wirkte mit strengem Monetarismus der Inflation entgegen und erhielt mit »Thatcherismus« sogar einen eigenen Namen. Die Briten nannten sie »Milchdiebin«, weil sie als Kultusministerin 1971 die Gratismilch an Grundschulen abgeschafft hatte.
1925 wurde sie in Lincolnshire geboren. Sie studierte Chemie und Jura und arbeitete mehrere Jahre in beiden Berufen. Sie heiratete einen Unternehmer, und als die gemeinsamen Zwillinge sechs Jahre alt waren, trat sie im Norden Londons für die Conservative Party an und wurde ins Unterhaus gewählt. 1961 wurde sie Parlamentssekretärin im Ministerium für Sozialversicherungen, 1970 Ministerin für Erziehung und Wissenschaft im Kabinett von Edward Heath, 1975 errang sie dessen Posten als Parteivorsitzende in einer Kampfabstimmung. 1979 gewann sie mit ihrer Partei die Parlamentswahlen und wurde Premierministerin. Thatcher bekämpfte die Inflation, schaffte der Wirtschaft Freiräume und privatisierte etliche Staatsunternehmen, sie setzte gegen den Willen einiger Gewerkschaften Reformen und technische Innovationen durch; Kritiker werfen ihr jedoch vor, sie habe zu wenige Sozialinvestitionen vorgenommen, das bürgerliche Gemeinschaftsgefühl für unwichtig erachtet und das Gesundheitswesen nachhaltig geschwächt. Als EU-Mitglied fuhr sie stets einen ganz eigenen Kurs, etwa wenn es um Beitragsgelder ging. 1982 setzte sie sich in einem Krieg gegen Argentinien im Kampf um die Falklandinseln durch. 1984 entging sie knapp einem Anschlag der IRA. Sie gab vertragsgemäß Hongkong an China zurück, kürzte den

Bildungsetat (weswegen Oxford ihr den Ehrendoktor verweigerte) und löste heftige Proteste aus, als sie eine Personensteuer einführte. Die deutsche Wiedervereinigung lehnte sie strikt ab. 1990 erklärte sie ihren Rücktritt, nachdem der Rückhalt in der Partei zu wanken begann.
Den Spitznamen »Eiserne Lady« verpasste ihr ein Mitarbeiter von Radio Moskau, nachdem sie die »bolschewistische Sowjetunion« scharf kritisiert hatte.

Madeleine Albright

Als Tochter eines tschechoslowakischen Diplomaten 1937 in Prag geboren, hatte sie bereits zweimal ihre Heimat eingebüßt, einmal durch Hitler, einmal durch die Kommunisten, als sie mit elf Jahren in die USA kam, wo ihr Vater als Politikprofessor in Denver lehrte. Albright wurde 1957 US-amerikanische Staatsbürgerin. Sie studierte Politik- und Rechtswissenschaften, 1976 promovierte sie. Bereits als Studentin engagierte sie sich politisch für die Demokratische Partei, in den siebziger und achtziger Jahren war sie Beraterin des Senators von Maine, Edmund S. Muskie, und der demokratischen Kandidaten Walter Mondale und Michael Dukakis; bis 1981 war sie drei Jahre Mitglied des Nationalen Sicherheitsrates und tätig im Stab von Präsident Jimmy Carter, ab 1993 Botschafterin der USA bei den Vereinten Nationen. In dieser Zeit setzte sie sich bereits stark für weltweite Frauennetzwerke ein, weil sie wusste, dass nur in der Gemeinschaft bahnbrechende Erfolge zu erzielen sind; so besuchte sie etwa die burmesische Oppositionspolitikerin Aung San Suu Kyi und setzte sich bei der Militärregierung für Kyis Demokratiekurs ein. Im Januar 1997 war sie die erste Frau, die als Außenministerin der USA vereidigt wurde. Sie hatte diesen Posten bis zum Ende der Amtszeit Bill Clintons im Jahr 2001 inne.

Albrights persönliches Markenzeichen auf Staatsreisen waren ihre auffälligen Broschen, die durchaus politische Botschaften transportierten: Dem irakischen Vize-Premier Tarik Aziz trat sie mit einer Schlange am Revers entgegen, nachdem die irakische Presse sie als solche bezeichnet hatte. Serbengeneral Ratko Mladić hatte angeblich eine Ziege aus seiner eigenen Herde nach ihr benannt – Albright heftete sich eine an die Brust. Zu Abrüstungsverhandlungen mit Russland erschien sie mit angesteckter Rakete.

Benazir Bhutto

»Nur die Demokratie kann uns retten, und wir sind bereit, dafür unser Leben zu riskieren«, verkündete sie unerschrocken, nachdem sie den Anschlag eines Selbstmordattentäters überlebt hatte, der 2007, kurz nach ihrer Rückkehr aus dem Exil, 140 Menschen das Leben kostete.

1953 wurde sie in Karatschi, Pakistan, als Tochter des ehemaligen pakistanischen Premiers Zulfikar Ali Bhutto und einer iranischen Kurdin geboren. Benazir studierte in Harvard und Oxford. Schon zu Studienzeiten unterstützte sie ihren Vater bei den Vereinten Nationen in New York. Nach der Ermordung ihres Vaters 1979 ging sie ins Exil nach Großbritannien und wurde dort Führerin der Partei ihres Vaters. 1988, nachdem der Militärdiktator Zia ul-Haq bei einer bis heute ungeklärten Flugzeugexplosion ums Leben gekommen war, fanden wieder freie Wahlen statt: Von 1988 bis 1990 und von 1993 bis 1996 war Benazir Premierministerin Pakistans und damit die erste Regierungschefin in der islamischen Welt. Sie trat an, um die Ehre ihres Vaters zu retten, den sie damals nicht aus den Fängen des Militärs hatte befreien können. Als die Islamische Demokratische Allianz unter Nawaz Sharif an die Macht kam, verließ Benazir das Land. Im Oktober 2007 kehrte sie gegen den Willen von General Pervez Musharraf aus ihrem Exil in Dubai zurück, um 2008 bei den Präsidentschaftswahlen anzutreten, über Musharraf einen demokratischen Sieg zu erringen und die Macht, an der ihr durchaus viel lag, für sich zurückzugewinnen. Den ersten Anschlag, für den sie Zia ul-Haqs Anhänger verantwortlich machte, überlebte sie. Im Dezember 2007 kam sie jedoch zwei Wochen vor der geplanten Parlamentswahl bei einem erneuten Attentat ums Leben. Welche Gruppierung hinter dem Anschlag steckt, ist noch nicht geklärt.

Angela Merkel

Wenn sie nicht mit dem denkwürdigen Beinamen »Kohls Mädchen« bedacht und gerade deswegen reichlich unterschätzt worden wäre, hätte sie womöglich nicht so viel Energie darauf verwendet, sich den Respekt ihrer Parteikollegen zu verdienen. Ihr Vorbild ist Katharina die Große – und zwar weniger deren wüste Seiten als vielmehr die der verantwortungsbewussten und modernen Staatsfrau.

Die Pfarrerstochter wurde 1954 in Hamburg geboren und wuchs in Templin in der ehemaligen DDR auf. Sie studierte Physik in Leipzig. Ab 1978 arbeitete sie in Ostberlin am Institut für Physikalische Chemie. Nach der Wende engagierte Merkel sich bei der sozial und ökologisch eingestellten Bürgerinitiative Demokratischer Aufbruch (DA) – weswegen einige ihr nahestehende Menschen sich auch verwundert darüber äußerten, dass sie sich später der CDU und nicht etwa den Grünen oder der SPD zuwandte. Stattdessen wurde Merkel Regierungssprecherin der ersten und zugleich letzten frei gewählten Regierung der DDR. Im Dezember 1990 wurde Merkel Abgeordnete des Deutschen Bundestags, nachdem sie im Wahlkreis Stralsund-Rügen-Grimmen gewonnen hatte.

Von 1994 bis 1998 war sie Bundesumweltministerin. Nach der für die CDU vernichtenden Bundestagswahl 1998 bekam Merkel das wichtige Oppositionsamt der Generalsekretärin. Nach Wolfgang Schäubles Rücktritt im Zuge der CDU-Spendenaffäre 1999 wurde Merkel 2000 zur neuen CDU-Bundesvorsitzenden gewählt. Bis 2005 arbeitete sie als Oppositionsführerin. Aus der vorgezogenen Bundestagswahl 2005 ging sie knapp als Siegerin hervor. Seit dem 2. November 2005 ist sie die erste Regierungschefin Deutschlands.

Condoleezza Rice

Das Forbes Magazine schätzte sie 2004 und 2005 als mächtigste Frau der Welt ein. Sie gilt unter Präsident Bush als Gehirn des Weißen Hauses in Washington. Und letztlich setzt sie wohl doch weniger auf Diplomatie als auf ein demokratisches Sendungsbewusstsein à la Bushs USA, komme, was da wolle.

1954 wurde sie als Tochter eines Pastors und einer Musiklehrerin in Alabama geboren. Sie lernte eher Noten als Schrift zu lesen und war bereits 1964 eine der ersten afroamerikanischen Schülerinnen des Birminghamer Musikkonservatoriums. Eigentlich wollte sie Konzertpianistin werden, wandte sich dann aber doch den Politikwissenschaften zu und schloss ihr Studium mit Bravour ab; 1981 promovierte sie. Sie wurde die erste weibliche, erste schwarze, jüngste und äußerst effektive Provost (Vizekanzlerin) der Elite-Universität Stanford. Sie arbeitete unter anderem für den Ölkonzern Chevron, für RAND, eine Institution für Forschung und Entwicklung, die gesellschaftlich brisanten Themen nachgeht, sowie im Investmentbanking. Als Spezialistin für die Sowjetunion wurde sie Beraterin von Präsident George Bush senior. 1990 befürwortete sie die deutsche Wiedervereinigung. Im Januar 2001 wurde sie Nationale Sicherheitsberaterin der USA unter Präsident George W. Bush, im November 2004 US-Außenministerin. 2006 lehnte sie es höflich ab, als Präsidentschaftskandidatin der Republikaner anzutreten. Rice gilt als ungemein gebildet, intelligent und eloquent, hat aber wegen ihres Kurses im Irakkrieg, ihrer Haltung in der Diskussion zur sogenannten Achse des Bösen und ihrer Strategie der Präventivschläge nicht nur Anhänger.

RECHT UND EMANZIPATION

Emanzipation

Über Jahrhunderte hinweg hatten Frauen grundsätzlich die dem Mann nachgeordnete Rolle. Die Männer herrschten über die Welt und bestimmten über deren Belange. Frauen trugen hinter den Kulissen zum Funktionieren des Lebens und des Alltags entscheidend bei, traten aber in den großen Bereichen Politik, Wissenschaft und Kunst nur in Einzelfällen in bemerkenswerte Erscheinung.

Ab 1789, dem Jahr der Französischen Revolution, einem der wirkmächtigsten Ereignisse der modernen Weltgeschichte, änderte sich die europäische Gesellschaft: Das französische Volk rief »Freiheit, Gleichheit, Brüderlichkeit« und verjagte den König. Die »Erklärung der Menschenrechte« wurde veröffentlicht.
Olympe de Gouges (1748–1793), eine Revolutionärin, Frauenrechtlerin und Schriftstellerin, wusste, dass es sich im Grunde um »Männerrechte« handelte. Deswegen verfasste sie 1791 die »Erklärung der Rechte der Frau und Bürgerin«, mit der sie die soziale und rechtliche Gleichstellung der Frauen forderte. Artikel 1 lautete: »Die Frau wird frei geboren und bleibt dem Manne gleich in allen Rechten.« Gouges stellte die mutige Frage: »Mann, bist du fähig, gerecht zu sein? Wer hat dir die selbstherrliche Macht verliehen, mein Geschlecht zu unterdrücken?« Weiter forderte sie, dass einer Frau – wenn sie ja auch das Recht hat, aufs Schafott zu steigen – ebenso das Recht gebührt, auf eine Rednertribüne zu treten. Olympe de Gouges bezahlte mit ihrem Leben: Das Revolutionstribunal ließ sie köpfen. Sie habe sich die Rolle eines Staatsmannes

angemaßt und ganz vergessen, was sich für ihr Geschlecht gehört, hieß es. Aber den Gedanken von Freiheit und Gleichheit hatte sie in der Welt gesät.

- Die Revolutionärin Emma Herwegh (1817–1904) unterstützte 1848 während der Deutschen Revolution die Aufständischen im Kampf für Demokratie.
- Die Schriftstellerin Louise Otto-Peters (1819–1895) forderte nach der Deutschen Revolution die Organisation der Frauenarbeit, um weniger Frauen in die Prostitution zu treiben. Sie gilt als Mitbegründerin der Frauenbewegung, weil sie 1849 die »Frauenzeitung« herausgab, Dienstboten- und Arbeiterinnenvereine sowie Frauenbildungsvereine gründete.
- Die Pädagogin und Frauenrechtlerin Helene Lange (1848–1930) hielt zwar Haushalt und Kinder durchaus für die Domäne der Frauen, setzte sich aber als bürgerliche Frauenrechtlerin für eine bessere Ausbildung von Frauen sowie für deren Zulassung an Universitäten und in akademischen Berufen ein.
- Die Frauenrechtlerin Hedwig Dohm (1831–1919) wehrte sich gegen die Lehre der biologischen Determination und sprach von kultureller Prägung der Geschlechterrollen. Sie stellte die provokative Frage: »Warum ist die Frau gleichgestellt Idioten und Verbrechern?« (Denn die durften auch nicht wählen.)

Mit einsetzender Industrialisierung Ende des 19. Jahrhunderts brauchte man viele billige Arbeitskräfte: Frauen und Kinder bekamen die geringsten Löhne. Die bedeutendste Vertreterin der europäischen Arbeiterbewegung, Rosa Luxemburg (1871–1919), und die Frauenrechtlerin Clara Zetkin (1857–1933) setzten sich vor allem für die Rechte der Arbeiterinnen ein.

Vor und während des Ersten Weltkriegs gehörten sie zur internationalen Frauen-Antikriegsbewegung.

- 1918 bekamen die Frauen das Wahlrecht in Deutschland.
- Nach dem Zweiten Weltkrieg setzte sich die SPD-Politikerin Elisabeth Selbert (1896–1986) dafür ein, dass der schlichte Satz »Männer und Frauen sind gleichberechtigt« im Grundgesetz festgeschrieben wurde.
- In den sechziger Jahren begehrten Studenten und Studentinnen gegen weiterhin verkrustete Strukturen auf. Sie forderten ein modernes Land mit mehr Toleranz gegenüber Bürgerrechten, Fremden und Frauen. Frauenrechtlerinnen nannten sich Feministinnen. Die bekannteste ist die Journalistin Alice Schwarzer (*1942), die vor allem für das Recht auf Schwangerschaftsabbruch, finanzielle Unabhängigkeit der Frauen und gegen Pornographie kämpft. 1977 gründete sie die Frauenzeitschrift »EMMA«.

Übrigens: *Dass Frauen zuvörderst Mütter sind und die Mutterschaft dementsprechend besondere Wertschätzung braucht, ist eine speziell deutsche Sicht der Dinge. In keiner anderen europäischen Sprache gibt es etwa das Schimpfwort »Rabenmutter« für die Frauen, die sich im Beruf besonders stark engagieren wollen.*

Neues Scheidungsrecht 2008

»Wann immer ich mit einem Mann ausgehe, frage ich mich: Ist das der Mann, von dem ich möchte, dass meine Kinder ihre Wochenenden mit ihm verbringen?«

Rita Rudner*, US-amerikanischer Comedy-Star und Autorin*

Unterhalt

Jahrzehntelang herrschte eine klare Aufgabenteilung zwischen Ehepartnern: Er verdiente das Geld, sie – die klassische Hausfrau – kümmerte sich um den Haushalt und die Kinder. Und wenn es zur Scheidung kam, musste der Mann seine Ex-Familie weiterhin finanzieren. Doch Gesellschaft und Politik haben sich im Lauf der Zeit geändert, Emanzipation, gewandeltes Familienbild und Arbeitsmarkt haben gewirkt: Frauen, die über Jahre zu Hause bleiben und die Erziehung ihrer Kinder selbst übernehmen, manövrieren sich ins Abseits. Die traditionelle Mutterrolle ist politisch nicht mehr gefragt und wirkt sich im Fall einer Scheidung negativ auf die Situation der Betroffenen aus. Junge Frauen müssen das gewisse Risiko, das die Hausfrauenrolle birgt, bedenken; der Status der Ehefrau bedeutet im Scheidungsfall keine Existenzsicherung mehr, bietet nicht mehr den traditionellen »Schutzraum«. Eine gesicherte Existenz hat eine Frau nur mehr durch die eigene, möglichst unterbrechungslose Erwerbstätigkeit. Folgende Neuregelungen gelten dementsprechend im Unterhaltsrecht:

- Kinder stehen an erster Stelle, wenn es um Unterhaltszahlungen geht: Wenn der Unterhaltspflichtige nicht genug Geld hat, um die Forderungen komplett zu erfüllen, bekommen die Kinder zuerst ihren Teil.
- Die Geschiedenen sollen mehr Eigenverantwortung übernehmen und sich selbst versorgen. Das funktioniert, wenn junge Mütter rasch wieder ins Arbeitsleben zurückkehren. Maximal ein Jahr lang nach der Geburt erhalten sie eine Lohnersatzleistung in Form von Elterngeld. Der Höchstbetrag liegt bei 1800 Euro. Diese Regelung ist günstig für eine gut ausgebildete Frau, die trotz eines Kleinkindes voll erwerbstätig bleibt. Hausfrauen erhalten den Mindestbetrag

von 300 Euro, gegebenenfalls ergänzt durch einen Geschwisterbonus.

- Weiterhin Anspruch auf finanzielle Unterstützung durch den Ex-Ehepartner hat nur, wer zu krank oder zu alt ist, um zu arbeiten, oder wer Kleinkinder betreut.
- Die Neuregelung betrifft auch rückwirkend Ehen, die bereits geschlossen wurden, und es können Fälle, die bereits von einem Gericht entschieden wurden, neu aufgerollt werden. So besteht für etliche Ex-Ehemänner, die längst eine nächste Familie gegründet haben, die Möglichkeit, sich von der Verpflichtung zur teuren Unterhaltszahlung zu befreien.

»Künftig wird man nach einer Scheidung so gestellt, als ob die Ehe nie geschlossen worden wäre«, informiert die Berliner Familienanwältin Ingeborg Rakete-Dombek. »Früher wurde man so gestellt, als ob man nie geschieden worden wäre.«

Umstritten ist die Gleichstellung von Ex-Ehefrauen und unverheirateten Müttern hinsichtlich des Unterhalts im Zusammenhang mit Kinderbetreuung. Vor dem achten Geburtstag des Kindes musste eine Geschiedene bis zu einem Urteil des Bundesverfassungsgerichts im Frühsommer 2007 nicht arbeiten, während einer unverheirateten Mutter nach der Trennung lediglich eine Frist bis zum Kindergartenalter des Kindes (mit drei Jahren) gewährt war. Diese Regelung fußte auch auf dem besonderen Schutz, unter dem die Ehe verfassungsgemäß steht. Nun müssen Rechtsprechung und Gesetzgeber in der Praxis klären, ob die Drei-Jahres-Regel für unverheiratete Mütter hinfällig ist – oder ob die Regel auch auf geschiedene Mütter angewendet wird. Möglicherweise werden Richter auf der Grundlage einer Billigkeitsklausel Unterhaltsansprüche im Einzelfall abweichend von der grundsätzlichen Regelung festsetzen.

Vaterschaft
Juristisch betrachtet ist der Mann, der zum Zeitpunkt der Geburt mit der Mutter verheiratet ist, der Vater des Kindes. Den Kindern unverheirateter Mütter wird der Vater per Vaterschaftsanerkennung oder per gerichtlicher Vaterschaftsfeststellung zugeordnet. Denn ein Kind soll a) wissen, wer seine beiden Eltern sind, b) hat es einen Unterhaltsanspruch und c) einen Erbanspruch. Freiwillig kann ein Mann seine Vaterschaft bei jedem Jugendamt, Notar, Amtsgericht, Standesamt oder jeder Auslandsvertretung beurkunden lassen. Ein Mann kann seine Vaterschaft per Klage anfechten; Mutter und/oder Kind ihrerseits können die Vaterschaft in Frage stellen. In beiden Fällen sorgt ein Abstammungsgutachten (Bluttest) für Klarheit. Seit dem 18. April 2008 können Väter, die Unterhalt für Kinder gezahlt haben, die gar nicht ihre leiblichen sind, das Geld von den mutmaßlich leiblichen Vätern einklagen und diese dafür zu Vaterschaftstests zwingen.

Kurioses Recht

- Bis 1998 gab es in Deutschland den »Kranzgeld«-Paragraphen (so benannt nach dem Strohkranz, den nicht jungfräuliche Bräute anno dazumal trugen): Der verbriefte einer unbescholtenen Frau das Recht, eine Entschädigung zu verlangen, wenn ihr Verlobter bereits Geschlechtsverkehr mit ihr gehabt hatte, sie dann aber doch nicht heiratete.
- Das 1880 eingeführte Lehrerinnenzölibat (solange Frauen an Schulen unterrichteten und damit die »geistige Mutterschaft« für ihre Schüler übernahmen, mussten sie unverheiratet bleiben – sobald ein Mann durch Heirat die Versorgung der Frau übernahm, sollte sie die Stelle frei machen) wurde erst 1956 vollends abgeschafft.
- In Vermont schreibt ein Paragraph den Frauen vor, dass sie

die schriftliche Einverständniserklärung ihres Mannes einholen, bevor sie sich falsche Zähne anfertigen lassen.

- In Kentucky ist es einer Frau untersagt, denselben Mann viermal zu heiraten.
- In Pennsylvania muss ein Mann, der Alkohol erwerben möchte, die schriftliche Genehmigung seiner Gattin vorweisen.
- Einheimische Frauen gingen gerichtlich dagegen vor, dass im Distrikt Banke des westlichen Himalaya ein muslimischer Ehemann lediglich »talak, talak, talak« sagen musste, um seine Ehe scheiden zu lassen.

PSYCHOLOGIE

Die glücklichsten Länder der Welt

Wenn es eine Weltkarte des Glücks gäbe, hätten die großen Industrienationen wie Japan, Deutschland, Frankreich oder die USA darauf keinen Ehrenplatz. Sie liegen, aufgrund solcher Faktoren wie Stress, Überarbeitung, Geld-, Bildungs- und Zukunftssorgen, in der unteren Hälfte von knapp 180 Ländern, hinter ihnen kommen Indien und Russland, nicht weit vor Staaten wie Simbabwe und Burundi, deren Einwohner wegen existenzieller Ängste und Sorgen noch weniger Grund zu Gelassenheit, Zuversicht und Freude verspüren.

Kleine westliche Nationen wie Österreich, Dänemark und die Schweiz haben sich ein Stück Glück bewahrt, sie rangieren immerhin unter den ersten 30 Staaten. Inselbewohner äußern sich insgesamt positiver, wenn es um Zufriedenheit, Wohlstand, Gesundheit, das allgemeine Lebensgefühl und das Verhältnis zur Umwelt geht. So rangiert weit vorne Costa Rica, das man auch die Schweiz Mittelamerikas nennt. Der Lebensstandard des Landes, das seit fast sechzig Jahren neutral und armeelos geführt wird, ist relativ hoch. Es gibt nur vier Prozent Analphabeten und ein recht hohes Umweltbewusstsein (20 Nationalparks). Kolumbus gab dem Land einst seinen Namen (Costa Rica heißt »reiche Küste«), weil er dem Irrtum erlag, das Land verfüge über reiche Goldvorkommen. Vielleicht ist es gerade deswegen glücklich, weil dem nicht so ist!

Auch die kleine Inselrepublik Dominica, die zu den Kleinen Antillen in der östlichen Karibik gehört, nimmt einen der vordersten Plätze ein. Etwa 65 000 Menschen leben mit einer außergewöhnlich vielfältigen und artenreichen Flora und Fauna. Der Bevölkerungsanteil der über Hundertjährigen auf der Naturinsel ist viermal so hoch wie in Deutschland.

Platz eins besetzt Vanuatu, eine Südpazifik-Republik im Nordosten Australiens. Über 200 000 Menschen leben auf etwa 80 Inseln. Vanuatu wurde von Frankreich und England verwaltet, ist aber seit 1980 selbständig.

Träumen

»Doch gerade wenn wir untätig sind, wenn wir träumen, taucht die versunkene Wahrheit manchmal auf.«

Virginia Woolf, *britische Schriftstellerin*

Träume sind das nächtliche psychische Weiterleben und Verarbeiten von Eindrücken, Sorgen und Gefühlen. Ratio und Logik treten dabei in den Hintergrund. Alle Kulturen und Religionen messen dem Traum eine besondere Bedeutung bei, und viele von ihnen hielten Träume für verschlüsselte Botschaften höherer Mächte; die Bibel berichtet von zahlreichen prophetischen Träumen. Im alten Ägypten, bei den Babyloniern, Assyrern und den alten Griechen wurden bereits vor 3000 Jahren Traumbücher auf Pergament und Tontafeln geschrieben, in denen die Bedeutung der häufigsten Traumbilder und -symbole erläutert wurde. Den Zusammenhang zwischen dem körperlich-seelischen Befinden eines Menschen und seinen Träumen hatten bereits Hippokrates und Platon erkannt.

Die Traumforschung wartet mit verschiedenen Thesen zur Funktion des Traumes auf:

- Die Individualität eines Menschen programmiert sich im Traum neu.

- Träumen bedeutet, die Seele und das Gemüt von Ballast zu bereinigen und zu befreien.
- Träumen ist eine Methode, Probleme aus der Wachphase zu verarbeiten und die Stimmung zu beruhigen.
- Träumen erleichtert das Vergessen und Verdrängen belastender Erlebnisse.

Ganz überwiegend wird das Träumen zu Recht als ein Phänomen empfunden, das sich dem Einfluss des Menschen und seinem Willen entzieht. Es gibt jedoch einen Bereich, für den das nicht gilt: das sogenannte luzide Träumen, auch Klartraum genannt. Ein Mensch hat einen luziden Traum, wenn er tatsächlich träumt und sich zugleich dessen bewusst ist. Und ebendieses Bewusstsein versetzt ihn in die Lage, in den Trauminhalt einzugreifen. Das kann als angenehm empfunden werden, wenn etwa ein Alptraum durch gedankliche Steuerung seinen Schrecken verliert, aber auch besonders dann, wenn als angenehm empfundene Situationen im Traum heraufbeschworen werden.

Wenn Sie das luzide Träumen erlernen möchten:

- sollten Sie sich mehrmals am Tag vorstellen, Sie würden träumen,
- sollten Sie sich im Wachzustand immer wieder Umstände und Dinge vorstellen, die es gar nicht gibt, etwa dass Sie in Ihrem Auto umherfliegen; und dann stellen Sie sich wieder vor, Sie würden träumen,
- nehmen Sie sich fest vor, in der Nacht einen Klartraum zu haben und etwas zu tun, wozu Sie in der Realität nicht in der Lage wären (z. B. eine steile Felswand hochzutanzen).

Übrigens: Im tibetischen Buddhismus nennt man das luzide Träumen Traumyoga. Ziel ist die geschärfte Wahrnehmungsfähigkeit des Geistes auch im Schlaf, so dass durch diese Bewusstseinserweiterung eine gesteigerte, aber gelassene und spirituell wertvolle Aufmerksamkeit im Alltag erreicht werden kann bis hin zur Erfahrung der wahren Natur des Geistes.

Nonverbale Kommunikation

Nonverbale Kommunikation bezeichnet alles nicht sprachliche Verhalten, ob es nun mit der Absicht, eine Botschaft auszusenden, geschieht oder nicht. Erröten oder Schwitzen etwa verraten Verlegenheit oder ein schlechtes Gewissen. Menschen können durch ihr unbewusstes Verhalten für andere wie ein offenes Buch sein. So verrät sich der Lügner etwa durch fahrige, unsichere Gesten (z. B. Hand vor den Mund halten) und Zubodenschauen, selbst wenn die Worte, die er spricht, eine vermeintlich verlässliche Auskunft geben. Lachen, Mimik, Augenkontakt und Gesten lassen sich zumindest teilweise über den Willen kontrollieren, aber nie ganz. Und sie verraten viel. Ebenso Stimmfärbung (paraverbal) oder Berührungen. Die Elemente, mit denen ein Mensch sein Äußeres gestaltet, sind auch Teile der nonverbalen Kommunikation: Accessoires, Tätowierungen, Kleidung, Frisur, aber auch Einrichtungsgegenstände geben einem Lebens- und einem Zugehörigkeitsgefühl Ausdruck.

Der bekannte Psychologe und Kommunikationswissenschaftler Paul Watzlawick vertrat die Ansicht, ein Mensch könne gar nicht nicht kommunizieren. Und sein Gegenüber könne gar nicht anders, als beständig über alle Sinne Signale aufzunehmen und sie unwillkürlich auszuwerten, etwa die Pupillengröße seines Gegenübers, den Geruch, die Tonhöhe oder die Handhaltung. Wissenschaftler haben herausgefunden, dass den meisten Menschen bereits wenige Sekunden reichen, um ein Vorurteil über den Mitmenschen zu fällen. Dabei hängt der Eindruck, den eine fremde Person macht, zu nicht einmal zehn Prozent von dem ab, was sie sagt. Zu 90 Prozent entscheidend ist, was nonverbal, also durch Mimik, Gestik, Körperhaltung, Kleidung, Schmuck etc., übermittelt wird. Selbst bei Menschen, die wir kennen, dominieren die nonverbalen Signale: Sie bestimmen immerhin noch 60 Prozent des Eindrucks.

80 Prozent der Informationen nimmt der Mensch über die Augen auf. Veränderungen in den Augen und Pupillen werden daher sehr schnell wahrgenommen, auch über weite Distanzen. Unter Menschen wird dieser Bereich der nonverbalen Kommunikation durch den Umstand betont, dass Menschenaugen im Gegensatz zu Tieraugen sichtbar Weißes haben. Der Mensch ist das einzige Tier, bei dem man die Sklera (das Weiße) sieht. Dadurch ergibt sich ein größerer Kontrast, und der macht die Augenveränderungen deutlicher. Zu diesem Zweck haben die menschlichen Augen auch um die Iris meistens einen dunkleren Rand. Wissenschaftler nehmen an, dass es sich dabei um ein reines Kommunikationsmittel handelt, das den Kontrast zur Sklera verstärkt.

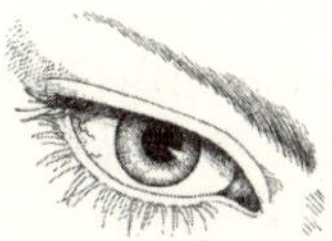

Mensch

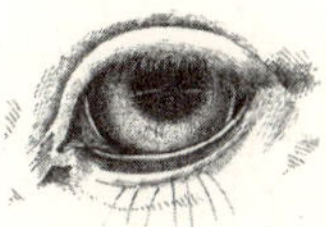

Pferd

Körpersprache

Wer die nonverbalen Signale kennt, kann sich in entscheidenden Situationen, etwa bei Prüfungen, bei Vorstellungsgesprächen oder Verhandlungen, geschickter verhalten. Je besser Sie die eigenen Signale zu kontrollieren und die ihres Gegenübers zu deuten in der Lage sind, desto erfolgreicher sind Sie mit Ihren Anliegen.

- Die **Hände** sind das Aushängeschild und einer der Hauptbotschafter. Offen und unverkrampft nach oben zeigende Handinnenflächen wirken aufgeschlossen und, als hätte man etwas zu geben (z.B. eine gute Arbeitsleistung), aber auch selbstsicher, weil man sich nicht zurücknimmt und nicht verschüchtert wirkt. Wer dagegen die Fingerkuppen der einen Hand gegen die der anderen legt, scheint ein kleines Bollwerk der Abwehr aufzufahren. Man wirkt zwar auch konzentriert, aber vor allem negativ. Liegt der Zeigefinger vorn am Kinn, signalisiert das Handlungsbereitschaft. Der Finger kann jederzeit ausgestreckt werden, und das bedeutet: Gleich geht's los! Der Ringfinger hingegen wird stets mit Emotionen in Verbindung gebracht. Wer innerlich aufgewühlt ist, knetet häufig diesen Finger.
- Fährt sich jemand mit der Zunge über beide **Lippen,** so steht das für Zufriedenheit. Leckt ein Mensch sich hingegen nur über eine Lippe, bedeutet das, dass er nachdenkt, etwa die letzte Antwort seines Gegenübers kritisch hinterfragt, zum Beispiel, ob sie/er die letzte Firma wirklich aus freien Stücken verlassen hat? Spitzt eine Person die Lippen, prüft sie das soeben Gesagte ganz genau. Legt sich jemand den Finger auf die geschlossenen Lippen, hält er oder sie etwas zurück.
- Grundsätzlich positive Zeichen sind ein dem Gegenüber

zugeneigter Oberkörper, eine lockere, eher offene Beinhaltung, viel Blickkontakt, entspannte Lippen.
- Zeichen für Ungeduld, Desinteresse, Unaufrichtigkeit oder gar Abweisung sind ein angespannter Unterkiefer, verschränkte Arme und Beine, ein fahriger Blick, unechtes (ohne Fältchenbildung um die Augen) Lächeln, Reiben von Augen, Nase, Nacken oder Kopf, in den Hosentaschen vergrabene Hände und häufiges nervöses Wechseln der Sitz- oder Stehhaltung.

Kulturelle Unterschiede

Bestimmte nonverbale Ausdrucksformen sind auf der ganzen Welt gleich. Etwa das Stirnrunzeln gilt in so gut wie allen menschlichen Kulturen als Zeichen von Skepsis und Verärgerung. Lächeln wird ebenfalls weltweit als Sympathiebekundung und positives Signal eingesetzt.

Das Übereinanderschlagen der Beine aber, in Europa eine völlig gängige Haltung, ist zum Beispiel für einen Araber eine Beleidigung, denn die Fußsohle, die dem Gegenüber auf diese Weise entgegengehalten wird, gilt im arabischen Kulturkreis als unrein. An diesem Umstand sind schon ganze diplomatische Konferenzen gescheitert.

Da sie in ihrer Kultur ein anderes Distanzempfinden entwickelt hat, könnte eine Japanerin eine Europäerin im Gespräch als aufdringlich empfinden, da diese unwillkürlich näher an sie herantreten möchte, als es der Japanerin angenehm ist. Die Europäerin dagegen empfindet die Japanerin womöglich als distanziert, da diese ständig vor ihr zurückweicht.

In Asien gelten das offene laute Lachen und das Zeigen der Zähne als ungehörig. Asiatinnen halten sich deshalb die Hand vor den Mund, wenn sie lachen. Was manchen Asiaten als unkontrolliertes, wüstes Gefuchtel vorkommt, empfinden Südamerikaner als engagierte und ausdrucksstarke Gestenrhetorik.

Schamverhalten

In verschiedenen Kulturen schämt man sich ganz unterschiedlicher Dinge. Wenn etwa eine Frau von einem Fremden nackt im Bad überrascht wird, reagiert sie je nach Kulturkreis, aus dem sie stammt und von dem sie geprägt ist:

- Eine Muslimin versteckt ihr Gesicht hinter ihren Händen.
- Eine Laotin bedeckt ihre Brüste.
- Eine traditionelle Chinesin versteckt ihre Füße.
- Eine Sumatranerin verhüllt ihre Knie.
- Eine Samoanerin bedeckt ihren Nabel.
- Europäerinnen und Amerikanerinnen verstecken mit einer Hand ihre Brüste, mit der anderen den Genitalbereich.

Tunesische Tänzerin

Graphologie

Die Schrift eines Menschen ist ein Teil seiner Körpersprache, und Körpersprache ist deutbar (siehe »Nonverbale Kommunikation«). Die Graphologie beschäftigt sich mit der Analyse der Handschrift von Individuen, um ein individuelles Persönlichkeitsbild zu erstellen. Zu den entscheidenden Merkmalen gehören Schreibrhythmus, Schrifttyp, Schriftlage, Druckstärke, Längenteilung und Größe.

Die Handschrift eines Menschen wird als schriftliches Bild seiner Lebenssituation und seiner Persönlichkeit betrachtet. Sie lässt Rückschlüsse darauf zu, ob ein Mensch sehr jung, unruhig, dynamisch, organisiert etc. ist. Die Handschrift wird mitunter als »Gehirnschrift« bezeichnet. Denn das Schreiben ist ein Vorgang, der vom Gehirn zentral gesteuert wird, und unabhängig davon, welches Körperglied (Hand, Fuß, Mund) das Schreiben ausführt – der beschreibbare Duktus ist immer gleich!

Typische Merkmale einer Schrift

Ihre Schriftprobe: ....

....

....

- Frauen neigen zu runden, großen Buchstaben und Kringeln als i-Punkt. Männer schreiben kantiger und enger. Ihre Neigung, Gefühle weniger zu zeigen, kommt darin zum Ausdruck.
- Manche Menschen schreiben vorwiegend in Druckschrift, was einem Bedürfnis nach Klarheit und Ästhetik Rechnung trägt, aber auch als Unverbindlichkeit gewertet wird, weil sie sich unbewusst nicht auf die viel facettenreichere Schreibschrift, die entsprechend auch facettenreichere Rückschlüsse zulässt, einlassen.
- Einige Menschen haben eine uneinheitliche Schrift. Sie schreiben mal klein und eher eckig, an anderen Tagen größere und weiter auseinanderstehende Buchstaben, je nach Verfassung. Das wird als Hinweis darauf gedeutet, dass die Person (noch) nicht ganz zu sich selbst gefunden hat.

Psychologen haben einen Zusammenhang zwischen dem Sexualverhalten eines Menschen und der Schrägneigung seiner Schrift erkannt:

- Neigt sich die Schrift nach rechts, handelt es sich häufig um eine starke, selbstbewusste und erotisch aufgeschlossene Person, die ihre sexuellen Phantasien ausleben möchte und sich auch gelegentlich einen Seitensprung zugesteht.

- Ist die Schrift steil, handelt es sich meistens um pflichtorientierte, planvoll vorgehende Menschen, die ein bewährtes, aber eher einfallsloses Sexualleben haben, ihrem Partner treu und an erotischen Eskapaden oder Experimenten nicht interessiert sind.
- Neigt sich die Schrift nach links, hat man es häufig mit komplizierten, introvertierten Charakteren zu tun, die ihre Sexualität nicht frei ausleben, gelegentlich aber erotische Ausbrüche erleben, die sie selbst überraschen und auch irritieren.

Bestimmte Charaktereigenschaften werden verstärkt mit bestimmten Schrifteigenheiten in Verbindung gebracht:

- Pflichtbewusstsein: kleine, deutliche Schrift mit mäßigem Druck
- Kreativität: großzügige Buchstaben, schwungvolle Ober- und Unterlängen, deutliche Abstände zwischen Wörtern und Zeilen, hohe i-Punkte
- Aufgeschlossenheit: flüssiger, rechtsgeneigter Schreibfluss, mittelgroße, gut lesbare Buchstaben mit runden Bogen
- Intelligenz: klare Raumaufteilung zwischen Wörtern und Zeilen, betonte Oberlängen, schnörkelfreie Buchstaben
- Narzissmus: ausgeprägte Girlanden und Endstriche (z.B. bei der Signatur), raumgreifende Groß- und Anfangsbuchstaben
- Dominanz: starker Druck, eckiges Schriftbild mit starken Strichen, Striche statt Punkte
- Egoismus: kaum Unterlängen, ausgeprägte Schnörkel bei Groß- und Anfangsbuchstaben, Hang zu frei stehenden Buchstaben
- Unehrlichkeit: überdurchschnittlich viele Verbesserungen, sehr enge Strichführung, Brüche innerhalb eines Buchstabens

Ängste

Ängste sind seit je ein fester Bestandteil der menschlichen Befindlichkeit. Angst ist das immanente Warnsystem eines Lebewesens, ohne das es die meisten von uns längst nicht mehr geben würde. Insofern ist Angst nützlich und lebensrettend. Wenn aber Angst sich wegen eines Kontrollverlusts in einem bestimmten Lebensbereich (z.B. Verlust einer wichtigen Bezugsperson, Scheitern im Beruf, Missbrauch) verselbständigt und das Gefühl der Ohnmacht übermächtig wird, kommt es zu einer Übertragung und Projektion jener Ängste, deren Ursache schwer beizukommen ist, auf scheinbar kontrollierbare Bereiche, die freilich auch nicht mehr in den Griff zu kriegen sind. Eine Phobie entsteht. Eine gravierende Einschränkung des Lebensgefühls und womöglich der gesamten Lebensführung einer Person ist die Folge. Eine Auswahl:

Aichmophobie	Angst vor spitzen Gegenständen
Androphobie	Angst vor Männern
Arachnophobie	Angst vor Spinnen
Catoptrophobie	Angst vor Spiegeln
Decidophobie	Angst, Entscheidungen zu treffen
Entomophobie	Angst vor Insekten
Galeophobie	Angst vor Katzen
Nudophobie	Angst vor Nacktheit
Paedophobie	Angst vor Kindern
Philemaphobie	Angst vor Küssen
Rhypophobie	Angst vor Schmutz
Suriphobie	Angst vor Mäusen
Venustraphobie	Angst vor schönen Frauen
Vomitophobie	Angst, sich zu übergeben

Frauen sind grundsätzlich ängstlicher als Männer und neigen stärker als diese dazu, über mögliche, also noch gar nicht eingetroffene und womöglich nie eintreffende Katastrophen nachzugrübeln. Fast die Hälfte stellt fest, sich immer wieder zum Teil sehr große Sorgen über Dinge zu machen, die sich im Nachhinein als unproblematisch erweisen. Drei Viertel fürchten einen Krieg, zwei Drittel eine unheilbare Krankheit. Auch wenn es um ihr unmittelbares Umfeld geht, etwa ihre Kinder oder ihre Partnerschaft, liegen Frauen mit bis zu 20 Prozentpunkten vor den Männern. Ebenso Gewalt und Kriminalität werden von besonders vielen Frauen gefürchtet. Die Sorge allerdings um den eigenen Arbeitsplatz belastet die Männer mehr als die Frauen.

Befragt nach ihren schlimmsten Alpträumen, gaben Frauen an:

1. Ich sehe wie gelähmt einer herannahenden Gefahr (z.B. Ungeheuer, Riesenfahrzeug) entgegen.
2. Ich werde verfolgt und renne um mein Leben, komme aber nicht voran oder laufe auf eine Wand zu.
3. Ich muss dringend einen bestimmten Ort erreichen, finde aber nicht den richtigen Weg, das richtige Gleis oder die richtige Tür.
4. Ich stürze in die Tiefe.
5. Ich werde von einer Gruppe mir bekannter Menschen (z.B. Kollegen, Clique) gedemütigt.
6. Eine mir nahestehende Person (meistens ein Kind) verschwindet oder stirbt.
7. Ich werde von Wasser, Sand, Geröll oder Schutt verschüttet.
8. Die Zähne und/oder Haare fallen mir plötzlich aus.
9. Ich beobachte meinen Partner aus einiger Entfernung dabei, wie er mir untreu ist.
10. Ich versage in einer Prüfungssituation.

Urangst vor Spinnen

Rein statistisch gesehen, müssten wir Herzrasen beim Anblick eines Autos oder einer Steckdose bekommen. Und nicht beim Anblick einer Spinne. Denn Strom und Fahrzeuge kosten vielen Menschen das Leben, die verbreiteten Krabbeltiere hingegen bringen in unseren Breitengraden niemanden in Lebensgefahr. In Deutschland sind lediglich die seltene Wasserspinne und der Dornfinger (Wiesenbewohner) in der Lage, dem Menschen einen Biss zuzufügen, der dem Stich einer Wespe ähnelt (der Biss der Kreuzspinne ist harmlos und ruft allenfalls eine leichte Hautreizung hervor). Von den 38000 Spinnenarten, die es weltweit gibt, sind nur etwa 30 für den Menschen gefährlich.

Aber gerade Spinnen lösen besonders bei Frauen in der westlichen, christlich geprägten Zivilisation eine weit über die natürliche Schutzfunktion hinausgehende Hysterie aus. Wissenschaftler haben keine eindeutige Antwort darauf, warum das so ist. Eine These besagt, dass kaum ein Tier so verbreitet ist wie Spinnen, die auf der ganzen Welt anzutreffen sind. Das forderte den Menschen quasi überall die Entscheidung ab, wie sie zu Spinnen stehen. Es gibt Völker, die die Spinnen sogar religiös verehren. So kommt die Spinne in den Märchen der Ureinwohner Nordamerikas als gottnahe, weise Hüterin des Lebens vor. In den Gebieten der Welt, in denen das Christentum vorherrscht, wurde die Spinne vielfach mit Tod, Teufel, Pest und Hexerei in Verbindung gebracht. Paracelsus, ein bedeutender Mediziner und Mystiker im 16.Jahrhundert, beschrieb Spinnen als giftiges Werkzeug des Teufels, mit dessen Hilfe Hexen Männer impotent machten. Zudem sind sie für die menschliche Wahrnehmung in ihren Bewegungen enorm schnell und unberechenbar, tauchen scheinbar aus dem Nichts auf, sind haarig und schwarz und tentakelig (was Ekel provoziert) und – das führen Psychologen an – sind dem Menschen genetisch

sehr fern. Alles Voraussetzungen, um zum gefürchteten Objekt zu werden. Wenn allerdings Eltern entspannt sind, sind auch die Chancen weit größer, dass ihre Kinder gelassen auf Spinnen reagieren. Therapeuten berichten, dass Spinnenphobiker häufig auch einen Elternteil hatten, der sich über die Maßen vor Spinnen fürchtete.

Übrigens: Wenn es keine Spinnen geben würde, wäre jeder Quadratmeter unserer Welt mit einer mindestens zehn Zentimeter hohen Schicht aus lebenden Insekten bedeckt. Neben Vögeln sind Spinnen die effektivsten Schädlingsbekämpfer. Auf einem Hektar Wiese sind bis zu einer Million Spinnen unterwegs, die pro Jahr zehn Zentner Insekten fressen.

Kulturspezifische Psychopathologien bei Frauen

Rund um den Globus werden dramatische Formen seelischer Störungen beobachtet, die geographisch begrenzt und durch spezielle gesellschaftliche und kulturelle Aspekte begünstigt werden. So besteht wohl ein Zusammenhang zwischen der tendenziell individuumsverleugnenden, geradezu devoten Kultur einiger asiatischer Regionen und den Phobien vor dem eigenen Fehlverhalten, die dort beobachtet werden. Kulturgebundene Syndrome werden von der Weltgesundheitsorganisation (WHO) in ihrer Internationalen Klassifikation der Krankheiten (ICD 10. Revision) aufgeführt, dazu gehören unter anderem **Koro** (Indonesien, Malaysia): Angst vor dem Schrumpfen des eigenen Genitalbereichs, ausgelöst durch ungelöste Konflikte und soziokulturellen Druck, und **Pa-leng** (Taiwan), Angst vor Wind, Wetter und Kälte, ausgelöst durch ein fehlendes Geborgenheitsgefühl.

UNTERSCHIEDE ZWISCHEN MANN UND FRAU

Wenn ein Mann erst einmal abschaltet, ist er kaum noch erreichbar. Dieses Phänomen kennen Frauen nur zu gut. Es hat allerdings einen ganz physiologischen Grund: Während ein weibliches Gehirn auch im Ruhezustand bei fast 90 Prozent Aktivität bleibt, fährt ein männliches Gehirn auf 30 Prozent Aktivität herunter; kleiner Winterschlaf sozusagen. Dieser Unterschied in der Hirnphysiologie von Männern und Frauen ist jahrtausendealt: Frauen analysieren ständig sämtliche Informationen aus ihrer Umwelt. Sie brauchen ein weites Blickfeld, um gleichzeitig alle Gefahren im Umkreis ihrer Höhle zu erkennen, Fress- und Verwertbares nicht zu übersehen und die Höhle samt unreifem Nachwuchs und zudem das Feuer vor der Höhle genau im Auge zu behalten. Zumal der Mann meistens nicht da ist (nämlich auf der Jagd bzw. bei der Arbeit).

Frauen tauschen sich aus mit den anderen Frauen und den Kindern. Aus ihrem Tagesablauf und ihrer sozialen Rolle ergibt es sich (und ist nicht etwa angeboren), dass Frauen ein stärkeres Einfühlungsvermögen entwickeln und mehr Emotionen zeigen als Männer.

Männer hingegen müssen sich auf ihre Beute oder ihren Feind konzentrieren, sie verfolgen und im Auge behalten, ohne sich ablenken zu lassen. Sprechen ist dabei unnötig oder sogar eine Gefahr, weil man sich dadurch verraten kann. Männer haben den sogenannten Tunnelblick entwickelt: Sie haben ein Blickfeld, als sähen sie durch Scheuklappen hindurch. Das mag auch erklären, wieso Männer vor einem gesuchten Gegenstand, etwa in der

Abstellkammer oder im Kühlschrank, stehen können, ohne ihn zu finden, wenn ihr Blick nicht genau darauf gerichtet ist.

Fasst man nun nach dem Stichwort »Tunnelblick« den Begriff des Sehens ein wenig weiter, so gerät schnell die vielen Männern eigene Unfähigkeit oder Unwilligkeit, Dinge oder Bedürfnisse wahrzunehmen, die außerhalb dessen liegen, wofür sie sich interessieren, in den Fokus – Anlass für viel Streit und Enttäuschung zwischen Mann und Frau.
Im Straßenverkehr kommen fast doppelt so viele Jungen wie Mädchen ums Leben. Mädchen verhalten sich im wahrsten Sinne des Wortes umsichtiger.

Das räumliche Vorstellungsvermögen von Männern ist stärker ausgeprägt (weil in der Regel geübter) als das der Frauen. Deswegen können Frauen oft schlechter Landkarten oder Stadtpläne lesen und parken nicht gern ein. Männer können in der Regel in der Dunkelheit besser sehen als Frauen und haben meist ein ausgeprägteres Gefühl für die Himmelsrichtungen, auch wenn sie an einem fremden Ort sind.

»Ein Mann am Steuer ist ein Pfau, der sein Rad in der Hand hält.«

***Anna Magnani**, italienische Schauspielerin*

Wenn ein Mann und eine Frau gemeinsam in einer fremden Umgebung ein Ziel suchen, würde sie am liebsten gleich jemanden, der sich auskennt, nach dem Weg fragen. Er ärgert sich, dass sie ihm nichts zutraut, und will sich vor einem Fremden nicht die Blöße geben, desorientiert zu sein.

Frauen haben einen weit schärferen Blick für den Nahbereich und sind viel geschickter bei feinmotorischen Anforderungen.

Frauen sind berührungsempfindlicher als Männer und besser in der Lage, körpereigene Duftstoffe wahrzunehmen. Diese biochemische Infoaufnahme läuft unbewusst, aber die Pheromone eines Mannes sprechen die Frau umso stärker an, je stärker sich sein Immunsystem von ihrem unterscheidet: denn das erweitert die Bandbreite des Abwehrsystems und damit die Chancen auf kräftigen, widerstandsfähigen Nachwuchs.

Übrigens: Die Einnahme der Antibabypille kann das Geruchsvermögen einer Frau stark beeinträchtigen. Es sind Fälle dokumentiert, dass eine Frau ihren Mann »nicht mehr riechen konnte«, nachdem sie die Pille abgesetzt hatte.

Untersuchungen haben gezeigt, dass Männer schnelle Kraftspender wie Steak, Schnitzel und Milch bevorzugen, während Frauen sich für raffinierte, ausgefallene Speisen entscheiden, wenn sie die Wahl haben.

Frauen beherrschen das sogenannte Multitasking, mehrere Dinge gleichzeitig zu verrichten, weitaus besser als Männer, die stets darauf verfallen, alles hintereinander zu erledigen.

Männer werden beim Lügen häufiger erwischt, weil sie weniger Phantasie und zudem ein schlechteres Gedächtnis haben für das, was sie bereits behauptet haben, so dass Unwahrheiten schneller auffliegen.

Das Gehirn der Männer ist zwar 14 Prozent schwerer, bei Frauen gibt es jedoch eine bessere Verbindung der beiden Gehirnhälften und eine bessere Blutversorgung des Gehirns (das erhöht für Frauen die Gefahr einer Überdosierung bei Medikamenten, weil viele Stoffe bei ihnen schneller und in höherer Konzentration ins Blut gelangen; zudem hängt die

Wirkung einer Substanz auch vom bei Frauen stärker schwankenden Hormonhaushalt ab). Da der Austausch zwischen den beiden Gehirnhälften im weiblichen Hirn deutlich intensiver ausfällt als im männlichen, sind Frauen wesentlich besser als Männer in der Lage, all die nonverbalen Signale in der Kommunikation zu entschlüsseln. Frauen sind sensibler, wenn es darum geht, eine Lüge als Lüge zu enttarnen. Frauen hören auch besser als Männer. Weibliche Babys können die Stimmen ihrer Mütter von anderen unterscheiden, männliche nicht. Männer können ein Geräusch allerdings besser orten.

Frauen kommunizieren anders als Männer: Während ein Mann zwischen 2000 und 4000 Wörter am Tag von sich gibt, sind es bei Frauen 6000 bis 8000. Frauen erzählen gern, Männer wollen gern ihre Ruhe. Ein Interessenkonflikt. Wenn er Lösungsvorschläge für ihre Klagen und Probleme bringt, ist sie unzufrieden, weil sie emotionale Anteilnahme und keine Analyse wollte. Wenn er nach dem Streit dann schweigt, ist das kein Hinweis auf seinen Rückzug, weil er sie nicht mehr liebt, sondern auf sein Bedürfnis, allein über eine Lösung nachzudenken.

Übrigens: *Frauen weinen fünfmal so oft wie Männer, meistens zwischen 19 und 22 Uhr. Sie werfen weniger weit, sind gegenüber One-Night-Stands nicht so aufgeschlossen, neigen nicht so sehr zu körperlichen Aggressionen und masturbieren seltener als Männer. Ansonsten unterscheiden sich Frauen und Männer im Durchschnitt nur unwesentlich. Zu dieser Erkenntnis gelangte die amerikanische Psychologin Janet S. Hyde von der University of Wisconsin, nachdem sie 46 Metaanalysen über Geschlechtsunterschiede aus 20 Jahren ausgewertet hatte. Die Analyse aus über 7000 Einzeluntersuchungen ist für die Psychologin der Beweis, dass die unterstellten angeborenen Unterschiede zwischen den Geschlechtern überschätzt werden.*

Kleine Hilfestellung für eines der letzten Defizite:

Richtig Werfen (für Rechtshänder):

1. Das linke Bein steht leicht nach innen gedreht in Schrittstellung. Der Ball wird mit gestrecktem Arm in Wurfrichtung vor dem Körper gehalten. Der Blick ist gerade, nach vorne in die Ferne gerichtet.
2. Der Wurfarm wird nun im großen Bogen hinter den Körper geführt. Dabei kippt der Oberkörper nach hinten ins leichte Hohlkreuz und dreht zur rechten Seite. Das Gewicht verlagert sich vom linken auf das rechte Bein. Der Wurfarm ist fast durchgestreckt, der Ellbogen befindet sich etwa auf Schulterhöhe. Die linke Schulter zeigt leicht aufwärts nach vorne, der Oberkörper befindet sich in Bogenspannung.
3. Die Bogenspannung wird gelöst. Der Wurfarm schnellt nun peitschenartig über den Kopf (nicht am Ohr vorbei) nach vorne. Über dem Kopf lässt man die Wurfhand im Handgelenk abkippen und entlässt noch in der Aufwärtsbewegung den Ball im 45-Grad-Winkel in die Luft. Das linke Bein stemmt sich in den Boden.
4. Der linke Arm bremst den Wurfarm. Der Schwung des Körpers wird mit dem rechten Fuß abgefangen. Der Blick bleibt nach vorne gerichtet und verfolgt den Wurf. Der Oberkörper zeigt nach vorne.

Interessante These: Männer sind seit Menschengedenken so viel besser im Werfen als Frauen, weil ihre Armmuskulatur durch das häufige Masturbieren seit jeher bestens trainiert ist.

Frauen in Männersportarten

Die Zuschauerzahlen bei Frauen in Männersportarten sind auffällig gering. Sponsoren bestehen bei Athletinnen deshalb oft auf einem erotischen Outfit. Die Beachvolleyballerinnen müssen bauchfrei antreten. Sogar die maximale Stegbreite ihrer Bikinihöschen wird ihnen vom Verband vorgeschrieben. Der FIFA-Präsident Sepp Blatter schlug im Interview mit einer Schweizer Sonntagszeitung ein zweifelhaft innovatives Trikotreglement für die Fußballdamen vor: Hotpants auf dem Spielfeld sollten die Männer nun endlich auch für den Damenfußball begeistern.
Aber nicht einmal die Boxweltmeisterin Regina Halmich, die für den Playboy posierte, schaffte es, dem Frauenboxen zum Olympiarang zu verhelfen.
Die Weltmeisterin im Holzfällen, Erin Lavoie aus den USA, versteht sich darauf, einen Baumstamm in 29 Sekunden zu spalten. Aber auch ihre Fähigkeiten im Umgang mit der Motorsäge sind beeindruckend: Um für ihren Sport zu werben, hat sich die diplomierte Forstwirtin im Bikini mit Motorsäge und Spaltaxt ablichten lassen.

In Sportarten, bei denen es auf Kraft und Schnellkraft ankommt, sind Frauen den Männern rein körperlich zwar unterlegen, in Ausdauersportarten nähern sich die Leistungen beider Geschlechter aber immer mehr an. Bisweilen konnten die Männer von den Frauen sogar überboten werden. Gerade beim Langstreckenschwimmen gereichen den weiblichen Athletinnen neben ihrer Ausdauer die zehn Prozent mehr Fettgewebe zum Vorteil. 17 Jahre lang hielt den Zeitrekord der Kanalschwimmer eine gewisse Penny Lee Dean. Obwohl diese Disziplin höchste physische Widerstandskraft erfordert, stellen sich vornehmlich Frauen der Herausforderung, den

Ärmelkanal zu durchschwimmen. Im neun bis 15 Grad kalten Wasser müssen sie ständig kreuzenden Tankern ausweichen. Die starken Strömungen machen sie seekrank, und Quallen verbrennen ihnen sämtliche Körperteile. Einige von ihnen kraulen dann nach einem zehnminütigen Kurzaufenthalt in einem französischen Hafenbecken gleich wieder zurück an die englische Küste.

Im Reitturniersport machen seit der Olympiade 1952 die Damen den Herren die Medaillen streitig. Sie werden wegen ihrer eindrücklichen Leistungen respektvoll als Amazonen bezeichnet. Ob der Vergleich mit den legendären Kämpferinnen, die ihre Männer nach dem Zeugungsakt mit Pfeil und Bogen gnadenlos erlegt haben sollen, glücklich gewählt ist, bleibt dahingestellt.

Auch bei Segelregatten und im Motorsport treten Frauen unmittelbar gegen Männer an. Jutta Kleinschmidt gewann 2001 als erste Frau die Rallye Paris–Dakar.

Der Freitaucherin Tanya Streeter gelang es als einziger Frau bereits mehrfach, von Männern aufgestellte Apnoerekorde zu brechen. Im Jahr 2002 tauchte sie ohne Hilfsmittel 160 Meter in die Meerestiefe und hielt damit für zwei Jahre den Rekord.

Bei allem Nachholbedarf sollte man mit ebenso großer Spannung verfolgen, wann sich die rhythmische Sportgymnastik und das Synchronschwimmen für Männer als olympische Disziplinen etablierten. Bisher gibt es in Deutschland nur eine einzige Gruppe homosexueller Männer, die an internationalen Synchronschwimm-Wettkämpfen teilnimmt.

MENSTRUATION

Jeden Monat bereitet sich die Schleimhaut der Gebärmutter auf das mögliche Einnisten einer befruchteten Eizelle vor. Sie wird dicker und reichert Nährstoffe an. Bleibt eine Befruchtung der Eizelle aus, lösen sich etwa zwei Wochen nach dem Eisprung die oberen Schichten der Gebärmutterschleimhaut, und es kommt zur Monatsblutung. Während der Menstruation wird in der Gebärmutterschleimhaut ein bestimmter Botenstoff vermehrt produziert. Dieser bewirkt die Kontraktion der Gebärmutter und unterstützt so den Ablösungsprozess der Schleimhaut. Wird zu viel von diesem Botenstoff freigesetzt, kann es zu krampfartigen Unterleibsschmerzen mit diversen Begleiterscheinungen wie Übelkeit, Rücken- oder Kopfschmerzen kommen. Etwa 75 Prozent aller Frauen sind von Menstruationsbeschwerden betroffen, die sehr individuell ausgeprägt sein können.

Entwicklung

Im Durchschnitt setzt die erste Menstruation (Menarche) bei deutschen Mädchen im Alter von 12,3 Jahren ein. Die körperliche Umstellung kündigt sich etwa sechs bis zwölf Monate vorher durch den sogenannten Weißfluss und das Knospen der Brüste an.

Ab dem 45. Lebensjahr werden die Menstruationsphasen unregelmäßig. Die Eierstöcke stellen langsam die Hormonproduktion ein. Schließlich kommt es zur letzten Blutung – der Menopause. Deutsche Frauen sind dann im Durchschnitt 52 Jahre alt und hatten bis dahin ungefähr 500-mal im Leben ihre Tage.

Hilfe bei Beschwerden

Grundsätzlich hilft bei Menstruationsbeschwerden alles, was entspannt und entkrampft. Atmen Sie tief durch die Nase in den Bauch. Der Bauch sollte sich sichtbar und spürbar wölben. Im öffentlichen Raum können Sie sich auf die Schnelle mit einer unauffälligen Massage behelfen: Im Bereich der Lendenwirbelsäule befinden sich zwei Grübchen. Sie liegen direkt über dem Gesäß, rechts und links von der Wirbelsäule, und sind Akupressurpunkte, die mit der Gebärmutter in Verbindung stehen. Massieren Sie etwa eine halbe Minute mit den Fingerkuppen diese beiden Punkte kreisförmig mit leichtem Druck. Legen Sie eine ebenso lange Pause ein und wiederholen Sie die Massage drei- bis viermal. Wärme fördert die Durchblutung und wirkt entspannend. Legen Sie sich eine Wärmflasche auf den Bauch, oder nehmen Sie ein warmes Bad. Trinken Sie krampflösende Tees. Überwinden Sie sich zu sanften Bewegungen wie Spazierengehen oder leichtes Wippen und Kippen auf einem Gymnastikball. Die Bewegung der Unterleibsmuskulatur wirkt wie eine innere Wärmflasche. Auch ein Orgasmus verschafft Linderung. Das wussten bereits die Mediziner der griechischen Antike und rieten den betroffenen Frauen zur Selbstbefriedigung. Ablenkung jeglicher Art wirkt auf alle Fälle entspannend und ist somit empfehlenswert.

Übrigens: Es hat lange gedauert, das Frauenthema Menstruation in Deutschland von Tabus und dem Mythos des Unreinen und Giftigen zu befreien. Bis 1970 durften menstruierende Frauen in Deutschland kein Blut spenden. Trotz starker moralischer Bedenken hat sich o.b. (ohne Binde) seit 1950 in Deutschland durchgesetzt. Das Gerücht, das Jungfernhäutchen könnte bei der Benutzung von Tampons beschädigt werden, konnte bis heute nicht endgültig aus der verklemmten Welt geschafft werden.

In Japan verwenden die Frauen noch heute beim Tamponwechsel Einweghandschuhe, und viele US-Amerikanerinnen benützen Einführhilfen, um nicht mit ihrem Menstruationsblut in Berührung zu kommen. Asiatinnen ist es wichtig, dass das Auspacken von Binden und Tampons möglichst keine Geräusche verursacht, um die eigene Menstruation vor möglichen Lauscherinnen aus der Toilettenkabine nebenan geheim halten zu können.

MÄNNERDOMÄNEN FÜR SICH ENTDECKEN

Grillfeuer machen

85 Prozent der Deutschen lieben es zu grillen. Da werden keine Mühen gescheut, Wettbewerbe veranstaltet und Tipps und Rezepte ausgetauscht. Aber höchst selten führt eine Frau Regie am Kohlebecken. Das sollten Sie ändern!

So gehen Sie vor:
Berechnen Sie für eine gute Glut mindestens 30 Minuten Vorbereitungszeit. Als Grillkohle können Sie Holzbriketts oder Holzkohle wählen. Briketts brennen länger und heißer als Holzkohle. Sie geben die bessere Glut, lassen sich jedoch schwerer entzünden. Schlichten Sie die Grillkohle zu einer Pyramide auf und verteilen Sie den Grillanzünder.
Verwenden Sie zum Anzünden der Grillkohle nur den handelsüblichen festen oder flüssigen Grillanzünder. Niemals Benzin, Brennspiritus, Terpentin oder ähnliche Brennstoffe. Auch Kaminanzünder sind nicht geeignet. Ihr Grillgut könnte Paraffingeschmack annehmen. Am sichersten sind feste Grillanzünder. Sie sind als kleine Würfel, die wie Wachs aussehen, oder aus Torf erhältlich. Sie enthalten keine gesundheitsschädlichen Inhaltsstoffe. Für Ihr Grillfeuer benötigen Sie je nach Größe drei bis sechs Stück. Der flüssige Grillanzünder wird auf die trockenen Kohlen geträufelt. Verwenden Sie ihn sparsam. Vier Spritzer genügen und lassen Sie ihn einige Minuten in die Kohlen einziehen. Es könnte sonst eine Stichflamme entstehen.
Notfalls können Sie sich auch mit einem auseinandergeris-

senen Eierkarton als Anzünder behelfen. Papier eignet sich nicht. Es verbrennt zu schnell.
Zünden Sie nun Ihren Grillanzünder an. Mit extralangen Streichhölzern geht das besonders leicht.
Wenn die Kohle gut brennt, zieht man die Pyramide vorsichtig mit einem Stock auseinander und breitet sie zu einem gleichmäßigen Glutbett aus. Die Kohlen sollten etwa 5 cm hoch im Grill liegen und um 5 cm breiter verteilt sein als die Fläche, die Sie mit Grillgut bedecken. Nun muss die Kohle gut durchglühen. Ein Blasebalg ist besonders geeignet, um gezielt Sauerstoff in die Kohlen zu blasen, ohne Funkenflug zu erzeugen. Unkontrolliertes Rumwedeln mit Hilfsmitteln wie Sitzkissen oder Zeitschriften macht zwar auch Wind, ist aber genauso wenig zu empfehlen, wie mit einem Haartrockner auf die Glut einzublasen. Machen Sie es lieber wie die Indianer und pusten Sie durch ein Rohr, das Sie sich circa 20 cm vor den Mund halten, in die Glut. So können Sie einen intensiven, zielgerichteten Luftstrom erzeugen. Toll funktioniert das mit einer leeren Küchenrolle, aber auch Zeltstangen sind geeignet. Wenn es nicht gerade die 2,30 m langen sind!
Schieben Sie alsdann den Grillrost ein. Der Abstand zur Glut richtet sich nach der Gardauer Ihres Grillgutes. Dicke Fleischstücke oder Frikadellen müssen höher über der Glut liegen als zum Beispiel Fisch und Gemüse. Um den geeigneten Abstand herauszufinden, halten Sie Ihre Hand etwa 15 cm über den Grillrost. Ist es so heiß, dass Sie Ihre Hand keine zwei Sekunden darüberhalten können, sollte der Grillrost eine Stufe höher gelegt werden. Grundsätzlich lässt sich die Hitze durch Auseinanderziehen der Kohlen reduzieren. Wenn Sie mehr Hitze brauchen, schieben Sie die Kohlen in der Mitte zusammen und legen Sie außen neue Kohlen nach. Wenn sich eine weiße Ascheschicht auf der Kohle bildet, dann sind sie gut durchgeglüht, und Sie können Ihr Grillgut auflegen.

Fleisch sollten Sie immer mit einer Grillzange auflegen und nicht mit einer Gabel anstechen. Das Fleisch verliert sonst den Saft und wird hart. Das Fleisch ist durch, wenn es sich auf Druck fest anfühlt und der austretende Fleischsaft klar ist. Schweinefleisch und Geflügel sollten immer ganz durchgegart werden.

Übrigens: Woher der Begriff Barbecue stammt, ist nicht eindeutig geklärt. Einige wollen es vom mexikanischen Wort für Feldofen, »barbacoa«, ableiten. Andere behaupten, es komme aus dem Französischen: »barbe-à-queue«, übersetzt: »vom Bart bis zum Schwanz«, weil die Tiere bei Gelagen komplett auf dem Spieß über dem Feuer befestigt wurden.

Grillfeuer ohne Grillanzünder

Stellen Sie eine Flasche auf den Grillboden. Rollen Sie dann eine Zeitungsdoppelseite der Länge nach auf und drehen Sie die Enden in entgegengesetzter Richtung so, dass ein fester Papierring entsteht. Diesen legen Sie nun um die Flasche und verknoten ihn am unteren Ende so, dass man die Flasche später noch einfach herausziehen kann. Wiederholen Sie den Vorgang, bis die Flasche von etwa sechs Papierringen umwickelt ist. Um die präparierte Flasche schichten Sie nun sorgfältig eine Holzkohlenpyramide (nehmen Sie keine Briketts, sie sind schwerer entflammbar als Holzkohle). Heben Sie jetzt die Flasche ganz vorsichtig nach oben heraus, und entzünden Sie durch die Kaminöffnung mit einem langen Papierstreifen den untersten Papierring. Das Feuer greift schnell auf die Kohlen über, die dann zu einem Glutbett ausgebreitet werden können.

Feuer machen

Suchen Sie nach möglichst trockenem Holz. Nasses Holz verursacht Qualm. Frisch geschlagenes, grünes Holz eignet sich ebenso wenig. Auch modriges Holz ist zu stark von Feuchtigkeit durchzogen. Steht nur feuchtes Holz zur Verfügung, können Sie sich zum Anzünden mit Birkenrinde behelfen. Sie brennt wegen des hohen Terpenanteils auch im nassen Zustand. Oder spalten Sie dicke Scheite in feine Späne. Für ein richtiges Lagerfeuer benötigen Sie trockenes Holz in allen Stärken. Laubholz ist fester und schwerer als Nadelholz. Es fängt nicht so schnell Feuer, brennt dafür länger und erzeugt die bessere Glut. Verbrennen Sie nicht grünes Tannen- oder Fichtenreisig. Es qualmt und kann Funkenschlag erzeugen.

Das Prinzip des Feuerbaus ist recht einfach. Man beginnt mit einem Nest aus dünnem, leicht entflammbarem Material und baut immer dicker werdendes Brennmaterial pyramidenförmig außen herum. Nehmen Sie nicht zu viel Holz, damit die Sauerstoffzufuhr immer gewährleistet bleibt. Legen Sie lieber immer wieder Holz nach. Ein normales Feuer sollte eine Holzhöhe von 30 cm nicht überschreiten.

Für das Nest eignet sich natürlich zerknülltes Zeitungspapier, aber auch feine, dürre Äste, Sägespäne, Stroh und Heu, trockene Blätter und Nadeln oder Birkenrinde. Legen Sie dünne Äste oder Späne zeltförmig darüber. Das Nest muss später das Feuer an die Äste weiterleiten. Wählen Sie den Abstand so, dass genug Luft zwischen die Schichten gelangen kann, das Zeitungspapier jedoch nicht vorher verbrennt. Dann schichten Sie die dickeren Äste an. Entzünden Sie das Feuer im Kern der Pyramide, und lehnen Sie vorsichtig die dicken Scheite an, wenn die äußersten Äste Feuer gefangen haben.

Übrigens: Legen Sie nie nasse Steine (z. B. vom Ufer eines Flusses) neben oder in das Feuer, da diese explodieren können.

Natürliche Brennhilfe

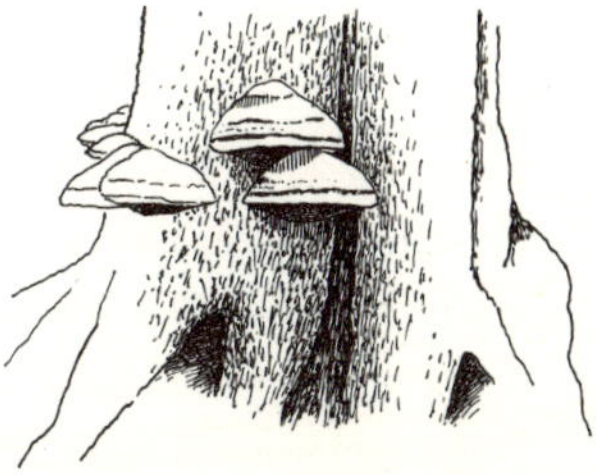

Den **Zunderpilz** als Feuerstarter trug schon Steinzeitmensch Ötzi mit sich. Der Baumpilz wächst als Parasit vor allem an älteren Bäumen und eignet sich hervorragend als Feuerstarter. Allerdings muss man ihn aus der Rinde schneiden, sein Mark in feine Streifen filetieren, wie Ötzi darüberpinkeln oder doch lieber in Salpeter tränken, trocknen lassen und weich klopfen!

Tampons als Feuerstarter

Kneten Sie einen Tampon weich, und ziehen Sie die Watte vorsichtig auseinander, ohne sie komplett zu zerreißen. Die Zellstoffwatte brennt bis zu einer halben Minute. Ausreichend trockenes Brennmaterial kann so leicht entflammt werden.

Candle Kisses
(Feuerstarter kanadischer Pfadfinderinnen)

Nehmen Sie einen haselnussgroßen Kerzenstummel und wickeln Sie ihn in ein circa 10 mal 10 cm großes Stück Wachspapier. Drehen Sie die Enden wie bei einem Bonbon zusammen. Entzünden Sie ein Ende und entflammen Sie damit Ihr vorbereitetes Brennmaterial.

Flaschenöffner-Alternativen

Sie haben beim Grillen im Freien oder auf einem Festival zwar eine Bionade oder eine Flasche Mineralwasser erwischt, aber weit und breit findet sich kein Flaschenöffner? Sehen Sie doch in Ihrer Tasche nach: Haben Sie in ihr vielleicht einen Labello oder Lippenstift, ein Feuerzeug oder einen Kontaktlinsenbehälter, eine Sprühpflasterspraydose für aufgeschlagene Knie der Kinder oder einen Edding, eine Dose Tic Tac oder einen Knirpsschirm? Das sind alles hervorragende Flaschenöffner, wenn sie richtig angesetzt werden – nur Vorsicht: Es können Gebrauchsspuren zurückbleiben, und wer mehrmals ansetzen muss, sollte den Flaschenhals von möglicherweise vorhandenem Plastikabrieb reinigen. Den vermeidet diejenige, die weiß, wie man mit dem Veranstaltungsprogrammzettel oder jedem anderen DIN-A4-Papierbogen die Flasche aufbekommt.

- Falten Sie ein DIN-A4-Blatt Papier zweimal auf ein Viertel der ursprünglichen Größe.
- Knicken Sie nun, von der offenen längeren Seite beginnend, den gefalteten Bogen viermal in etwa 2 cm breite Streifen. Streifen Sie die Knickfälze möglichst glatt.
- Durch einen letzten Knick halbieren Sie den Längsstreifen etwa auf Feuerzeuggröße.

Umgreifen Sie den Flaschenhals fest unmittelbar unter dem Kronkorken.
Setzen Sie nun den dicken Papierfalz hochkant am unteren Rand des Kronkorkens an. Unten sitzt der Papierfalz auf Ihrem Zeigefinger auf. Er dient als Drehpunkt für den Hebel. Den Papierstreifen halten Sie mit der anderen Hand möglichst weit hinten fest umklammert, denn der Hebelarm sollte so lang wie möglich sein. Um den Kronkorken abzuhebeln, drücken

Sie nun mit dem Papierstreifen nach unten. Die Bewegung kommt ruckartig aus dem Handgelenk. Sie hebeln falsch, wenn der Zeigefinger schmerzt. Die Kraft muss unterhalb des Kronkorkens ansetzen und für Sie dort über dem Falz spürbar sein.

Verzagen Sie nicht, wenn es nicht gleich klappt. Am Anfang freut man sich schon, wenn man die Flasche endlich nach mehreren Anläufen mit schmerzendem Finger Stück für Stück aufgenippelt hat. Wer den Trick mal raushat, kann dann quasi mit allen festen Kanten Flaschen öffnen. Wenn es sein muss auch mit flachen Steinen, Eiszapfen oder alten Brotscheiben.

Auto

Starthilfe

Wenn Ihr Auto nicht wie gewohnt anspringt, sondern nach dem Drehen des Zündschlüssels nur ein leises Klicken zu vernehmen ist, dann liefert die Batterie des Wagens nicht mehr den nötigen Anlasserstrom. Kein Grund, nervös zu werden. Mit größter Wahrscheinlichkeit kann mit einer Stromspende das Auto wieder zum Laufen gebracht werden. Sie benötigen dafür zwei Dinge: ein Spenderfahrzeug und ein Starthilfekabel.

Einen freundlichen Starthelfer aufzutreiben ist für Frauen meist das geringste Problem. Schwieriger gestaltet es sich erfahrungsgemäß, einen willigen Starthelfer samt notwendigem Überbrückungskabel zu finden. Deshalb ist es von großem Vorteil, gerade im Winter ein Starthilfekabel (vorzugsweise mit Überlastungsschutz) griffbereit dabeizuhaben. Wundern Sie sich nicht, wenn Sie nach dem Öffnen der Motorhaube keine Batterie entdecken können. Auch die technisch versiertesten Männer wurden schon angesichts dieser Tatsache fassungslos vor ihren liegengebliebenen Fahrzeugen beobachtet. Einige gängige Automarken haben die Batterie im Kofferraum unter der Plastikverkleidung oder unter der Rücksitzbank verstaut. Suchen Sie in so einem Fall nach einer Abdeckung im Motorraum, die mit einem Pluszeichen gekennzeichnet ist. Darunter finden Sie den nach vorne verlegten Pluspol.

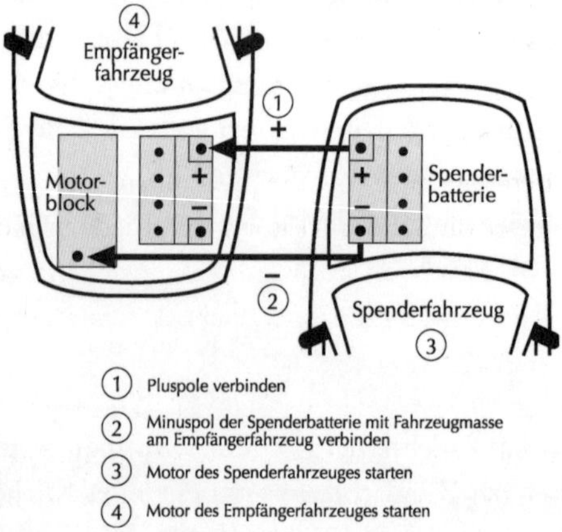

Gehen Sie nun wie folgt vor:

- Stellen Sie die beiden Fahrzeuge nahe zueinander, damit die Batterien bzw. Pole problemlos verbunden werden können. Es darf jedoch keinesfalls Karosseriekontakt bestehen.
- Beide Motoren und alle Stromverbraucher sollten zunächst abgestellt sein.
- Beginnen Sie mit dem roten Kabel. Setzen Sie die erste Klemme an den Pluspol der Empfängerbatterie, die zweite Klemme des roten Kabels an den Pluspol der Spenderbatterie. Die entsprechenden Zeichen sind meist im Umfeld der

Pole in den Kunststoff der Batterie eingegossen oder direkt an den Polen zu finden. Können Sie die Pole nicht eindeutig zuordnen, experimentieren Sie bitte nicht. Es könnten schwerwiegende Schäden an der Fahrzeugelektrik entstehen.

- Anschließend klemmen Sie das schwarze Kabel an den Minuspol des helfenden Autos. Danach das freie Ende des schwarzen Kabels an eine blanke, unlackierte Metallstelle (»Massepunkt«) des Motorblocks des Pannenfahrzeugs. Klemmen Sie keinesfalls das andere Ende des schwarzen Kabels an den Minuspol des havarierten Wagens, es könnte zu Knallgasreaktionen kommen.
- Lassen Sie nun den Motor des Spenderwagens starten, und unternehmen Sie dann einen Startversuch (max. 15 Sekunden) mit Ihrem Wagen. Sollte der Wagen nicht anspringen, überprüfen Sie bitte, ob die Polzangen fest sitzen. Dreht der Anlasser durch, der Motor springt jedoch nicht an, liegen offensichtlich schwerwiegendere Probleme vor. Weitere Startversuche sind dann zwecklos bzw. können dem Katalysator schaden.
- Wenn das Fahrzeug anspringt, lassen Sie es laufen, und schalten Sie einen starken elektrischen Verbraucher an (z.B. die Heckscheibenheizung oder das Gebläse), denn beim Abklemmen der Polzangen könnten Spannungsspitzen auftreten, die der Elektronik schaden könnten. Bei einem Kabel mit Überlastungsschutz kann darauf verzichtet werden. Die Verbindung der beiden Fahrzeuge sollte eine halbe Minute aufrechterhalten werden.
- Beim Lösen der Kabel gehen Sie in umgekehrter Reihenfolge vor: Nehmen Sie erst das schwarze Kabel ab, dann das rote Pluskabel, und denken Sie daran, den vorher eingeschalteten elektrischen Verbraucher abzuschalten.
- Anschließend ist es wichtig, die entleerte Batterie wieder komplett aufzuladen. Eine kurze Fahrt durch den Stadtver-

kehr reicht dafür nicht aus. Im Winter sollte man mindestens 20 km über Land fahren oder die Batterie an ein Ladegerät anschließen.

Als häufigste Ursachen für Batterieausfälle gelten Altersschwäche und vorhergegangene Tiefenentladungen. Der ADAC empfiehlt, alle vier Jahre einen Batteriewechsel vorzunehmen.

Tipps, um die Batterie zu schonen

- Bei starken Minusgraden muss die Batterie Höchstleistungen vollbringen. Achten Sie beim Kaltstart darauf, dass Radio, Gebläse, Sitz- und Heckscheibenheizung und diverse andere Stromfresser ausgeschaltet sind.
- Treten Sie zudem vor dem Starten die Kupplung, und achten Sie auch während der Fahrt darauf, den Stromverbrauch so gering wie möglich zu halten.
- Feuchte Verschmutzungen im Motorraum können Kriechströme erzeugen, die eine Selbstentladung des Akkus verursachen können. Reinigen Sie deshalb regelmäßig mit einem weichen Lappen den Motorraum.
- »Irgendwos brennd oiwai«, wie ein Automechaniker einer bekannten Autowerkstatt in München zu sagen pflegt. Kontrollieren Sie beim Aussteigen, ob alle Innenbeleuchtungslämpchen aus sind und der Kofferraumdeckel richtig verschlossen ist.

Reifenpanne

Versuchen Sie, ruhig zu bleiben, wenn ein Reifen während der Fahrt platzt. Auch ein geplatzter Reifen fährt im Wesentlichen geradeaus. Unfälle mit Reifenpannen werden eher durch schreckhaftes Gegenlenken und Vollbremsungen verursacht.

Sollte die Panne auf der Autobahn passieren, steuern Sie besonnen den Seitenstreifen an. Wenn ein Weiterrollen möglich ist, sollten Sie versuchen, den nächsten Parkplatz zu erreichen. Das geht auch, wenn der Reifen komplett platt ist. Ist ein Weiterrollen ausgeschlossen, veranlassen Sie, dass alle Insassen das Fahrzeug verlassen und sich in Sicherheit bringen.

Reifenwechsel

- Sie benötigen: einen Ersatzreifen, einen Wagenheber, einen Radmutterschlüssel oder ein Radkreuz und einen Schraubenzieher.
- Der Ersatzreifen kann sich je nach Fahrzeugmodell im Kofferraum, unter der Motorhaube oder dem Kofferraum oder an der Hecktür befinden. Der Reifen unter dem Kofferraum senkt sich nach unten ab, wenn Sie die dazugehörige Schraube im Kofferraum lösen.
- Der Wagenheber findet sich meist in der Höhlung des Ersatzreifens. Er kann aber auch an einer anderen Stelle im Kofferraum angebracht sein.
- Wenn am kaputten Reifen eine Radkappe montiert ist, müssen Sie diese zuerst mit dem spitzen Ende des Radmutterschlüssels oder dem Schraubenzieher vorsichtig abhebeln.
- Lockern Sie danach mit dem Radkreuz oder dem Radmutterschlüssel die Radmuttern um eine halbe Umdrehung. Solange das Rad noch Bodenkontakt hat, dreht es sich nicht mit. Wenn die Muttern zu fest sitzen, können Sie mit Ihrem Körpergewicht nachhelfen und sich auf den Schraubenschlüssel stellen.
- Nun können Sie den Wagenheber ansetzen. An der Bodenschwelle der Karosserie befindet sich eine dafür vorgesehene Kerbe. Achten Sie zudem darauf, dass der Wagenheber auf festem Untergrund und nicht auf Schotter oder Sand steht.
- Kurbeln Sie jetzt den Wagenheber so weit hoch, bis das Rad

in der Luft hängt. Lösen Sie dann die Radmuttern vollständig und nehmen Sie das defekte Rad ab.
- Setzen Sie das Reserverad so an, dass die Schrauben durch die Löcher passen, drehen Sie die Radmuttern wieder auf und ziehen Sie sie handfest an.
- Lassen Sie das Fahrzeug mit dem Wagenheber wieder vorsichtig ab und entfernen Sie ihn.
- Ziehen Sie nun mit dem Radmutterschlüssel bzw. mit dem Radkreuz die Muttern über Kreuz richtig fest an.
- Prüfen Sie an der nächsten Tankstelle den Reifendruck und ziehen Sie die Radmuttern noch einmal nach.
- Steuern Sie bei nächster Gelegenheit eine Werkstatt an. Ersatzreifen sind meistens nur für kurze Strecken geeignet.

Sprit sparen

Was man tun sollte:
- Starten Sie ohne Gaspedal den Motor.
- Schalten Sie nach dem Anfahren sofort in den zweiten Gang.
- Beschleunigen Sie nie mit Vollgas.
- Wählen Sie frühzeitig den nächsthöheren Gang.
- Schalten Sie nicht zurück, solange der Motor, ohne zu ruckeln, Gas annimmt.
- Bei warmgelaufenen modernen Motoren lohnt sich das Abschalten bereits ab zehn Sekunden, bei älteren Modellen ab 20 Sekunden. (Dass beim Anlassen des Motors besonders viel Sprit verbraucht werde, ist ein hartnäckiges Gerücht.)
- Überprüfen Sie alle 500 km den Reifendruck. Zu wenig Luft erhöht den Rollwiderstand.
- Vermindern Sie den Stromverbrauch. Gehen Sie bewusst mit Gebläse, Klimaanlage, Sitzheizung, Heckscheibenheizung usw. um. Die notwendige Elektrizität dafür wird unter Energieverbrauch erzeugt.

- Verringern Sie das Gewicht Ihres Fahrzeugs, indem Sie alle entbehrlichen Kleinteile (z.B. Fußmatten, Kleidungsstücke, leere Flaschen usw.) ausräumen. Das Gewicht des Ersatzreifens trägt unter anderem mit 0,5 Liter pro 100 km zum erhöhten Spritverbrauch bei. Überlegen Sie, ob Sie den Reifen durch ein Reifenpannensoforthilfesystem ersetzen.

Was man nicht tun sollte:

- Vermeiden Sie Kurzstreckenfahrten nach einem Kaltstart. Hier liegt der Verbrauch bei 30 Litern pro 100 km.
- Drängeln Sie nicht. Fahren Sie vorausschauend, denn unnötige Bremseinsätze kosten zu viel Sprit.
- Dachgepäckträger bedeuten einen Mehrverbrauch von bis zu 15 Prozent. Fahren Sie diese also nicht umsonst in der Gegend spazieren.
- Rollen Sie nicht im Leerlauf auf Ampeln und Ausfahrten zu. Die meisten Autos verfügen über eine sogenannte Schubumschaltung, die dafür sorgt, dass beim Einsatz der Motorbremse die Benzinzufuhr abgeriegelt wird.

Übrigens: Wie viel ist es Ihnen wert, sich öffentlich zu Ihrer Lieblings-Nationalelf zu bekennen? Die Fähnchen, die seit der Fußball-WM in Deutschland an vielen Autos flattern, kosten pro Stück 0,5 Liter Sprit auf 100 km.

Marder

Gerne schlüpfen die neugierigen und nachtaktiven Tiere unter Motorhauben von Autos. Sie werden von der Abwärme des Motors angezogen und genießen gerade in den kühleren Übergangsmonaten die beheizten Höhlen. Dort ruhen sie sich aus, oder sie verspeisen ihre Beute. Wenn die verspielten Tiere ihre Umgebung mit den spitzen Zähnen untersuchen, entstehen meistens noch keine gravierenden Schäden. Problematisch sind eher die Duftspuren, die sie bei ihrem Besuch hinterlassen. Denn diese ziehen andere Marder an, die sich dann mit der Motorelektronik stellvertretende Rivalitätskämpfe liefern können und alles kurz und klein beißen. Wenn man Marderspuren entdeckt, sollte man deswegen den Motorraum von den Duftspuren reinigen. Experten empfehlen zusätzlich bei festen Stellplätzen eine Reinigung des Parkplatzes mit Seifenlauge. Schützen kann man sich mit Netzen und Gittern, die unten im Motorraum angebracht werden. Auch Elektroschockgeräte, Ultraschallalarmanlagen, weidezaunartige Absperrungen und stromführende Abdeckplatten sind im Handel erhältlich. Bei der Einschätzung der Wirksamkeit scheiden sich die Geister, am uneffizientesten sollen jedoch Hausmittel wie Mottenkugeln, Hundehaarbeutel, WC-Steine und Ähnliches sein.

Rückwärts einparken

- Halten Sie mit einem Seitenabstand von 50 cm auf gleicher Höhe neben dem Wagen, hinter dem Sie einparken wollen.
- Fahren Sie mit schleifender Kupplung rückwärts, bis das Ende des Fahrzeugs neben Ihnen in der Mitte des rechten, hinteren Seitenfensters zu sehen ist.
- Warten Sie und kontrollieren Sie den Verkehr. Wenn sich kein Fahrzeug nähert, schlagen Sie scharf nach rechts ein.

- Fahren Sie mit dem Lenker im Anschlag so lange langsam zurück, bis die Bordsteinkante im linken Eck der Heckscheibe erscheint.
- Lenken Sie nun bis zum Anschlag nach links, und beachten Sie dabei den rechten vorderen Kotflügel. Rollen Sie langsam in die Parklücke ein.

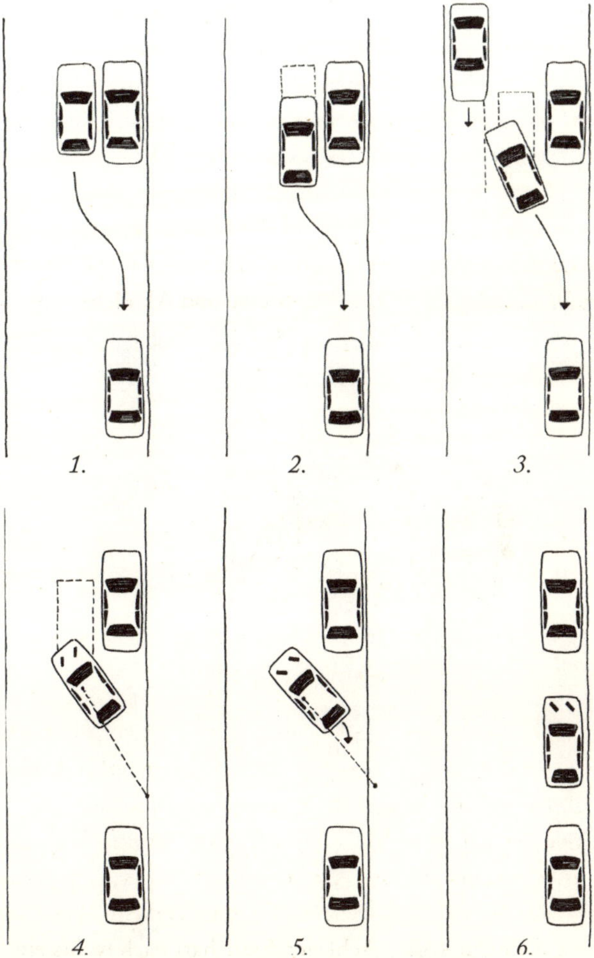

Hilfe naht! Auch Mathematiker beschäftigen sich mit den Problemen des Rückwärtseinparkens. Der Mathematiker Norbert Herrmann von der Uni Hannover hat die perfekte Einparkformel errechnet. Diese könnte bei Bordcomputern Anwendung finden, um in Zukunft Parkmanöver vollautomatisch ablaufen zu lassen.

Warum kann man rückwärts besser einparken?

Bei Fahrten um die Kurve beschreiben die Hinterräder immer einen engeren Radius als die Vorderräder. Beim Rückwärtsfahren nützt man also den kleineren Spurkreis der Hinterräder aus, um sich in enge Parklücken zu kurbeln.

Auswahl aus 242 möglichen Ordnungswidrigkeiten, die im Bußgeldkatalog von Flensburg festgehalten sind

Punkte	*Vergehen*	*Bußgeld in €*
0	Tempoüberschreitung innerorts um 16–20 km/h	35
1	um 21–25 km/h	40
1	bei laufendem Motor Handy benutzt	40
0	beim Fahrradfahren Handy benutzt	25
0	im Kfz nicht für vorschriftsmäßige Sicherung eines Kindes gesorgt	30
0	Halten in zweiter Reihe	15
0	innerhalb einer Ortschaft unnütz hin und her gefahren und dadurch andere belästigt	20
4	Teilnahme an illegalen Autorennen	1000, 1 Monat Fahrverbot

Nach zwei Jahren verfallen die Punkte, wenn keine weiteren dazugekommen sind. Bei Straftaten im Zusammenhang mit Alkohol oder Drogen erlöschen die Punkte erst nach zehn Jahren.

Übrigens: Im Jahr 2005 gab es allein 289 000 Einträge wegen Telefonierens mit Handy.

Abseitsposition im Fußball

Laut Regel 11 des Deutschen Fußballbundes befindet sich ein Spieler in einer Abseitsstellung

- wenn er der gegnerischen Torlinie näher ist als der Ball und der vorletzte Abwehrspieler der gegnerischen Mannschaft (der letzte Abwehrspieler ist meistens der gegnerische Torwart).

Ein Spieler befindet sich nicht in einer Abseitsstellung

- in seiner eigenen Spielfeldhälfte oder
- auf gleicher Höhe mit dem vorletzten Abwehrspieler oder
- auf gleicher Höhe mit den beiden letzten Abwehrspielern.

Die Abseitsstellung eines Spielers stellt an sich noch keine Regelübertretung dar. Die liegt vor und wird bestraft,

- wenn sich der Spieler nach Ansicht des Schiedsrichters zum Zeitpunkt der Ballabgabe seines Mitspielers in Abseitsstellung befindet und aktiv ins Spielgeschehen eingreift;
- wenn er (auch ohne Ballkontakt) den Gegner aus dieser Position beeinflusst; zum Beispiel, indem er dem Torwart die Sicht nimmt;
- wenn er aus dieser Stellung einen Vorteil für seine Mannschaft zieht, zum Beispiel dann, wenn der Spieler zwar nicht direkt angespielt wurde, aber durch einen am Pfosten oder Gegner abgeprallten Ball indirekt ins Spiel kommt.

Keine Regelübertretung liegt vor, wenn ein Spieler den Ball direkt erhält von einem Abstoß, einem Einwurf oder einem Eckstoß.

Strafbestimmung: Nach jeder strafbaren Abseitsstellung verhängt der Schiedsrichter einen indirekten Freistoß für die gegnerische Mannschaft an der Stelle, an der sich der Verstoß ereignete.

Abseitsfalle

Die Abseitsfalle ist eine Taktik, um einen gegnerischen Angriff abzuwehren. Unmittelbar bevor ein Angreifer der Gegnermannschaft von seinem Mitspieler angespielt wird, zieht sich die abwehrende Mannschaft entgegen der Angriffsrichtung zurück, um den Angreifer in die Abseitsposition zu bringen und so den Abbruch des Spielzuges zu provozieren.

Heimwerken
Installationszonen von elektrischen Leitungen

Elektrische Leitungen dürfen nur in bestimmten Installationszonen waagerecht oder senkrecht verlegt werden. Senkrechte Installationszonen sind 20 cm breit und sollten mit 10 bis 15 cm Abstand zu Raumecken und Tür- bzw. Fensternischen verlegt sein. Die Lage von Steckdosen und Schaltern lässt vermuten, wo die Leitungen unter dem Putz verlegt wurden. Die 30 cm breiten waagerechten Installationszonen liegen in Schlaf- und Wohnräumen innerhalb eines Wandstreifens, den man mit 45 cm von der Oberkante Fußboden bzw. von der Unterkante Zimmerdecke annehmen kann.
In Küchen kommt im Bereich der Arbeitsfläche eine mittlere Zone in ca. 100 cm Höhe dazu. Sicherheitshalber sollten Sie vor dem Bohren die vorgesehene Stelle immer mit einem Leitungssuchgerät untersuchen.

Montage einer Deckenleuchte

Bevor Sie mit der Montage beginnen, schalten Sie die entsprechende Sicherung im Stromverteiler ab. Die Leitung muss spannungsfrei sein. Die einzelnen Kabel oder Adern einer Leitung, die aus der Decke hängen, haben unterschiedliche Farben. Der Schutzleiter (PE) ist grün-gelb isoliert, der Neutralleiter (N) blau und die spannungsführende Phase (L) braun oder schwarz.
An Ihrer zu montierenden Leuchte befinden sich drei Anschlusskabel in den entsprechenden Farben. Die gleichfarbigen Kabel werden nun mit Hilfe einer Lüsterklemme miteinander verbunden. Dafür müssen die innen liegenden Kupferdrähte am Verbindungsende der Kabel freigelegt sein und etwa 4 mm aus der farbigen Plastikisolierung hervorstehen.

Die Plastikumhüllung knipst man am besten mit Hilfe einer sogenannten Abisolierzange ab. Die Lüsterklemmenschräubchen schraubt man nun mit einem geeigneten Schraubenzieher so weit auf, dass die Kabel leicht hineingesteckt werden können, die Klemme selbst aber nicht auseinanderfällt. Man beginnt mit dem grün-gelben Schutzleiter und verbindet dann die blauen und schwarzen Kabel und schraubt die Klemme abschließend vorsichtig zusammen.

Schalten Sie nun die Sicherung wieder an und bedienen Sie den entsprechenden Lichtschalter. Jetzt sollte die Lampe leuchten. Kontrollieren Sie zum Abschluss noch mit einem Phasenprüfer, ob am Metallgehäuse der Leuchte wirklich keine Spannung anliegt. Der Phasenprüfer sollte im Gegensatz zur Lampe nicht leuchten!

Wenn aus dem Putz eine zusätzliche Phase ragt und Ihre Leuchte aber nur über drei Kabel verfügt, dann verbinden Sie Schutzleiter und Neutralleiter wie gehabt. Das schwarze Kabel der Leuchte wird dann mit den beiden Phasen, die aus der Wand oder Decke stehen, zusammengeschlossen.

Bohrmaschine, Bohrer und Dübel

Für Gelegenheitshandwerker empfiehlt sich die Anschaffung einer Schlagbohrmaschine. Mit ihr können Sie in Metall, Holz, Gipskartonplatten, Hohllochziegel und Porenbeton bohren. Wenn Sie das Schlagwerk zuschalten, lassen sich auch Vollziegelsteine, Kalksandstein oder Beton löchern. Sollten Sie hauptsächlich Beton bearbeiten müssen, lohnt sich die Investition in einen pneumatischen Bohrhammer, der sich ohne Ihre Andruckkraft wie von selbst in den harten Baustoff frisst.

Steinbohrer

Holz- und Metallbohrer

Für den normalen Hausgebrauch reichen ein Bohrersatz mit Spiralbohrern, zur Bearbeitung von Holz und Metall, und ein Steinbohrersatz, für die oben genannten Wandbaustoffe, von jeweils 5 bis 8 mm Durchmesser aus. Steinbohrer lassen sich an der eingelöteten Hartschneidespitze erkennen. Als Wandverankerungen sind in den meisten Fällen einfache Spreizdübel geeignet, die sich mit einem Korkenzieher wieder aus der Wand drehen lassen. Bei Gipskartonwänden müssen Sie Hohlraumdübel verwenden.

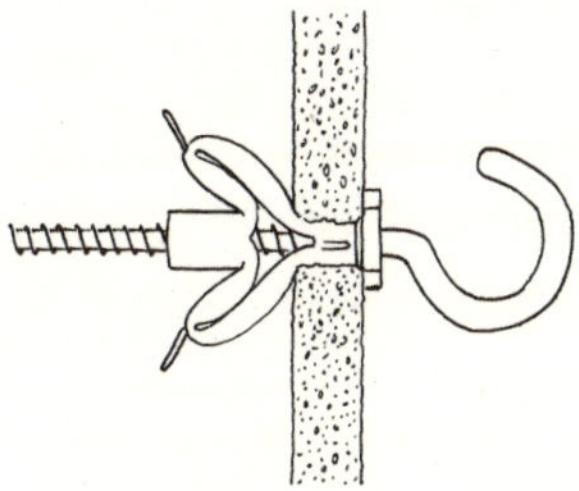

Hohlraumdübel

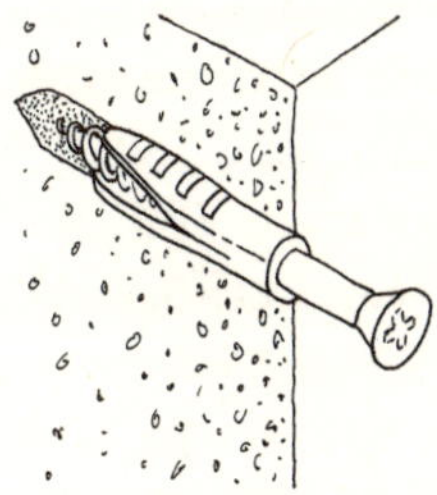

Spreizdübel

Wenn Sie nicht wissen sollten, aus welchem Baustoff Ihre Wand besteht, empfiehlt sich eine Bohrprobe im Drehlauf an einer später verdeckten Stelle.

Das Bohrmehl von Beton ist staubfein und hellgrau, das von Ziegelsteinen rot. Der Abraum des Porenbetons fühlt sich schmierig an, ist großkörnig und weiß, während reinweißes, feines Bohrmehl, das am Bohrer haften bleibt, auf Gipskarton schließen lässt.

Richtig bohren

- Markieren Sie die Bohrstellen und untersuchen Sie vor dem Bohren mit einem Leitungssuchgerät die Wand auf Leitungen. Wählen Sie dem Werkstoff entsprechend Ihren Bohrer. Der Durchmesser des Bohrers entspricht dabei dem des vorgesehenen Dübels.
- Markieren Sie die Bohrtiefe am Bohrer mit Hilfe eines Klebebandes (Dübellänge + 0,5 cm), oder benutzen Sie einen Bohreranschlag, um nicht zu tief zu bohren oder ständig die Bohrtiefe kontrollieren zu müssen.
- Damit keine schiefen Löcher entstehen, muss die Bohrspitze immer senkrecht zur Materialoberfläche angesetzt werden. Wenn Sie die Bohrmaschine auf Brusthöhe halten, können Sie diese gut andrücken und sicher führen. Starten Sie den Motor erst, wenn die Bohrerspitze fest anliegt… und lassen Sie die Maschine dann langsam anlaufen.
- In Altbauten sollten Sie besonders vorsichtig vorgehen. Halten Sie unbedingt Gips oder Schnellzement bereit. Falls der Putz großflächig abplatzt, können Sie damit das Bohrloch verschließen und nach dem Austrocknen einen neuen Bohrversuch starten.
- Beachten Sie bitte, dass kleinere Bohrerdurchmesser immer eine höhere Umdrehungszahl erfordern als große.
- Ziehen Sie die Bohrmaschine nach dem Bohrvorgang stets bei drehendem Motor aus dem Bohrloch, da sich der Bohrer ansonsten in der Wand verkanten könnte, und entfernen Sie vor dem Einsetzen des Dübels mit einem Staubsauger das Bohrmehl aus dem Bohrloch.

Bohrmehl auffangen

- Wenn Sie keinen Helfer zur Hand haben, der, während Sie bohren, das austretende Bohrmehl mit dem Staubsauger einsaugt, können Sie den Dreck mit einem Briefumschlag oder einem Kaffeefilter auffangen, den Sie mit einem Klebeband unmittelbar unter dem Bohrloch anbringen.

- Bei Bohrmaßnahmen an der Decke über Kopf können Sie sich vor dem herabrieselnden Staub mit einem Tennisball schützen. Schneiden Sie einen alten Ball mit einem Teppichmesser in zwei Hälften. Durchbohren Sie eine Hälfte, und stülpen Sie die Filzschale als Auffangbehälter über den Bohrer.
- Bei Metallbohrungen sollten Sie die Bohrstelle vorab mit einem Hammerschlag auf einen Metallstift ankörnen, um den Bohrer gegen Abrutschen zu sichern. Damit der Metallbohrer nicht so schnell stumpf wird, sollten Sie ihn während des Bohrvorganges immer wieder abkühlen lassen. Durch ein paar Tropfen Maschinenöl auf die Bohrstelle lässt sich die Reibungswärme reduzieren.
- Bei gefliesten Wänden sollten Sie darauf achten, immer im Fugenkreuz zu bohren. Ist dies nicht möglich, sollten Sie Ihre Bohrstelle möglichst fern des Fliesenrandes wählen, damit die Glasur der Fliese nicht so leicht absplittert. Auf die vorgesehene Bohrstelle kleben Sie dann ein Kreppband, das durch seine rauhe Oberfläche ein Abrutschen des Bohrers verhindert. Bohren Sie zunächst mit einem Eisenbohrer bei möglichst niedriger Drehzahl durch die Glasurschicht. Wechseln Sie dann auf einen Steinbohrer, mit dem Sie bei höherer Geschwindigkeit das Loch fertig bohren. Schalten Sie auf keinen Fall die Schlagbohrfunktion zu!

Verkalkte Wasserhähne

Perlatoren nennt man die Luftsprudler, die am Ende eines Wasserhahns aufgeschraubt sind und den Wasserstrahl verfeinern. Diese tendieren dazu, schnell zu verkalken, und sollten deshalb regelmäßig gewartet werden.

- Mit einer Rohrzange schrauben Sie den Perlator vom Hahn. Den dazwischensitzenden Dichtungsring spülen Sie ab und bewahren ihn für die Rückmontage gut auf.
- Mit einer alten Zahnbürste reinigen Sie nun den Perlator von gröberen Kalkablagerungen. Versuchen Sie nicht, ihn in weitere Einzelteile zu zerlegen.
- Für die Feinreinigung legen Sie ihn dann in ein Säurebad. Dafür mischen Sie warmes Wasser mit konzentrierter Essigessenz im Verhältnis 3 : 1. Auch die in der Apotheke erhältliche Zitronensäure eignet sich bestens und riecht dabei nicht so streng. Der Perlator sollte komplett von der Flüssigkeit bedeckt sein. Die Dauer des Bades hängt vom Grad der Verkalkung ab.
- Vor dem Rückbau reinigen Sie den Luftsprudler unter fließendem Wasser, und lassen Sie auch etwas Wasser aus dem Hahn laufen, um restliche Kalkablagerungen aus dem Ventil zu spülen.
- Vergessen Sie nicht, den Dichtungsring wieder mit einzubauen!

Tropfender Wasserhahn

(mit Drehgriffen – nicht für Einhebelmischbatterien)

Sobald Sie feststellen, dass Sie einen Drehgriff an Ihrem Wasserhahn immer fester zudrehen müssen, damit kein Wasser mehr tropft, sollten Sie den Dichtungsring im Ventil kontrollieren, um spätere, aufwendigere Maßnahmen zu vermeiden. Gehen Sie so vor:

- Drehen Sie das entsprechende Eckventil für Kalt- oder Warmwasser, das unter Ihrem Waschtisch oder Ihrer Spüle aus der Wand kommt, zu. Tropft der Hahn an der Badewanne oder der Dusche, so müssen Sie das Sperrventil für den Wohnungswasseranschluss zudrehen, der sich meist unter Putz im Badezimmer finden lässt. Im eigenen Haus kann man das Wasser am Ventil an der Wasseruhr absperren.

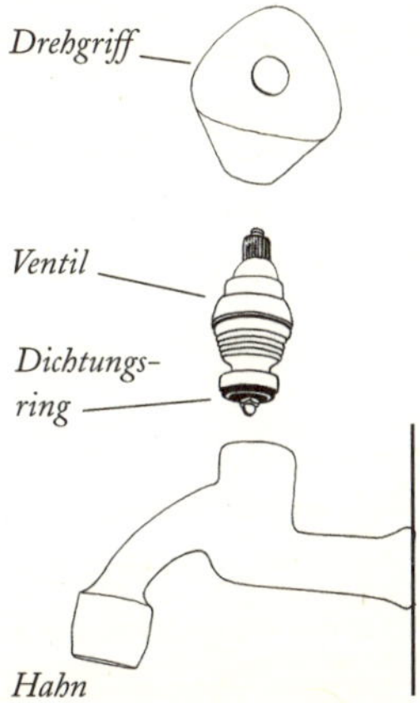

- Drehen Sie am betroffenen Drehgriff, um eventuell vorhandenen Überdruck abzulassen.
- Ziehen Sie nun fest am Drehgriff, um ihn abzunehmen und ans Ventil zu kommen.
- Am Ventil sehen Sie nun einen Sechskant, an dem Sie einen entsprechenden Schlüssel oder eine Zange ansetzen und gegen den Uhrzeigersinn die Halterung lösen. Das Ventil lässt sich dann mit der Hand aus der Armatur drehen.
- An der herausgeschraubten Seite des Ventils finden Sie eine Gummischeibe, die mit einer Mutter befestigt ist. Das ist der Dichtungsring, den Sie kontrollieren wollen.
- Drehen Sie also die Mutter ab, um den Ring aus der Halterung lösen zu können.
- Vergleichen Sie die Vorder- und Rückseite der Gummischeibe. Wenn die Unterseite, im Gegensatz zur Vorderseite, noch ohne Gebrauchsspuren ist, sollte es genügen, die Dichtung mit der besseren Seite Richtung Drehgriff wieder einzusetzen. Wenn beide Seiten Gebrauchsspuren zeigen, sollten Sie sich im Fachhandel einen neuen Dichtungsring besorgen.
- Bauen Sie nun alles in umgekehrter Reihenfolge wieder zusammen, und vergessen Sie nicht, das Absperrventil wieder zu öffnen.

In manchen Fällen wird es notwendig sein, das komplette Ventil auszutauschen.

Toilettenspülung

Durch eine ständig laufende Toilettenspülung werden unnötig große Mengen an kostbarem Wasser verschwendet. Wenn man bei einer Toilette mit Tiefhängespülkasten spült, hebt sich das im Kasten befindliche Standrohr und das gesamte Spülwasser kann aus dem Kasten durch die Ablauföffnung in die Toilettenschüssel strömen. Nach dem Spülen senkt sich das Rohr wieder und verschließt mit einem unterseitig angebrachten Dichtungsring diese Öffnung. Kontrollieren Sie, ob dieser Dichtungsring verkalkt, verschmutzt oder abgenützt ist. Dazu nehmen Sie den Deckel des Spülkastens ab und heben das Standrohr nach oben heraus. Reinigen Sie den Dichtungsring oder tauschen Sie ihn gegebenenfalls aus.

Wenn die Spülung immer noch läuft, könnte das Einlaufventil, durch das Wasser in den Spülkasten strömen kann, nicht richtig vom Schwimmer verschlossen werden. Dann wird der vorgesehene Wasserhöchststand im Spülkasten überschritten, und das überschüssige Wasser fließt über das Standrohr in die WC-Schüssel ab. Kontrollieren Sie, ob der Schwimmer klemmt und deswegen nicht hoch genug steigen kann, um die Nachströmöffnung zu verschließen. Meistens reicht ein vorsichtiges Hin-und-her-Bewegen des Schwimmers aus, um ihn aus der Blockade zu lösen.

Platter Fahrradreifen

Wenn Sie nicht gerade durch einen Scherbenhaufen gefahren sind, sollten Sie zuerst ausschließen, dass der Platte durch ein defektes Ventil verursacht wurde. Feuchten Sie, zum Beispiel mit einem Tropfen Spucke, das Ventil an. Bilden sich Bläschen, dann strömt Luft aus und das Ventil ist undicht. In diesem Fall müssen Sie sich nicht die Mühe machen und den Schlauch ausbauen, um nach einem Loch zu suchen. Ersetzen Sie einfach das defekte Ventil durch ein neues.

Fahrradflickwerkzeug
Sie benötigen ein handelsübliches Fahrradflickzeug und zwei Reifenheber.

Schlauch ausbauen
Um das Loch im Schlauch ausfindig zu machen, ist es notwendig, das Laufrad auszubauen. Drehen Sie dafür Ihr Fahrrad um und stellen Sie es auf Sattel und Lenker.
Freuen Sie sich, wenn das *Vorderrad* betroffen ist.

- Lösen Sie nur die Nabenmuttern und heben Sie das Rad aus der Gabel. Um den beschädigten Schlauch unter dem Mantel rauszufummeln, müssen Sie zuerst den Fahrradmantel abhebeln. Dafür sind zwei sogenannte Reifenheber von großem Vorteil. Arbeiten Sie keinesfalls mit Stöcken oder spitzen Gegenständen. Lassen Sie die komplette Luft aus dem Schlauch.
- Drücken Sie an der gegenüberliegenden Seite des Ventils die Reifenflanken nach innen, und schieben Sie den Reifenheber zwischen Felgenrand und Mantel. Stecken Sie den zweiten Heber direkt daneben und fahren Sie vorsichtig am Felgenrand entlang, um das erste Mantelstück herauszuhebeln.
- Umfahren Sie so den ganzen Reifen, bis der Mantel einseitig komplett aus der Felge gelöst ist.
- Nehmen Sie die Überwurfmutter am Ventil ab. Nun können Sie den Schlauch aus dem Mantel ziehen und endlich mit der Suche nach dem verflixten Loch beginnen.

Komplizierter ist es, bei *Hinterrädern* an den Schlauch zu kommen, insbesondere bei Rädern mit Nabenschaltung und Rücktrittbremse. Denn hier bleibt das Hinterrad über das Gangseil mit dem Rahmen verbunden. Zudem muss die Schraube, welche die Rücktrittbremse fixiert, entfernt werden. Bevor Sie die Nabenmuttern lösen, nehmen Sie den Schlauch, wie beim Vorderrad, aus dem Mantel. Heben Sie das Rad danach kurz aus der Halterung, um den Schlauch frei zu bekommen.

Suche nach der Schadstelle

Mit bloßem Auge sind die winzigen Stellen meist nicht zu entdecken. Um das Loch zu finden, aus dem die Luft entweicht, pumpen Sie den Schlauch auf.

- Halten Sie Ihre angefeuchteten Lippen oder die Nase knapp über den Schlauch, um den entweichenden Luftstrom zu spüren. Die sicherste Methode ist, den Schlauch unter Wasser zu halten. Aufsteigende Luftbläschen zeigen die Schadstelle an.
- Markieren Sie die Perforierung mit einem Kugelschreiber oder mit Kreide.
- Rauhen Sie die Stelle mit dem Schmirgelpapier aus dem Reparaturset an und tragen Sie die Vulkanisierlösung auf. Diese muss etwa fünf Minuten antrocknen, ehe Sie den Klebeflicken aufbringen können.
- Diese Zeit sollten Sie nutzen, um den Mantel auf spitze Fremdkörper zu untersuchen. Fahren Sie dafür vorsichtig die Innenseite mit den Fingern ab und falten Sie auf der Außenseite Risse auf, um nach Splittern zu suchen, die den Schlauch nach dem Einbau sofort wieder schädigen könnten.
- Anschließend setzen Sie den Klebeflicken auf die präparierte Klebestelle. Je fester Sie ihn andrücken können, desto besser. Wenn Sie Ihr Rad auf glattem, sauberem Untergrund reparieren, können Sie den Schlauch auf den Boden legen und den Flicken mit der Ferse festdrücken.

- Pumpen Sie nun den Schlauch zur Kontrolle auf, um sicherzugehen, dass das Loch dicht verschlossen ist und es nicht noch weitere Löcher zu flicken gibt. Für den Einbau lassen Sie die Luft wieder ab.

Wiedereinbau

- Fädeln Sie das Schlauchventil ganz gerade durch die Felge (schrauben Sie noch nicht die Mutter fest!), und fummeln Sie dann vorsichtig den Schlauch faltenfrei in den Felgenrand.
- Vom Ventil beginnend, drücken Sie nun mit beiden Daumen die frei liegende Mantelseite über den Felgenrand auf die Felge zurück. Für das letzte Stück verwenden Sie wieder den Reifenheber.
- Bevor Sie den Reifen aufpumpen, drücken Sie das Ventil leicht nach innen und ziehen es wieder heraus, damit der Schlauch nicht eingeklemmt ist und tatsächlich gut im Mantel sitzt. Jetzt schrauben Sie die Überwurfmutter am Ventil fest.
- Bauen Sie nun das Rad wieder ein.

ERSTE UND BESONDERE FRAUEN

Erste Frauen in der Geschichte

im Jahr	*Name*	*aus*	*Alter*	*Aktion*
4. Jh. n. Chr.	Hypathia	GR	?	erste Vorlesung
1727	Helen Morrison	GB	?	erste Kontaktanzeige
1754	Dorothea Erxleben	D	38	erste deutsche Ärztin
1798	Jeanne Labrosse	F	24	erste Ballonfahrerin (Alleinflug)
1799	Jeanne Labrosse	F	25	erste Fallschirm-springerin (900 m)
1809	Mary Dixon Kies	USA	57	erste Patentanmelderin (Webetechnik in der Strohhutherstellung)
1832	Betsy Miller	GB	?	erste Kapitänin
1903	Marie Curie	F	36	erste Nobelpreis-trägerin
1910	Raymonde de Laroche	F	26	erste Frau mit Pilotenlizenz
1919	Marie Juchacz	D	40	erste Rednerin im deutschen Parlament
1926	Gertrude Ederle	USA	20	erste Durchschwim-merin des Ärmelkanals
1932	Amelia Mary Earhart	USA	35	erste Atlantik-überfliegerin

im Jahr	*Name*	*aus*	*Alter*	*Aktion*
1933	Hedy Lamarr	A	19	erste nackte Filmschauspielerin
1938	Lieselotte Herrmann	D	29	erste Widerstandskämpferin in der NS-Zeit, die hingerichtet wurde
1952	Christine Jorgensen	USA	26	erste Transsexuelle mit operativer Geschlechtsumwandlung zur Frau
1955	Janet Pilgrim	USA	21	erstes Doppelseiten-Playmate
1958	Maria Teresa de Filippis		32	erste Rennfahrerin in der Formel 1
1962	Beate Uhse	D	43	erste Sexshopbesitzerin der Welt
1963	Valentina Tereshkova	UdSSR	26	erste Frau im Weltall
1969	Grace Hopper	USA	63	erste Titelträgerin »Man of the Year«
1975	Junko Tabei	Japan	35	erste Frau auf dem Mount Everest
1976	Dagmar Berghoff	D	33	erste Nachrichtensprecherin der Tagesschau
1979	Margaret Thatcher	GB	54	erste europäische Regierungschefin
1984	Svetlana Savitskava	UdSSR	36	erste Weltraumspaziergängerin

im Jahr	*Name*	*aus*	*Alter*	*Aktion*
1992	Maria Jepsen	D	47	erste deutsche evangelische Bischöfin
1993	Heide Simonis	D	50	erste deutsche Ministerpräsidentin
1994	Jutta Limbach	D	60	erste Präsidentin des Bundesverfassungsgerichts
1998	Cristina Sánchez	E	26	erste Matadora
2005	Angela Merkel	D	51	erste deutsche Regierungschefin
2006	Roz Savage	GB	38	erste Atlantiküberquererin im Ruderboot
2006	Cecilie Skog	NOR	31	erste Bezwingerin der »Seven Summits« sowie des Nord- und Südpols
2008	Ulrike Flender	D	26	erste dt. Tornadokampfpilotin

Nobelpreise für Frauen

Nobelpreis für Physiologie oder Medizin	*im Alter von*	*Nationalität*
1947 Gerty Therese Cori	51	USA
1977 Rosalyn Sussman Yalow	56	USA
1983 Barbara McClintock	81	USA
1986 Rita Levi-Montalcini	77	Italien
1988 Gertrude Elison	70	USA

Nobelpreis für Physiologie oder Medizin	*im Alter von*	*Nationalität*
1995 Christiane Nusslein-Volhard	53	Deutschland
2004 Linda B. Buck	57	USA
2008 Françoise Barré-Sinoussi	61	Frankreich
2009 Elizabeth Blackburn	60	USA
2009 Carol W. Greider	48	USA

Nobelpreis für Chemie	*im Alter von*	*Nationalität*
1911 Marie Curie	44	Frankreich
1935 Irène Joliot-Curie	38	Frankreich
1964 Dorothy Crowfoot Hodgkin	54	Groß-britannien
2009 Ada Yonath	70	Israel

Nobelpreis für Physik	*im Alter von*	*Nationalität*
1903 Marie Curie	36	Frankreich
1963 Maria Goeppert-Mayer	57	USA

Nobelpreis für Frieden	*im Alter von*	*Nationalität*
1905 Berta von Suttner	62	Österreich
1931 Jane Addams	71	USA
1946 Emily Greene Balch	79	USA
1976 Betty Williams	33	Nordirland
1976 Mairead Corrigan	32	Nordirland
1979 Mutter Teresa	69	Albanien
1982 Alva Myrdal	80	Schweden
1991 Aung San Suu Kyi	46	Myanmar

Nobelpreis für Frieden	*im Alter von*	*Nationalität*
1992 Rigoberta Menchu Tum	33	Guatemala
1997 Jody Williams	47	USA
2003 Schirin Ebadi	56	Iran
2004 Wangari Maathai	64	Kenia

Nobelpreis für Literatur	*im Alter von*	*Nationalität*
1909 Selma Lagerlöf	51	Schweden
1926 Grazia Deledda	55	Italien
1928 Sigrid Undset	46	Norwegen
1938 Pearl S. Buck	46	USA
1945 Gabriela Mistral	56	Chile
1966 Nelly Sachs	75	Deutschland
1991 Nadine Gordimer	68	Südafrika
1993 Toni Morrison	62	USA
1996 Wislawa Szymborska	73	Polen
2004 Elfriede Jelinek	58	Österreich
2007 Doris Lessing	88	Großbritannien
2009 Herta Müller	56	Deutschland

Das Durchschnittsalter für Nobelpreisträgerinnen liegt derzeit bei 57,8 Jahren.

Die schwedische Reichsbank hat 1969 einen Nobelpreis für Wirtschaftswissenschaften gestiftet, der von der Schwedischen Akademie der Wissenschaften verliehen wird. Diesen Nobelpreis hat Elinor Ostrom 2009 als erste Frau erhalten.

Ungewöhnliche, bemerkenswerte und besondere Frauen

Ada Augusta Lovelace, geb. Byron (1815–1852)

englische Mathematikerin und erste Programmiererin der Geschichte, war die Tochter des berühmten romantischen Dichters Lord Byron. Ihr exzentrischer Vater trennte sich bereits einen Monat nach Adas Geburt von ihrer Mutter. Lady Byron, eine hochintelligente Frau, fürchtete, ihre Tochter könnte in die Fußstapfen des treulosen Vaters treten und sich für romantische Dichtung begeistern. Deswegen engagierte sie schon frühzeitig private Hauslehrer, die Ada in Mathematik, Musik und Astronomie unterrichteten. Adas Mutter bewegte sich in intellektuellen Kreisen und nahm mit ihrer Tochter an vielen gesellschaftlichen Veranstaltungen teil. Auf einer Party lernte Ada 1833 den Mathematiker Charles Babbage kennen, der den ersten Vorläufer des Computers entwickelt hatte. Die »Analytische Maschine« war ein programmierbarer Apparat, der Zahlen und Symbole nach bestimmten Gesetzen verarbeiten und auch speichern konnte. Ada Lovelace freundete sich mit Babbage an und arbeitete über lange Zeit mit ihm zusammen. Sie entwickelte Sprungbefehle, bedingte Verzweigung, Prozeduren und Zählregister für iterative Abläufe und ging mit ihrer Arbeit als erste Softwareentwicklerin in die Geschichte ein. Zu jener Zeit hatte Ada als Frau keinen Zugang zu Universitäten oder Bibliotheken und war in ihren wissenschaftlichen Studien auf die Unterstützung ihrer Freunde angewiesen. Ihre schriftlichen Arbeiten veröffentlichte sie aus diesem Grund unter ihrem Namenskürzel A.A.L. 1835 heiratete die neunzehnjährige Ada den um vierzehn Jahre älteren William Lord King, den späteren Earl of Lovelace. Sie gebar schnell hintereinander drei Kinder, litt jedoch sehr darunter, sich wegen ihrer familiären Verpflichtungen nicht mehr ausreichend der Mathematik und Musik widmen zu können. Frustriert stürzte sich die vielbewunderte Schönheit ins Gesellschaftsleben und begann mehrere Affären. Später verfiel die Medikamentensüchtige dem Pferdewettsport und verlor Unsummen an Geld. Die letzten fünf Jahre ihres Lebens tüftelte sie bettlägerig an einem mathematisch ausgefeilten Wettsystem. Ada Lovelace starb mit 36 Jahren an Gebärmutterkrebs. 1979 benannte das U. S. Department of Defence eine neuentwickelte Programmiersprache für sicherheitsrelevante Software nach ihr ADA. Nicht zuletzt ist sie die Namensgeberin des Ada-Lovelace-Projektes, das es sich zum Ziel gesetzt hat, mehr junge Frauen für naturwissenschaftliche Studiengänge zu gewinnen.

Amelia Mary Earhart (1897–1937)
war der erste Mensch, der zweimal den Atlantik überflog. Ein Jahr nach Charles A. Lindberghs erstem erfolgreichem Unternehmen überquerte die Amerikanerin 1928 als erste Passagierin den Atlantik, wofür sie in den USA euphorisch gefeiert wurde. Der Pilot der Maschine blieb dagegen unbeachtet. Amelia nahm sich danach vor, als erste Pilotin selbst den Atlantik zu überfliegen. 1932 gelang es der Hobbyfliegerin, mit ihrer einmotorigen Maschine in 14 Stunden und 56 Minuten von Neufundland aus über 4000 Kilometer Wasserwüste nach Nordirland zu überqueren. Nach diesem vielumjubelten Rekordflug glückte ihr drei Jahre später als erstem Menschen der Flug von Hawaii über den Pazifik zum amerikanischen Festland. Eine spektakuläre Erdumrundung entlang des Äquators bildete den Höhepunkt ihrer Karriere. 1937 startete sie mit einem Copiloten. In der Gegend um Samoa gingen beide verschollen. Bei der großangelegten Suchaktion mit 64 Flugzeugen und acht Kriegsschiffen entdeckte man nicht die geringste Spur von der Maschine und ihrer Besatzung. Um Amelia Earharts Verschwinden ranken sich verschiedene Legenden. Sie reichen von Spionagetheorien über ein vorsätzliches Absetzen

mit ihrem Copiloten und die Unterstellung einer Liebschaft mit dem japanischen Kaiser Hirohito bis hin zur Entführung durch Außerirdische.

Grace Murray Hopper (1906–1992)
amerikanische Mathematikerin und Physikerin, Pionierin in der Informatik und Erfinderin des Computer-Compilers.
Der Computer-Compiler ist ein Programm, das in Programmiersprache geschriebene Programme automatisch in Maschinensprache übertragen kann. Vorher mussten lange Zahlenkolonnen von Codierern auf Lochstreifen übertragen werden, die dann in den Computern eingelesen wurden – eine ständige Gefahrenquelle für Tipp- und Lesefehler. Trotz des männlichen Widerstandes in der Informatikbranche setzte sich Hoppers Erfindung mit großem Erfolg durch. Auch an der Entwicklung und Verbreitung der ersten benutzerfreundlichen Programmiersprache COBOL (der bis heute weltweit meistgenutzten wirtschaftsorientierten Programmiersprache) war Grace Hopper beteiligt. Als erste Frau der Geschichte wurde sie für ihre Leistungen von der Data Processing Management Association, der führenden Organisation der datenverarbeitenden Industrie in den USA, im Jahr 1969 mit dem Titel »Man of the Year« ausgezeichnet. Grace Hopper wurde zu Lebzeiten mit über 90 Auszeichnungen geehrt, und ihr wurden über 40 Ehrendoktorwürden verliehen. Ihre Arbeit und ihr Erfolg im Beruf waren der Mittelpunkt ihres Lebens. Grace Hopper war bis zu ihrem einundachtzigsten Lebensjahr für die amerikanische Marine aktiv. Dort kümmerte sie sich um die Behebung verschiedenster Computerprobleme. Grace Hopper starb im Januar 1992 im Alter von 85 Jahren.

Marga Faulstich (1915–1998)

Die in Weimar geborene Glaschemikerin begann 1935 eine Ausbildung als wissenschaftliche Hilfskraft im physikalisch-chemischen Labor des Jenaer Glaswerks Schott. Sie wirkte hauptsächlich bei der Entwicklung optischer Gläser mit und schaffte es innerhalb weniger Jahre, sich zur wissenschaftlichen Assistentin und schließlich zur anerkannten Kollegin unter den Wissenschaftlern nach oben zu arbeiten. Sie war eine der 41 ausgewählten Glasspezialisten, die nach Ende des Zweiten Weltkrieges von den Amerikanern aus der Sowjetzone geschleust wurden, um mit ihrem technischen Wissen dem Westen zur Verfügung zu stehen. 1952 gründeten die »41 Glasmacher« ein neues Hauptwerk in Mainz. Marga Faulstich wirkte insgesamt an der Entwicklung von über 300 Typen optischer Gläser mit. Fast 40 Patente gehen auf sie zurück. Einer ihrer größten Erfolge gelang ihr mit dem hochbrechenden Leichtgewichtsbrillenglas SF 64. Dieses machte es fortan möglich, Brillengläser mit hohen Dioptrienzahlen mit weniger Gewicht herzustellen. Diese Neuerung fand international breite Anerkennung und wurde 1973 in den USA als eine der 100 bedeutendsten Erfindungen gewürdigt.

Ruth Handler (1916–2002)

1945 gründeten Ruth Handler und ihr Mann Elliot zusammen mit ihrem Freund Harold Matson in einer Garage die Firma Mattel. Der Firmenname setzte sich aus Matsons Spitzname »Matt« und »Elliot« zusammen. Ihre ersten Produkte waren Bilderrahmen und Puppenmöbel aus Holz. Nach der Trennung von Matson versuchte das Ehepaar Handler hauptsächlich mit Puppenkleidern und Spielwaren ins Geschäft zu kommen. Die erste, von Ruth Handler entwickelte Barbiepuppe wurde 1959 auf der US-Spielwarenmesse in New York vorgestellt. Die figurbetonte Anziehpuppe im schwarz-weiß gestreiften Badeanzug mit Sonnenbrille und schwarzen Schuhen verhalf der Spielzeugfirma Mattel zum großen Durchbruch. Obwohl die Spielwarenhändler damals eher an ein neues Spielzeuggewehr als Verkaufsschlager glaubten, übertraf die Nachfrage nach der

Barbiepuppe alle Erwartungen: 350 000 Puppen wurden allein im ersten Jahr verkauft. Heute sind es statistisch gesehen drei Barbiepuppen in der Sekunde. Die erfolgreiche Unternehmerin erkrankte auf dem Höhepunkt ihrer Karriere an Brustkrebs. Nachdem ihr die linke Brust entfernt werden musste, entwickelte sie 1976 zusammen mit Mattel-Konstrukteuren und einem Prothetikdesigner Silikon-Brustprothesen, denen sie den Namen »nearly me« (fast ich selbst) gab. Auch Bademoden für brustamputierte Frauen ließ sie herstellen. Ruth Handler starb im Alter von 85 Jahren in Kalifornien.

Hedy Lamarr (1913–2000)

Hedy Lamarr, als Hedwig Kiesler in Wien geboren, wurde durch den Film »Man braucht kein Geld« an der Seite von Heinz Rühmann bekannt. Im Skandalfilm »Ekstase« war sie als erste Frau nackt auf der Kinoleinwand zu sehen. 1937 floh sie vor ihrem herrschsüchtigen Ehemann zunächst nach London. In Hollywood wirkte sie später in über 30 Spielfilmen mit. Mit dem Avantgarde-Komponisten George Antheil entwickelte die überzeugte Nazigegnerin 1942 das Frequenzsprungverfahren für Torpedos. Mittels identischer Lochkarten in Sender und Empfänger wurden zeitgleiche Funkfrequenzwechsel möglich. Die ferngelenkten Torpedos konnten durch diese ständigen Frequenzwechsel für feindliche Störungen unempfänglich gemacht werden. Das US-Militär nahm die Erfindung der Künstler zunächst nicht ernst. Erst später, als das Patentrecht bereits abgelaufen war, griff man auf die Erfindung zurück und nutzt sie bis heute für Handys und Laptops.

Beate Uhse (1919–2001)

»Der kostbarste Besitz der Frau ist die Phantasie des Mannes.«

Die begeisterte Pilotin überführte während des Zweiten Weltkriegs Militärflugzeuge an die Kriegsfront. Ein Jahr vor Kriegsende überlebte sie ein schweres Flugzeugunglück, während ihr Mann dem Krieg zum Opfer fiel. 1945 gelang es ihr, ihren zweijährigen Sohn aus dem umschlossenen Berlin auszufliegen. Nach ihrer Kriegsgefangenschaft bei den Briten schlug sie sich als alleinerziehende Witwe in Schleswig-Holstein durch. Dort begann sie zunächst unentgeltlich Frauen über die Verhütungsmethode nach Knaus-Ogino aufzuklären. 1946 ließ sie für ein Entgelt von fünf Pfund Butter zweitausend Exemplare ihrer dreiseitigen Broschüre zur Geburtenkontrolle drucken und begann mit dem Vertrieb der sogenannten Schrift X für zwei Reichsmark. 1947 war diese Aufklärungsbroschüre bereits 32 000-mal verkauft und der Grundstein für den erotischen Versandhandel gelegt. Ihr Geschäft beschränkte sich zunächst auf den Versand von Aufklärungsbüchern, später kamen Kondome und Salben dazu. Trotz des heftigen Widerstands von Politik und Kirche erweiterte sie ihre Produktauswahl immer mehr, und ihr Geschäftserfolg nahm unaufhaltsam seinen Lauf. Im Jahr 1956 erreichte ihr Versandhaus einen Umsatz von einer Million Deutsche Mark. Ihr 1962 in Flensburg gegründetes »Fachgeschäft für Ehehygiene« war der erste Sexshop der Welt. Im Nu wuchs daraus die erfolgreichste Ladenkette dieser Art. Ihre Leistungen als Geschäftsfrau und ihr Beitrag zur sexuellen Aufklärung wurden trotz aller Angriffe, auch aus der Frauenbewegung, in der Gesellschaft honoriert. Die Stadt Flensburg erklärte sie 1999 zur Ehrenbürgerin. Im selben Jahr ging das Unternehmen an die Börse. Beate Uhse starb 2001 im

Alter von 81 Jahren. 2007 schrieb das mit 1450 angestellten Mitarbeitern weltweit größte Unternehmen im Erotikgeschäft zum ersten Mal in der Geschichte rote Zahlen.

Übrigens: Die starke Nachfrage der deutschen Frauen nach Verhütungsmöglichkeiten in der Nachkriegszeit ist nicht verwunderlich. Es ist wissenschaftlich belegt, dass die sexuelle Bereitschaft von Frauen zunimmt, wenn das Angebot an männlichen Sexualpartnern reduziert ist.

Patente und Erfindungen von Frauen

1809 wurde erstmals ein Patent auf den Namen einer Frau ausgestellt. Mary Dixon Kies entwickelte für die Strohhutherstellung ein Verfahren zum Verweben von Stroh mit Seide. Vorher war es üblich, die Erfindungen von Frauen unter dem Namen des Ehemannes anzumelden.
Die Patentdatenbank der ESGI (European Study on Gender Aspects of Inventions) hat alle europäischen Patentanmeldungen aus den Jahren 2001 bis 2003 erfasst. Nur jede zehnte Patentanmeldung war demnach von einer Frau eingereicht worden. Deutschland wies die meisten Patentanmeldungen auf, jedoch lag der Frauenanteil hier nur bei 6,1 Prozent. Die wenigsten Patente wurden der Studie nach von österreichischen Frauen eingereicht. Führend waren die Frauen aus Litauen mit einem erstaunlichen Anteil von 23,1 Prozent. Die meisten Frauen patentieren im Gesundheits- und Nahrungsmittelsektor sowie im chemischen Bereich. In der Pharmazie und Biotechnologie ist fast jedes vierte Patent von einer Frau.

Erfindungen	*Erfinderin*	*Nationalität*
4. Jh. n. Chr. Senkwaage	Hypathia	Griechenland
1868 Papiertragetüte	Margaret Knight	USA
1886 Geschirrspüler	Josephine Cochrane	USA
1889 BH	Herminie Cadolle	Frankreich
1893 Vorläufer der Waschmaschine	Mary Brown	GB
1903 Scheibenwischer	Mary Anderson	USA
1908 Filtertüten	Melitta Benz	Deutschland
1908 Schönheitssalon	Helena Rubinstein	USA
1915 Paketfallschirm	Käthe Paulus	Deutschland
1926 Einbauküche	Margarete Schütte-Lihotzky	Österreich
1949 Currywurst	Herta Heuwer	Deutschland
1950 Lippenstift auf Lanolinbasis	Hazel Bishop	USA
1951 flüssig TippEx	Bette Graham	USA
1951 Wegwerfwindel	Marion Donovan	USA
1951 Tupperparty	Brownie Wise	USA
1959 Barbiepuppe	Ruth Handler	USA
1965 Minirock	Mary Quant	GB
1973 Leichtgewichts-brillenglas	Marga Faulstich	Deutschland
1976 Silikonbrust-prothese	Ruth Handler	USA
1999 Stehpinkelhilfe für Frauen	Moon Zijp	NL

SEX

Männer und Frauen und ihr Nachwuchs

Natürlich ist es gemein, zu behaupten, Männer möchten so unbedingt bei der Geburt ihrer Kinder dabei sein, weil sie es bei ihrer Zeugung nicht waren. Die Natur hat den armen ungewissen Vätern eine nette kleine Hilfestellung eingebaut: Besonders während der ersten 72 Stunden nach der Geburt sehen die allermeisten Kinder ihren Erzeugern erstaunlich ähnlich.

Wissenschaftler glauben, dass dies ein Relikt aus grauer Vorzeit ist: Wenn der Urmann das Gefühl hatte, der haarige Zwerg sehe aus wie er, war er eher bereit, sich für ihn und seine Mutter in den Kampf mit Säbelzahntigern und Riesenwollschweinen zu stürzen.

Für die Neuzeit gilt Folgendes: Jede vierte verheiratete Frau betrügt ihren Mann während der Ehe mindestens einmal. Bei Ehemännern wird sogar fast jeder dritte untreu. Studien besagen, dass jeder zehnte Mann nicht der biologische Vater seines Kindes bzw. eines seiner Kinder ist. Etwa 40 000 Kuckuckskinder werden pro Jahr in Deutschland geboren.

Nun soll hier natürlich kein Unfriede gestiftet werden, aber wer bezweifelt, dass die dunklen Löckchen tatsächlich ein Erbe des Großvaters mütterlicherseits sind, wie alle beteuern, hat diese kleine gemeine Statistik auf seiner Seite.

Übrigens:

- Frauen sind bei 17 °C Raumtemperatur am fruchtbarsten.
- Frauen mögen einen knackigen Hintern bei einem Mann deswegen so gern, weil es nicht nur ein erfreulicher Anblick, sondern auch ein Hinweis auf seine ausgeprägte Stoßkraft

ist, die ihn befähigt, mit überdurchschnittlichem Erfolg Nachwuchs zu zeugen.

- Verschiedene Studien haben ergeben, dass es eine leichte, aber doch statistisch signifikante Tendenz gibt, dass es bei Zeugungen während der Sommermonate häufiger zu Zwillingsschwangerschaften kommt. Forscher halten es für möglich, dass das Sonnenlicht die Produktion des Follikel-stimulierenden Hormons FSH (Follitropin) bei der Frau anregt.

»Die Männer mögen das Feuer entdeckt haben. Aber die Frauen wissen besser, wie man damit spielt.«

***Sarah Jessica Parker**, US-amerikanische Schauspielerin*

Aphrodisiaka

Ein Aphrodisiakum ist ein Nahrungsmittel, Gewürz oder Pflanzenextrakt, das bzw. der zur Steigerung oder Anregung der Libido, der sexuellen Begierde und des sexuellen Lustempfindens verhilft, indem es die Liebespartner empfänglicher für erotische Reize macht und sie den Liebesakt intensiver erleben lässt. Der Name kommt von der griechischen Göttin der Liebe, Aphrodite.

Aphrodisiaka wirken, indem sie

- durch Vitamine, Mineralien und Nährstoffe Energie geben,
- Blase und Niere und damit die Sexualorgane anregen,
- für eine stärkere Durchblutung der Bauchorgane sorgen,
- die Entspannung und damit die Bereitschaft für Sex fördern,
- durch Düfte und Geschmack das Bewusstsein einstimmen,
- durch ihre Form und Beschaffenheit Assoziationen mit Sexualorganen hervorrufen und damit stimulierend wirken.

Die gängigsten Aphrodisiaka:
Anis, Basilikum, rohe Eier, Erdbeeren, Esskastanie, Galgant, Ginseng, Gurke, Ingwer, Kardamon, Kresse, Muskatnuss, Myrrhe, Nelken, Nüsse, Paprika, Petersilie, Pfeffer, Pfirsiche, Rettich, Rosmarin, Safran, Sellerie, Spargel, Tomaten, Zimt, Honig.

Ein Lusttöter wird Anaphrodisiakum genannt:
Alkohol, Medikamente, Pestizide, Stress, Fernsehen.

Der berühmte G-Punkt und die weibliche Ejakulation

Im Jahr 1950 entdeckte der deutsche Gynäkologe Ernst Gräfenberg in der Scheide der Frau eine besonders empfindliche Region in der vorderen Scheidenwand. Diese funktioniert wie ein Lustzentrum, indem sie bei ausreichender Stimulierung besonders intensive Orgasmen möglich macht. Gräfenberg beschrieb diese Zone circa vier Zentimeter vom Scheideneingang entfernt im Gewebe nahe der Harnröhre. Auch andere Wissenschaftler sagten der Zone eine erhöhte Sensibilität nach, die über die der (durch den vaginalen Geschlechtsverkehr stimulierten) Klitoris weit hinausgeht. US-amerikanische Wissenschaftler nannten die empfindsame Zone Gräfenberg zu Ehren G-Punkt. Der wurde während der vergangenen Jahrzehnte häufig untersucht. Es hat sich erwiesen, dass jede Frau einen G-Punkt hat, aber nicht ausnahmslos jede dessen Stimulation als erregend empfindet. So nimmt schließlich auch nicht jede Frau die Berührung ihrer Brüste als sexuell stimulierend wahr.
Die weibliche Harnröhre wird von Gewebe umgeben, das bei Stimulation des G-Punkts (am besten sitzt sie auf ihm oder der Geschlechtsverkehr geschieht a tergo, also von hinten) zu einem länglichen Knoten von etwa zwei Zentimeter Durch-

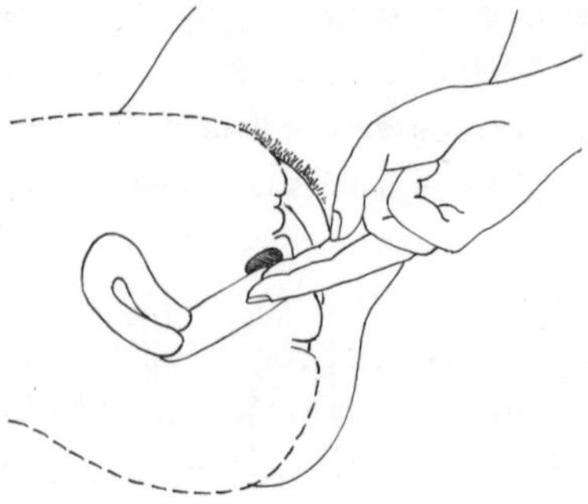

messer anschwellen und hart werden kann, vergleichbar dem männlichen Penis. Die Stimulation dieser Region wird als unangenehm, gar als Harndrang empfunden, wenn die Scheide zu Beginn des Liebesspiels noch trocken ist. Mit steigender Lust wird der Reiz als erregend empfunden. Bei andauerndem Reiz kann es beim Orgasmus der Frau zu so etwas wie einer weiblichen Ejakulation kommen.

Bei der Flüssigkeit, die in der Scheide der Frau nach einer besonders lustvollen Stimulation in einigen Millilitern abgesondert werden kann, handelt es sich um ein milchiges Sekret aus den sogenannten Skene-Drüsen, die zu beiden Seiten der Harnröhre sitzen. Das weibliche Ejakulat ähnelt in der Analyse dem des Mannes; es enthält freilich keine Samenzellen.

Manche Frauen haben nach dem Orgasmus regelrecht das Gefühl, »nass« zu werden. Und das ist ihnen und auch manchen Männern unangenehm, da sie dem Irrtum erliegen, es handele sich um Urin. Einige Frauen schämen sich so sehr, dass sie sogar beginnen, ihren Orgasmus zu unterdrücken.

Eine weitere wichtige Funktion wird dem G-Punkt zugeschrieben, und zwar bei der Geburt: Wissenschafter haben herausgefunden, dass dem G-Punkt ein schmerzlindernder Effekt während des Geburtsvorgangs zuzuschreiben ist. Indem Druck auf den G-Punkt ausgeübt wird, wird bei der Gebärenden die Schmerzschwelle erhöht, da die Reizung des G-Punktes zur Ausschüttung körpereigener Schmerzmittel – sogenannter Endorphine – führt. Eine interessante Beobachtung wurde in diesem Zusammenhang in einer Studie veröffentlicht, für die Mexikanerinnen untersucht wurden, die angegeben hatten, während des Geburtsvorganges ungewöhnlich starke Schmerzen verspürt zu haben. Es wurde festgestellt, dass bei den betroffenen Frauen durch deren ausgesprochen hohen Chilikonsum – und die dadurch erhöhte Aufnahme des Wirkstoffs Capsaicin – die Region des G-Punktes ihre Sensibilität entscheidend eingebüßt hatte und somit der schmerzlindernde Effekt nicht eintrat.

Interessante Umfrageergebnisse und Fakten zu den Themen Sex, Erotik, Mann und Frau

- 76 Prozent aller deutschen Frauen würden selbst ihrer besten Freundin den Mann ausspannen – wenn er es ihnen wert scheint.
- Was schätzen Frauen an ihrem Partner? Bildung rangiert mit 57 Prozent auf Platz eins. Nur 44 Prozent schätzen vor allem die glückliche sexuelle Beziehung.
- Nur 60 Prozent aller verheirateten Männer tragen einen Ehering.
- Ob wir jemanden attraktiv finden, hängt durchaus auch von inneren Werten ab. In einer Studie beurteilten Frauen die Fotos von Männern als besonders attraktiv, von denen man ihnen vorher gesagt hatte, dass die abgebildeten Herren ehrlich oder hilfsbereit seien.
- Nur 33 Prozent der Frauen glauben, dass sie schon einmal einen G-Punkt-Orgasmus hatten. Immerhin 80 Prozent glauben, dass dieser Punkt überhaupt existiert.

- 90 Prozent der Frauen würden auf Sex verzichten, wenn sie die Wahl hätten zwischen Sex und einer Umarmung.
- Vier Prozent aller Frauen spielen ihrem Partner jedes Mal einen Orgasmus vor.
- 92 Prozent der Frauen schließen beim Küssen die Augen. Die Hälfte der Männer hingegen will sehen, wen sie da mit ihren Lippen bearbeiten.
- Wer jeden Tag küsst, muss seltener zum Zahnarzt. Denn Küssen verringert den Säuregehalt im Mund.
- Bei vielen Frauen nimmt die Lust rund um den Eisprung zu.
- Zehn Prozent aller Frauen hatten noch nie einen Orgasmus.
- Frauen, die Schuhe mit sehr hohen Absätzen tragen, haben einen intensiveren Höhepunkt, da sie durch die permanente Fußhaltung die Kontraktionskräfte der Beckenbodenmuskeln trainieren.
- Wer dreimal Sex pro Woche hat, senkt das Schlaganfallrisiko um die Hälfte.
- Das Herz schlägt während einer lebhaften Diskussion schneller als während des Geschlechtsakts.
- An der Spitze der Klitoris gibt es rund 8000 Nervenenden – mehr als irgendwo sonst im gesamten menschlichen Körper. Zum Vergleich: Am Penis enden nur 4000 Nerven.

Übrigens: Besonders in Japan sind Schamhaarperücken aus Naturhaar sehr beliebt. Die »Blume der Nacht« findet im Juni, dem Hochzeitsmonat, reißenden Absatz und in der Badesaison bei jungen Mädchen, die im Gegensatz zu ihren Altersgenossinnen in anderen Kulturen, die eher zupfen, rasieren und epilieren, darunter leiden, ums Schambein herum nur schwach bewachsen zu sein.

Sexspielzeug

Die Geschichte des Sexspielzeugs

Sexspielzeug soll den Spaß am Sex steigern. Schon seit Tausenden von Jahren haben die Menschen auf der ganzen Welt zu diesem Zweck Gegenstände erfunden. Im alten Griechenland wurden »olisbos« (eine Art Dildo) aus Stein, Holz oder Leder verkauft, in China erfand man den Penisring, indem die Augenlider von gehäuteten Ziegen (inklusive Wimpernkranz) gedehnt und über den Penis gezogen wurden; manche waren auch aus Elfenbein geschnitzt. Die alten Japaner wiederum stellten Ton-Dildos her, die sie mit warmem Wasser füllten.

Hippokrates (um 460–370 v. Chr.) hatte die heilende Kraft einer genitalen Selbstbehandlung beschrieben, und Aristoteles (384–322 v. Chr.) hatte festgestellt, dass Frauen beim Koitus vergleichsweise selten zum Orgasmus kommen – für Hilfsmittel hatte man also Verständnis. Und Kleopatra die Große (69 bis 30 v. Chr.) soll Marmor-Dildos benutzt haben und – besonders einfallsreich und extravagant – Lederbeutel voller Eselsmilch oder eine mit wütend umherschwirrenden Bienen gefüllte Papyrustüte.

Im Lauf der Jahrhunderte wurden die Menschen gehemmter; präzise strukturierte Gesellschaftsschichten zwängten sich in enge und scheinheilige Korsette aus Moral, Unterdrückung und starren Regeln. Frauen taten allenfalls heimlich, was ihre Lust wirklich steigerte. Die Fortentwicklung der Sexspielzeuge kam zum Erliegen. Stattdessen gab es eine lange Phase nach dem Mittelalter und bis in unsere Zeit, in der Frauen allerlei Öl-, Dampf- und Massagebehandlungen, zum Teil mit unsagbaren Blechgeräten und durchgeführt von Ärzten, die die weibliche Anatomie noch nicht annähernd durchschaut

hatten, über sich ergehen lassen mussten. Freilich alles deklariert als gesundheitsdienlich, etwa gut gegen typische weibliche Zustände wie Nervosität und Hysterie.
Bis Joseph Mortimer Granville, ein englischer Arzt, 1842 den Vibrator erfand – batteriebetrieben und für die Massage der Muskulatur! Ein Jahr später wurde Frauen offiziell der Gebrauch von Vibratoren gestattet, da dem Gerät wohltuende Wirkung im Bereich der Durchblutung des Beckens nachgesagt wurde. Es war damit nach der Nähmaschine, dem Ventilator, dem Toaster und dem elektrischen Wasserkocher das fünfte elektrisch betriebene Haushaltsgerät – noch vor dem Staubsauger und dem Bügeleisen! Erst 1952 hörte man auf, den Vibrator offiziell als medizinisches Gerät zu bezeichnen. Der Siegeszug des Sexspielzeugs bedurfte allerdings noch der gesellschaftlichen Befreiung, und die ließ freilich weitere Jahrzehnte auf sich warten.
Ein wesentlicher Meilenstein war 1962 die Eröffnung des ersten Erotikshops, »Fachgeschäft für Ehehygiene«, von Beate Uhse.

Die beliebtesten Sexspielzeuge

Wenn das Gespräch darauf kommt, wird jede Frauenrunde zum fröhlich pulsierenden Schnatterhaufen: ein bisschen verlegen, belustigt, wissend – und höchst interessiert. Ein Sexspielzeug kann ganz einfach eine Feder zum Streicheln oder ein Schal sein, mit dem die Frau ihrem Partner die Augen verbindet oder umgekehrt (Amaurophilie heißt die sexuelle Vorliebe für einen Partner, dem die Augen verbunden sind). Etliche Sexspielzeuge sind käuflich zu erwerben. Zu den beliebtesten Stücken zählen:

- Intimduschen mit Penisaufsatz
- Vagina-Sauger für gezielte Saug- und Lutschstimulation

- Nippel-Pumpen (samt Fixierringen, die die steife Brustwarze unterm T-Shirt betonen)
- Vibratoren in allen Größen und Formen (vom Ei bis zum Delphin)
- 40 Prozent aller Menschen auf der Welt benutzen einen Vibrator, die meisten sind Frauen. In Australien gibt es die größte Dichte an Vibratoren. Der meistverkaufte heißt übrigens »Rabbit«. Andere ansprechende Dildo- und Vibratorennamen im Erotikhandel lauten Golden Torpedo, Super Big Boss Vibrator, Bush Warrior, Silent Snake oder Banana Rama.
- Aufliegevibrator (recht neue Erfindung, die nur durch Berührung, Aufliegen auf dem Venushügel und Massage der erogenen Zonen speziell die Klitoris der Frau stimuliert)
- Dildos zum Umschnallen
- Happy Ends (Penisplastikringe mit einem Klitorisreizer)
- GoGo-Tanzstangen (ausfahrbar auch auf die Deckenhöhe von Altbauten)
- Lackbettbezüge und -laken (sogar in wasserfest zu haben)
- Körpermalstifte (in Schokoladen- und Erdbeergeschmack)
- genoppte Lustfinger
- Badesalz-Penisse (für ein frivol prickelndes Vollbad)
- essbare Unterwäsche, Bonbon-Strings und Candy-Strumpfbänder, ganz abgesehen von Weingummi-Willies, Pfefferminz-Brüsten und Lakritz-Penissen

Liebeskugeln

Ein besonderes, geradezu subtiles Sexspielzeug sind Liebes- oder Lustkugeln: Die auch Ben-Wa oder Rin-no-tama genannten Spielzeuge bestehen meist aus zwei gut murmelgroßen Kunststoff-Hohlkugeln, die jeweils eine kleinere Metallkugel enthalten. Eine kurze Schnur verbindet beide Kugeln; an

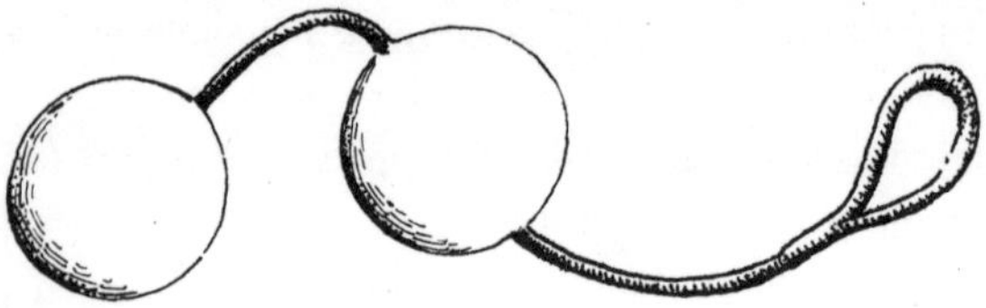

einer der Kugeln ist zudem eine Rückholschnur mit Schlaufe befestigt. Die Frau schiebt sich die Kugeln in die Scheide, in Richtung des Muttermundes. Manche Benutzerinnen führen danach einen Tampon ein, um die Kugeln am Herausrutschen zu hindern. Andere halten die Kugeln mit Hilfe ihres Pubococcygeus-Muskels (der PC-Muskel ist einer der Muskeln, die die weiblichen Geschlechtsorgane im Bereich des Beckenbodens umgeben). Dessen Training führt ganz nebenbei zu einer Steigerung des Empfindungsvermögens beim Sex und beugt sogar der Harninkontinenz vor.
Bei normalen Bewegungen, etwa einem Schlendergang, stellen sich in der Regel noch keine großen Gefühle ein. Es gibt Frauen, die darauf schwören, sich mit den Liebeskugeln in der Vagina auf einem Schaukelstuhl zu wiegen. Andere sagen, es gehe nichts über zügiges Gehen in hochhackigen Schuhen (am allerbesten auf dem Weg zu einem vielversprechenden Rendezvous). Manche raten, eine holprige Landstraße entlangzufahren. Einige tragen die Kugeln stundenlang, andere nur zehn Minuten, um sich vor einem Date in Stimmung zu bringen. Manche Frauen schwören, ein Paar Liebeskugeln in der Vagina veränderten die Ausstrahlung einer Frau hin zum Reizvollen, Begehrenswerten, Lasziven – und sei es nur, dass sie sich so fühlt, weil sie von innen stimuliert wird.

Ein letzter Hinweis: Es kann bei einigen Modellen zu einem gedämpften Klackern kommen – in diesem Fall sollte frau eine Antwort parat haben.

»Wenn Männer mein Dekolleté loben, freue ich mich. Denn sonst werde ich zu sehr auf meine inneren Werte reduziert.«

***Barbara Schöneberger**, deutsche Schauspielerin und Sängerin*

Sexuelle Praxis

Sex ist der Ursprung des Lebens. Und im Gegensatz zu den Tieren haben die Menschen den Sex im Lauf der Jahrtausende von einer rein instinktgesteuerten, der Fortpflanzung dienlichen zu einer lustvollen sozialen Interaktion gemacht. Über Sex ist nahezu unendlich viel nachgedacht, gestritten und geschrieben und noch viel häufiger ist er gemacht worden. In jeder Sekunde finden auf der Welt 2778 Geschlechtsakte statt.

Einen weiteren beachtlichen Vorteil hat Sex, wie Wissenschaftler der Universität Regensburg im Februar 2008 herausgefunden haben: Sex macht nicht nur glücklich, sondern auch mutig. Also: Kein Bedarf mehr an Baldriandragees und Kamillentee, wenn Sie wieder einmal eine Prüfung zu bestehen, eine Wurzelkürettage durchzustehen oder eine unangenehme Besprechung mit Ihrem Vorgesetzten über die Bühne zu bringen haben – sorgen Sie einfach dafür, dass Sie mehr Sex haben! Verantwortlich für den Zugewinn an Mut ist der für Entspannung und Wohlsein sorgende Botenstoff Oxytocin, den der Körper beim Orgasmus ausschüttet. Die Wirkung hält etwa vier Stunden an. Für einen Langstreckenflug – sofern Sie unter Flugangst leiden – müssen Sie also doch ein Thermoskännchen Nervenstärkendes dabeihaben. Oder Sie nutzen die Flugzeugtoilette für ein Schäferstündchen.

Männer wollen viel öfter Sex als Frauen

Und da wären wir bei dem häufigen Dilemma: Frauen geben Sex, um Zuneigung zu bekommen, Männer geben Zuneigung, um Sex zu bekommen, so Edit Schlaffer in »Lasst endlich die Männer in Ruhe«. Laut einer britischen Untersuchung würden fast 50 Prozent der Britinnen komplett auf Sex verzichten, wenn sie dafür die Garantie bekämen, 100 Jahre alt zu werden. Auf Freunde und Familie hingegen wollte kaum eine verzichten und auf ihr Geld nur knapp ein Viertel. Ein Hamburger Institut befragte über 1000 deutsche Frauen und erfuhr, dass 83 Prozent der Frauen für 100 000 Euro bereitwillig ein Jahr auf Sex verzichten würden. Und laut einer US-Umfrage würden über 50 Prozent aller Frauen für einen mit neuen Klamotten gefüllten Schrank bereitwillig sogar 15 Monate ohne Sex leben.

Männer sind auch viel schneller beim Sex als Frauen

Die französische Schauspielerin und Sängerin Jeanne Moreau hat schon vor Jahrzehnten festgestellt: »Beim Liebesspiel ist es wie beim Autofahren. Die Frauen mögen die Umleitung, die Männer die Abkürzung.« Nun, verbarrikadieren Sie ihm die Abkürzung und – wenn Sie denn wollen – begeistern ihn für ein paar delikate Verfahrensweisen. Ist es nicht Verschwendung, dass so viel Verschiedenes möglich ist und so viel immer Gleiches praktiziert wird? Mit ein wenig Experimentierfreude sowie Phantasie und einem Quentchen Wagemut lässt sich aus dem Sexleben bei den meisten Menschen ein weit aufregenderer Lebensbereich machen, als es bislang der Fall war.

Was gefällt, muss jedes Paar für sich herausfinden; was die einen als aufregend empfinden, ist den anderen zu wüst. Grundsätzlich gilt: Erlaubt ist, was gefällt. Und zwar beiden.

Und das sollten sie im Idealfall geklärt haben und nicht nur annehmen. Die einen schwören auf die bengalische Schraube (Er liegt auf dem Rücken, sie nimmt sein Glied in sich auf, indem sie sich rittlings auf ihn setzt – und vollzieht vorsichtig, langsam und genussvoll eine 360-Grad-Drehung. Das stellt einige Anforderungen an die Beweglichkeit und das Balancegefühl, ist dafür aber auch nicht bloß eine Stellung, sondern eine Session!), die anderen lieben die Wiener Auster (Sie liegt auf dem Rücken und hebt ihre Beine in Richtung ihres Kopfes. Besonders gelenkige Frauen schaffen es, ihre Beine hinter ihrem eigenen Kopf zu verschränken. Der Mann legt sich mit seinem ganzen Gewicht auf die Frau. Manche Frauen verschränken ihre Füße auch hinter dem Nacken des Partners. Bei dieser Stellung spürt sie den Stoß des Penis besonders gut, und es kommt zu einer besonders intensiven Stimulation des G-Punkts.).

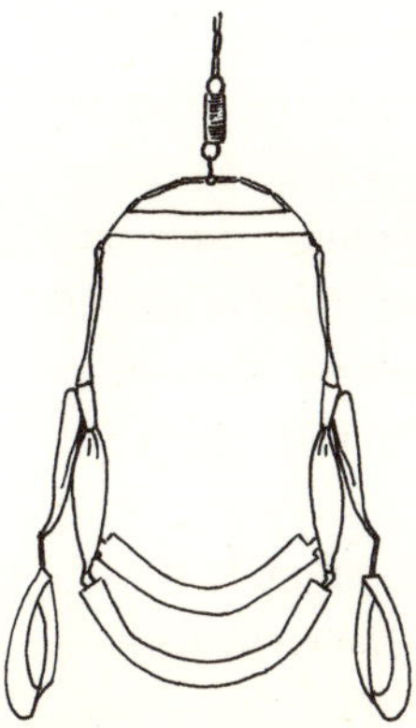

Wieder andere wollen sich ein Sexleben ohne die Liebes- oder Sexschaukel gar nicht mehr vorstellen, weil das Spielgerät ihnen hilft, die Gesetze der Schwerkraft zu überlisten, und sich damit neue Welten öffnen. Und manche schwören auf Goldfisch-Sex: Mann und Frau haben jeweils die Hände hinter den Rücken gebunden. Sie schlafen miteinander, ohne sich anzufassen, zu streicheln oder festzuhalten.

Kamasutra

Das Kamasutra (aus dem Sanskrit: Wissenschaft des Verlangens) wurde um 250 nach Christus von dem Weisen Vatsyayana Mallanaga niedergeschrieben. Das Kamasutra gehört zu den einflussreichsten Texten der Weltkultur zum Thema der erotischen Liebe. Zu Unrecht wird es bis heute immer wieder darauf reduziert, ein simples, gar schlüpfriges Erotikhandbuch zu sein. Es ist vielmehr eine differenzierte erotisch-sexuelle wie auch ethische Lebenskunstfibel. Vor mehr als 1750 Jahren entstanden, richtet sie sich zunächst an Menschen im indischen Kulturraum, die in patriarchal und heterosexistisch streng geordneten Gesellschaftskasten lebten und die die ebenso detaillierten wie pragmatischen Anleitungen des Kamasutra als Lebenshilfe aufnahmen. Nicht nur hinsichtlich des Geschlechtsverkehrs – nicht weniger als 729 Sexstellungen werden beschrieben –, sondern auch zu Themen wie Partnerwahl, Homosexualität, Machtverteilung in einer Ehe, Ehebruch, Prostitution und Drogenkonsum.

Da im Kamasutra auch verschiedene Schlag- und Klapsarten besprochen werden, gilt es als erster schriftlich überlieferter Text zu Sadomasochismus-Praktiken und -Sicherheitsregeln, übrigens inklusive des Hinweises, dass Gewaltspiele, die mit Schlagen, Beißen etc. zu tun haben, nur dann durchgeführt werden sollten, wenn auch wirklich beide Partner einvernehmlich handeln. Zudem wird die Perforation des Lingams (Sanskrit für das männliche Genitale) an der Eichel mit einem Piercing (Apadravya) als luststeigernde Maßnahme, auf die die Yoni (Sanskrit für das weibliche Genitale, die Vagina) der Frau äußerst empfindsam reagiert, empfohlen.

Die fünf interessantesten Inspirationen aus dem Kamasutra

1. Antilope

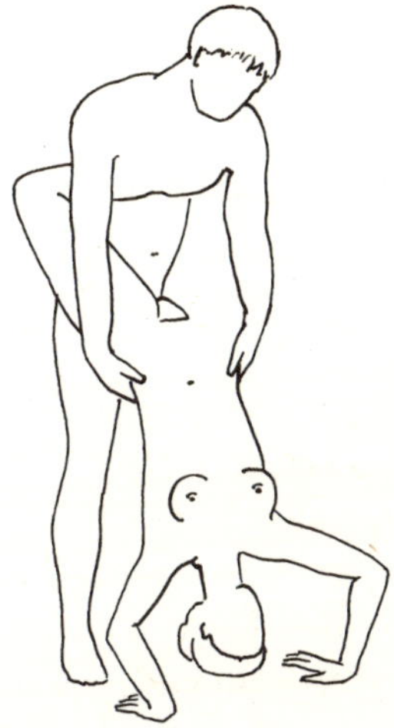

Eine schwierige, aber sehr intensive Stellung: Mann und Frau stehen sich gegenüber, dann kniet er sich vor sie hin, lässt dabei aber sein linkes Bein im rechten Winkel gebeugt. Sie setzt sich rittlings auf seinen linken Schenkel und schlingt ihre Arme um seinen Hals. Dann steht der Mann langsam auf, wobei er seine Partnerin hochhebt. Sie schlingt ihre Beine um seinen Rücken, bevor er sie vorsichtig etwas zurücksinken lässt. Ihren Rücken und ihr Becken stützt er mit den Händen. In dieser Position hebt er sie auf sein Lingam und dringt in ihre Yoni ein. Anschließend lässt er ihren Oberkörper vorsichtig nach hinten kippen, bis sie ihre Hände auf dem Boden vor seinen Füßen aufstützen kann. Den Rücken sollte sie dabei leicht beugen! In dieser Stellung ist ein besonders tiefes Eindringen möglich; alle Bewegungen sollten sanft und behutsam ausgeführt werden.

2. Der Bogen

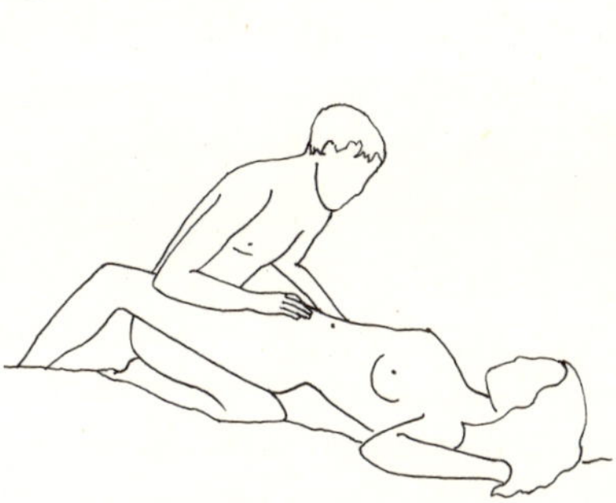

Sie liegt auf dem Rücken, ein dickes Kissen unter dem Rücken. Er kniet zwischen ihren gespreizten Beinen, die sie angewinkelt auf dem Boden abgestellt hat. Der Mann hält das Becken seiner Partnerin fest, zieht sie zu sich und dringt in sie ein.

3. Der eingeschlagene Nagel

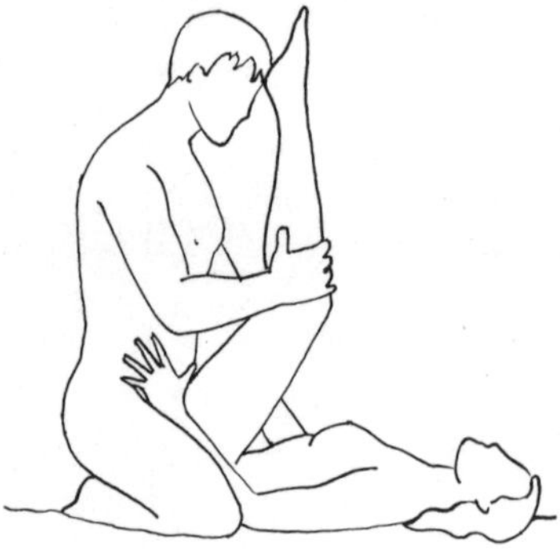

Was eher rauh klingt, ist sehr lustvoll: Die Frau liegt auf dem Rücken, das eine Bein angewinkelt, das andere nach oben gestreckt, während der Mann vor ihr kniet. Sie legt die Ferse ihres nach oben gestreckten Fußes an die Stirn ihres Liebhabers. Er dringt in sie ein und spürt, wie sich ihr erhobenes Bein im Rhythmus seiner Stöße mitbewegt.

4. Der Korken

Wenn sie sich wünscht, dass er besonders tief in sie eindringt, ist die Korken-Stellung genau die richtige: Die Frau liegt auf einem Bett oder Sofa oder ausladendem Sessel. Ihr Partner steht (oder kniet) vor ihr, während er ein dickes Kissen unter ihren Po schiebt, um so ihr Becken ein Stück anzuheben. Dann zieht die Frau ihre Beine an und bietet dem Mann ihre Yoni dar, damit dieser eindringen kann. Der Mann stützt seine durchgestreckten Arme neben den Schultern seiner Partnerin auf, während er mit seinem Unterkörper ihre Schenkel gegen ihren Oberkörper drückt.

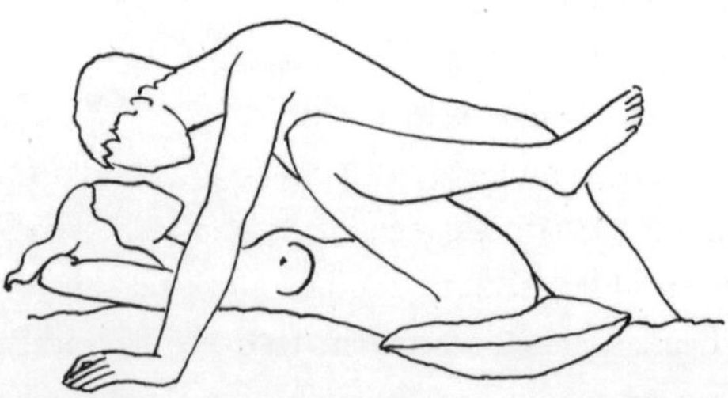

5. Pflug

Ein inniges Erlebnis: Sie sitzt mit dem Rücken zu ihrem Partner und mit weit gespreizten Beinen auf seinem Schoß. Sie presst sich an seinen Oberkörper, während er ihre Brüste und ihre Yoni mit seinen Händen zärtlich stimulieren kann. Wenn die Frau bereit ist, beugt sie langsam ihren Oberkörper nach vorne, bis sie mit ihrer Stirn die Decke oder den Boden berührt. Mit ihren Händen stützt sie sich auf. Sobald ihr Partner sein Lingam in ihrer Yoni versenkt, streckt sie ein Bein nach hinten, um sich damit abzustützen, ihr anderes Bein bleibt gebeugt. Wenn er sich behutsam auf die Seite gleiten lässt und sie sich ihm sanft nachdreht, wird aus der Pflug- die Löffelchen-Stellung.

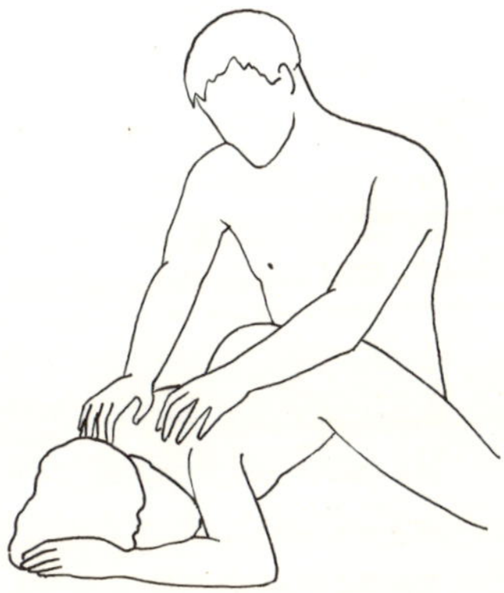

Intimrasuren

Brazilian Waxing ist eine Methode der Haarentfernung im Intimbereich, bei der die Schambehaarung mit Wachs entfernt wird. Es handelt sich um eine Form der Epilation; im Gegensatz zur Rasur werden die Haare samt Haarzwiebel entfernt.

Die Haarentfernung hat bei Frauen im Orient, auch aus religiösen Gründen, bereits seit Jahrhunderten Tradition: Mittels Halawa, einer Mischung aus gekochtem Zucker und Zitronensaft, werden die Haare ausgezogen. Selbst auf antiken griechischen Vasen finden sich eindeutige Hinweise auf bearbeitete Schambehaarungen; Mischungen aus Eselstalg und Pech sowie geschliffene Muscheln wurden als Haarentferner gebraucht.

Vor allem in die Jahre gekommene Damen am Hof des französischen Sonnenkönigs Ludwig XIV. entfernten sich die Schambehaarung, um ihren Liebhabern zu suggerieren, sie seien noch junge, eben erst erblühende Mädchen.
Die modernen westlichen Frauen empfanden es erst mit der Verbreitung von Stringtangas und Microkinis als notwendig, sich ihre Haare im Intimbereich zu entfernen. Die Ersten waren die Frauen an den ausgedehnten Stränden Brasiliens; unter den US-Amerikanerinnen in Kalifornien, die die Methode übernahmen, bürgerte sich dann die Benennung nach ihrem Herkunftsland ein.

Brazilian Waxing bedeutet in aller Regel die vollständige Entfernung der Schambehaarung und wurde enorm populär, nachdem nicht nur Stars wie Demi Moore, Jennifer Aniston, Eva Longoria und Scarlett Johansson sich dazu bekannten, sondern sich auch die Frauen in Serien wie »Desperate Housewives« und »Sex and the City« damit befassten. Inzwischen spricht man auch von Hollywood Waxing.

Durchführung: Die Depiladora, die Kosmetikerin, reinigt, desinfiziert und pudert die zu behandelnde Stelle, um dann das erwärmte Spezialwachs aufzutragen. Wenn das Wachs erkaltet ist, wird es mit einem Ruck abgezogen. Der Vorgang wird wiederholt, bis das gewünschte Ergebnis erreicht ist. Ganz ohne Schmerzen geht das jedoch nicht.

Neben der vollständigen Entfernung (Brazilian oder Sphynx) setzen sich inzwischen zunehmend verschiedene »Intimfrisuren« durch:
- Landebahn (auch Irokese genannt): Oberhalb der Schamlippen bleibt ein schmaler Streifen stehen.
- Bikini-Line: Alles, was der Bikini verdeckt, bleibt stehen,

eventuell etwas zurückgeschnitten; entfernt wird nur das Haar drum herum.

- Bermuda-Dreieck: Oberhalb der Schamlippen bleibt ein Dreieck stehen.
- Freestyle: Erlaubt ist, was gefällt, ob Sterne, Pfeile, Logos, Buchstaben oder Phantasieformen – nur zu fein sollte das Muster nicht sein, sonst erkennt es keiner.

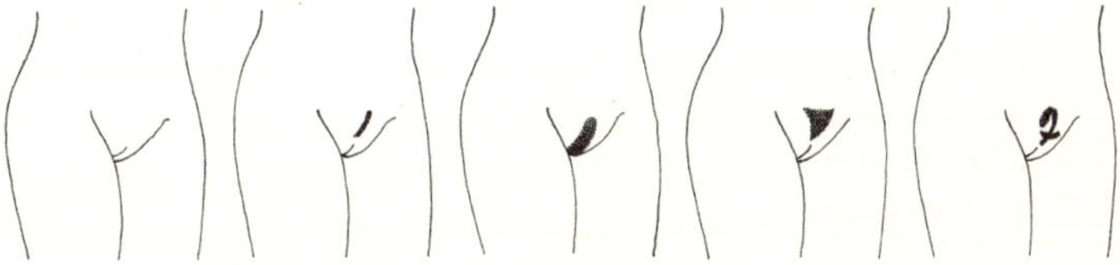

Liebe geht durch den Magen

Verführerisch und herrlich einfach: Rezepte für den Abend, an dem der Traummann endlich zu Besuch kommt. Die Rezepte hat uns Isabel Dupontier, Inhaberin eines kleinen Restaurants am Montmartre in Paris, verraten.

Wachteln à la Letizia Bonaparte

Zutaten:

4 küchenfertige Wachteln (oder Stubenküken)
200 ml trockener Weißwein
2 Eier
ca. 80 ml Sahne
2 gepresste Knoblauchzehen
100 g Butter
Paniermehl
Salz
Pfeffer

Zubereitung: Binden Sie die Wachtelbeine mit Zwirn an den Körper, und marinieren Sie die Vögel über Nacht im Weißwein. Am nächsten Tag abtupfen, salzen und pfeffern und mit dem Knoblauch einreiben. Sahne und Eier miteinander verquirlen, die Wachteln erst in der Ei-Sahne-Sauce, dann im Paniermehl wenden und in der erhitzten Butter von allen Seiten anbraten. Die Vögel dann in eine kleine Auflaufform legen und mit der Butter übergießen. Die Form mit Alufolie abdecken, Löcher einstechen und bei 200 Grad in der Mitte des Ofens circa 25 Minuten backen, bis sich das Fleisch mit der Gabel teilen lässt. Dazu passen Baguette und ein grüner Salat.

Rotweinbirnen »Amour Fou«
auf Sahnespiegel mit Himbeersauce

Zutaten:
2 Birnen, reif, aber noch fest
400 ml Rotwein
1 Zimtstange
1 Vanillestange
1 Stück geschälter Ingwer
1 Stück ungespritzte Orangenschale
2 Nelken
ein paar schwarze Pfefferkörner
1 Lorbeerblatt
80 g Zucker

Für die Sauce:
150 g Himbeeren
3 Esslöffel Zucker

Außerdem:
⅛ Sahne
frische Himbeeren zum Verzieren

Zubereitung: Rotweinbirnen: Die Birnen schälen, den Stiel dranlassen. Den Wein in einen kleinen Topf geben, alle anderen Zutaten dazu und einen duftenden Sud kochen. Die Birnen darin sanft 15 bis 20 Minuten ziehen lassen. Im Sud abkühlen. Sauce: Die Himbeeren mit dem Zucker in einem anderen Topf erhitzen, bis der Zucker sich aufgelöst hat. Himbeersauce durch ein Sieb streichen, das die Samenkörnchen auffängt, und abkühlen lassen.
Servieren Sie ihm die Birne in einem farbigen Schälchen, in das sie vorher einige Esslöffel flüssige Sahne gegeben haben. Übergießen Sie die Birne mit Himbeersauce und dekorieren Sie Ihr Werk mit Himbeeren.

VERHÜTUNG UND ABTREIBUNG

Die Geschichte der Verhütung

Man nimmt an, dass bereits die Ägypter vor 4000 Jahren Schafsdärme als Präservative benutzten. Erstaunlich wissenschaftlich fundierte Rezepturen aus Ägypten, die auf das Jahr 1550 vor Christus datiert werden, sind die ersten schriftlichen Belege zur praktizierten Empfängnisverhütung. Sie dokumentieren unter anderem die Herstellung eines Kegels aus Wachs und Granatapfelkernen. In die Vagina eingeführt, könnte der natürliche Östrogengehalt der Kerne tatsächlich empfängnisverhütende Wirkung gehabt haben. Ebenso effektiv könnte ein mit Honig und Akaziensirup getränkter Baumwolltampon gewesen sein, dessen Tinktur im Körper zu Milchsäure fermentierte, die dann wie ein Spermizid wirkte. Eine weitere Methode empfiehlt den Frauen einen halben Liter Honig in die Vagina zu leeren, der als klebrige Barriere die Gebärmutter vor Spermien schützen sollte. Besonders speziell ist die altägyptische Variante, den Dung des heiligen Krokodils mit Honig vermischt und zum Pessar geformt in die Vagina einzuführen.

Auch in anderen Kulturkreisen ließ man in Sachen Verhütung nichts unversucht. Chinesinnen schlürften vor 2000 Jahren hochgiftige Quecksilbercocktails, die freilich nicht nur den Embryos schadeten. Von Griechinnen und Römerinnen in der Antike weiß man, dass sie mit Olivenöl oder mit in Harz getränkten Wattebäuschen experimentierten. Auch die vom legendären Herzensbrecher Casanova propagierte Methode, Zitrusfruchthälften über den Gebärmutterhals zu stülpen, stammt ursprünglich aus der Antike. Sie fand bei europäischen Frauen bis ins 19. Jahrhundert Anwendung. Nach dem Motto:

»Man nimmt, was man hat!«, schoben sich die Frauen der Osterinseln lieber Tang oder Algen vor den Uterus, während Inderinnen die Exkremente von Elefanten bevorzugten.

Europäische Frauen trugen im Mittelalter Amulette aus den Knochen schwarzer Katzen, um Kindersegen abzuwenden. Weniger mystisch, aber ebenso wenig effektiv dürften die Versuche des 19. Jahrhunderts gewesen sein, die Spermien durch Vaginalspülungen oder durch wildes Auf-und-ab-Springen aus dem Körper zu treiben. Im 17. Jahrhundert verbreitete sich besonders unter französischen und englischen Männern das Tragen von Kondomen. Die Engländer nannten die Hülle »französischer Brief«, die Franzosen dagegen »englische Reiterjacke«. Einesteils natürlich zur Verhütung verwandt, dienten sie hauptsächlich dazu, sich selbst vor der stark verbreiteten Geschlechtskrankheit Syphilis zu schützen. Es gab Präservative unter anderem aus Darm, Ziegen- oder Fischblasen, Leinen, Leder, Seide oder Schildkrötenpanzer.

Der Begriff Kondom geht im Übrigen auf den Hofarzt des englischen Königs, Dr. Condom, zurück. Er entwickelte Ende des 17. Jahrhunderts für Charles II. von England ein Präservativ aus Hammeldarm in seiner bis heute beibehaltenen Form. Für diese Leistung wurde der Arzt gar zum Ritter geschlagen. Erst ein Jahrhundert später war die Herstellung von Kondomen aus Kautschuk möglich, die man mehrfach benutzte. Zusammen mit Diaphragmen und Portiokappen aus Gummi waren sie bis in die dreißiger Jahre des 20. Jahrhunderts die gebräuchlichsten Verhütungsmittel. 1912 entwickelte der Gummifabrikant Julius Fromm die ersten nahtlosen Kondome. Allerdings war ihr Verkauf bis Mitte des 20. Jahrhunderts in vielen Ländern nur zum medizinischen Gebrauch gestattet. In Irland sogar bis Anfang der 1990er Jahre.

Seit den 1930er Jahren war es allmählich möglich, die fruchtbaren Tage rechnerisch zu bestimmen, und man begann an Verhütungsmitteln auf hormoneller Basis zu forschen. Seit dem Siegeszug der Pille in den sechziger Jahren verhüten Frauen in Deutschland hauptsächlich mit Hormonen. Wie zuverlässig die heute zur Verfügung stehenden Verhütungsmöglichkeiten sind, verrät uns der Pearl-Index.

Der Pearl-Index

Benannt nach dem amerikanischen Biologen Raymond Pearl (1879–1940).
Er gibt die Versagerquote von Verhütungsmitteln an: Wie viele Frauen von 100 Anwenderinnen derselben Verhütungsmethode wurden innerhalb eines Jahres schwanger? Sehr wirksame Methoden ergeben diesem Ansatz nach einen Wert kleiner als 1. Bei ungeschütztem Geschlechtsverkehr liegt der Index bei 80–85.

Am Beispiel der Spirale mit dem Pearl-Index 2 würde das bedeuten, dass von 100 Frauen, die mit der Spirale verhütet haben, innerhalb eines Jahres zwei Frauen schwanger geworden sind. In verschiedenen Untersuchungen kann der Pearl- Index-Wert durchaus variieren. Das hängt zum Beispiel davon ab, ob Anwendungsfehler als Faktor der Unwirksamkeit berücksichtigt wurden oder nicht. Als grobe Orientierungshilfe ist der Index jedoch gut geeignet.

Methode	*Pearl-Index-Wert*
Sterilisation des Mannes	0,1
Sterilisation der Frau	0,1–0,3
Pille	0,2–0,5

Methode	*Pearl-Index-Wert*
Dreimonatsspritze	0,2–0,5
Pille danach	0,5
Minipille	0,5–4
Diaphragma mit Spermizid	0,7–4
Spirale	1–2
Temperaturmethode	1–3
Kondom	3–5
Diaphragma	6–10
Coitus interruptus	10–38
Kalendermethode	15–35
keine Verhütung	80–85

Der Krötentest

Der nach dem argentinischen Arzt Carlos Galli-Mainini, auch als Galli-Mainini-Reaktion bekannt, genannte Test war bis zum ausgehenden 20. Jahrhundert die sicherste Methode, Schwangerschaften nachzuweisen. Dazu injizierte man etwa drei Milliliter Urin der potenziellen Schwangeren in den Lymphsack einer männlichen Kröte. Wenn die Frau tatsächlich schwanger war, lösten die im Urin enthaltenen Schwangerschaftshormone innerhalb von drei Stunden bei der Kröte die Produktion von Spermien aus, und sie begann zu balzen. Nach einer Erholungsphase stand das Tier für weitere Tests zur Verfügung. Dieser Test funktionierte nahezu so präzise wie die heute gebräuchlichen Schwangerschaftstests.

Antiker Schwangerschaftstest

Im alten Ägypten begoss man Weizen- und Gerstenkörner mit dem Urin der vermeintlich schwangeren Frau: Wuchs die Gerste, sagte dies einen Sohn voraus; gutes Wachstum des Weizens deutete auf die Geburt einer Tochter hin. Der Schwangerschaftstest galt als negativ, wenn weder Gerste noch Weizen keimte. Eine wissenschaftliche Überprüfung aus den sechziger Jahren ermittelte die erstaunliche Trefferquote von 70 Prozent für diese Methode.

Übrigens: *Es ist nicht ausgeschlossen, während der Monatsblutung schwanger zu werden. Bei Frauen mit einem verkürzten Zyklus von etwa drei statt vier Wochen können die Samen des Mannes, die während der Blutung in den weiblichen Körper gelangten, die Tage bis zum nächsten Eisprung überleben und das Ei befruchten.*

Die Kalendermethode nach Knaus-Ogino

wurde von der katholischen Kirche durch Papst Pius XII. 1951 als tolerable Methode zur Empfängnisverhütung anerkannt. Zum einen beschränkt sie die Sexualität auf ein paar wenige sichere Tage innerhalb eines Zyklus. Zum anderen eignet sie sich nicht nur dazu, Schwangerschaften zu verhindern. Noch heute nützen Paare mit Kinderwunsch die Methode, um die fruchtbaren Tage rechnerisch zu ermitteln. Für die persönliche Rechenformel werden die protokollierten Kalenderdaten der letzten sechs bis zwölf Zyklen ausgewertet. Auch der Babycomputer basiert auf diesen Erkenntnissen, die von dem österreichischen Forscher Hermann Knaus und dem japanischen Professor Ogino völlig unabhängig voneinander in den zwanziger Jahren gewonnen wurden. Im Volksmund wurde die Knaus-Ogino-Methode auch als »Katholiken-Roulette« bezeichnet.

Margaret Sanger (1879–1966)

Die amerikanische Pionierin der Familienplanung setzte sich zeitlebens für die Legalisierung von Verhütungsmitteln ein und wurde dafür mehrfach angezeigt und verhaftet. Der Begriff »Geburtenkontrolle« wurde nicht nur von ihr geprägt, sie machte die Geburtenkontrolle, gegen alle politischen Widerstände, zum Thema ihres Lebens. Mit ihrer Schwester eröffnete die ausgebildete Krankenschwester 1916 in New York die erste »Birth Control Clinic«. Dort sollten vor allem die ungebildeten Frauen der Elendsviertel über mögliche Verhütungsmethoden aufgeklärt werden. Die Klinik wurde jedoch bereits neun Tage nach der Eröffnung von der Polizei geschlossen und das Beratungsteam eingesperrt. Sanger gab nicht auf. Ihrer Hartnäckigkeit ist es zu verdanken, dass im Staat New York das Verhütungsverbot aufgehoben wurde. Parallel zu ihrer Arbeit als Lobbyistin und Publizistin war Sanger ständig in der Welt unterwegs, um billigere und wirksamere Verhütungsmittel ausfindig zu machen und zu propagieren. In den fünfziger Jahren gelang es ihr, die nötigen Finanzmittel zur Entwicklung der Antibabypille zu beschaffen. Neben ihrem Kampf für das Recht der Frau auf Selbstbestimmung in der Sexualität setzte sie sich auch für die freie Liebe und das weibliche Anrecht auf Spaß am Sex ein. Das traf in den zwanziger Jahren nicht unbedingt den Nerv der prüden männerdominierten Gesellschaft. Heute ist besonders ihre eugenische Haltung zur Fortpflanzung umstritten. Wegen der Bevölkerungsexplosion trat Sanger dafür ein, dass sich nur privilegierte Menschen fortpflanzen sollten.

Abtreibung

Schwangerschaftsabbrüche sind in vielen Ländern dieser Welt illegal. Auch in Ländern, in denen Abtreibungen erlaubt sind, ist der Eingriff nach wie vor vieldiskutiert und moralisch sehr umstritten.
Man schätzt, dass sich heute weltweit ein Viertel aller Frauen, die ungewollt schwanger werden, für eine Abtreibung entscheidet. Dabei lassen sich die Frauen weder durch Abtreibungsverbote noch durch fragwürdige medizinische Bedingungen von ihrem Vorhaben abhalten. Im internationalen Vergleich zeigt sich, dass in Ländern mit restriktiven Sexualgesetzen (z.B. in Lateinamerika) mehr Abtreibungen vorgenommen werden – sowohl legal als auch illegal! Die Sterblichkeitsrate von Frauen im gebärfähigen Alter in Ländern mit strenger Sexualmoral ist entsprechend hoch.

Für deutsche Frauen gehören illegale Schwangerschaftsabbrüche offiziell der Geschichte an. Aus Not oder Armut suchten viele Frauen zu Zeiten vor der Legalisierung von Verhütungsmitteln und Abtreibung Heiler, Ärzte oder Hebammen auf, die unerlaubt ungewollte Schwangerschaften abbrachen. Mit Kräuterextrakten, Massagen, Sitzbädern, Stricknadeln oder ähnlichem Gerät versuchten diese, meist unter schlechtesten hygienischen Bedingungen, die Föten abzutreiben. Oft waren es ledige Frauen, die die sogenannten Engelmacher aufsuchten, doch auch Ehefrauen aus der sozialen Unterschicht drohte durch Kinderreichtum die soziale Verelendung. So entschieden sich viele verzweifelte Frauen angesichts ihrer düsteren Zukunftsperspektiven für den brutalen Eingriff und nahmen damit schwere gesundheitliche Schäden, Unfruchtbarkeit oder sogar den Tod in Kauf. In vielen armen Ländern sind solche Eingriffe leider immer noch Realität.

Anfang der siebziger Jahre formierte sich in Deutschland eine mutige Frauenbewegung, die sich dem Kampf gegen den Abtreibungsparagraphen 218 verschrieben hatte und seine ersatzlose Streichung forderte. Die Frauen gingen mit Parolen wie »Mein Bauch gehört mir« auf die Straße und wagten es, sich öffentlich gegen die von Männern gemachten Gesetze, die ihnen das Recht auf eine selbstbestimmte Mutterschaft absprachen, zu wehren. Wild entschlossen, der Angst vor ungewollten Schwangerschaften und dem heimlichen Elend der riskanten Abtreibungen ein Ende zu setzen, nahmen sie Kündigungen, gesellschaftliche Verstöße, Scheidungen oder drohende Gefängnisstrafen in Kauf, um für ihr Anliegen einzutreten. Sie erwirkten immerhin eine Neuregelung des § 218, die im Jahr 1974 in Kraft trat. Der neue § 218 legalisierte nun einen Schwangerschaftsabbruch aus bestimmten medizinischen, sozialen oder ethischen Gründen.
In der DDR ging man mit dem Thema Abtreibung weniger restriktiv um. Die Wende machte eine Angleichung der beiden deutschen Gesetze notwendig. Seit 1995 gilt die Fristenlösung. Sie erlaubt Frauen einen Abbruch der Schwangerschaft in den ersten drei Monaten nach einem offiziellen Beratungsgespräch.

Der Schwangerschaftsabbruch ist in Deutschland nach § 218 des Strafgesetzbuches im Allgemeinen zwar immer noch rechtswidrig. Folgende Ausnahmefälle sind jedoch nach § 218a StGB zulässig:

- Die Schwangere verlangt den Abbruch und kann die Teilnahme an einer offiziellen Schwangerschaftskonfliktberatung bescheinigen. Zwischen der Beratung und dem Eingriffstermin müssen drei Kalendertage verstrichen sein. Der Abbruch darf nur innerhalb der ersten zwölf Wochen nach der Befruchtung (das entspricht 14 Wochen ab dem ersten Tag der letzten Monatsblutung) durchgeführt werden.

- kriminogene Indikation: Es besteht Grund zu der Annahme, dass die Schwangerschaft Folge einer Vergewaltigung oder einer vergleichbaren Sexualstraftat ist. Auch hier ist der Eingriff nur innerhalb der ersten zwölf Schwangerschaftswochen zulässig.
- medizinische Indikation: Es besteht eine Gefahr für das Leben oder die körperliche oder seelische Gesundheit der Schwangeren, die nur durch eine Abtreibung abgewendet werden kann. In diesem Fall besteht keine zeitliche Begrenzung für den Schwangerschaftsabbruch. Diese Indikation gilt auch, wenn eine Schädigung des Kindes vorliegt oder zu befürchten ist.

In jedem Fall bedarf der Abbruch der Einwilligung der schwangeren Frau, und er darf nur von einem Arzt ausgeführt werden. Trotz rückläufiger Geburtenzahlen bleibt die offizielle Zahl der Schwangerschaftsabbrüche in Deutschland seit Jahren konstant bei 18 Prozent.

Die beiden gängigsten Methoden eines Schwangerschaftsabbruchs in Deutschland

Die chirurgische Methode (Absaugung, Kürettage)

80 Prozent aller Schwangerschaftsabbrüche werden auf diese Weise vorgenommen. Die Absaugmethode kann ab der sechsten bis zur vierzehnten Schwangerschaftswoche durchgeführt werden. Dazu wird zunächst der Gebärmutterhals erweitert und dann die Gebärmutter im Inneren abgesaugt. Die anschließende Ultraschalluntersuchung zeigt, ob gegebenenfalls noch zurückgebliebene Gewebereste mit Hilfe einer stumpfen Kürette ausgeschabt werden müssen. Dieser Eingriff dauert nur wenige Minuten. Er kann entweder unter Vollnarkose oder mit lokaler Betäubung vorgenommen werden.

Die medikamentöse Methode
Bis zum 49. Tag kann ein Schwangerschaftsabbruch auch mit der Abtreibungspille Mifegyne durchgeführt werden. Vergleichbar mit einem Abgang, löst diese die Abstoßung der Gebärmutterschleimhaut zusammen mit dem eingenisteten Ei aus. Die Abtreibungspille muss unter ärztlicher Aufsicht eingenommen werden. Die Behandlung dauert mehrere Tage und ist oft mit starken Blutungen und Schmerzen verbunden.

Kostenübernahme
Schwangerschaftsabbrüche nach der Beratungsregelung müssen von den Frauen selbst bezahlt werden. Frauen mit einem monatlichen Einkommen unter 1000 Euro können sich über die gesetzlichen Krankenkassen die Kosten rückerstatten lassen. Dies muss jedoch vor dem Eingriff beantragt werden. Auch Frauen ohne Mitgliedschaft in einer gesetzlichen Krankenkasse haben hierauf Anspruch.

Fruchtbarkeit
Ein ohne Komplikationen verlaufener Schwangerschaftsabbruch hat keine negativen Auswirkungen auf die Fruchtbarkeit der Frau. Bereits zwei Wochen nach dem Eingriff muss die Frau mit dem nächsten Eisprung rechnen und kann erneut schwanger werden.

MODE UND TRENDS

Wann die erste Urzeitfrau ihren kratzigen Lendenwickel durch einen hipperen Fellfetzen ersetzt hat, weiß niemand. Warum sie es getan hat, auch nicht. Fest steht, dass Kleidung zu den Aspekten gehört, die den Menschen vom Tier unterscheidet und worin der Mensch es zu wahren Erfindungsorgien gebracht hat – keineswegs immer im Dienste der Bequemlichkeit. Die Fragen nach Nutzen, Notwendigkeit und sozialer Bedeutung der aufwendigen Kleidungsvielfalt, die der Mensch hervorgebracht hat, reicht weit in die Bereiche Psychologie und gar Philosophie hinein und ist von zentralen Empfindungen wie Scham, Stolz, Überheblichkeit und Zugehörigkeit nicht zu trennen.

Modeblüten

Aus heutiger Sicht trieb das, was man im Lauf der Jahrhunderte unter Mode verstand, einige besonders bemerkenswerte Blüten, unsagbar unbequeme und ungesunde Modelle:

Chopinen
Sockelartige Plateauschuhe mit einer Sohle aus Kork oder Holz, die mit feinem Leder oder Stoff bezogen und zum Teil über einen halben Meter hoch war. Besonders während des 16. Jahrhunderts in Venedig waren Chopinen bei Frauen sehr beliebt – auch wenn sie wegen der Absatzhöhe nur mit Hilfe einer Dienerin laufen konnten.

Cul de Paris
Raumgreifendes Polster, das Frauen hinten unter die Taille schnürten, um ihr Gesäß zu betonen. Ab etwa 1760 bis gegen

Ende des 19. Jahrhunderts war das Pluster-Accessoire ebenso beim Frühstück im Negligé wie am Ausgehkleid beliebt.

Humpel- oder Trippelrock

Im 20. Jahrhundert wurde die Mode für Frauen zwar zunehmend lässiger und bequemer, zwischen etwa 1910 und 1915 gab es jedoch einen derart enggeschnittenen Rock, dass die Frauen darin nur mehr humpeln bzw. trippeln konnten.

Chopinen

Cul de Paris

Humpel- oder Trippelrock

Korsett

Im 16. Jahrhundert begannen die ersten Frauen damit, sich in Mieder zu schnüren, die mit Rohr, Metall, Holz oder Fischbein verstärkt waren. Manche trieben es so weit, dass es zu verkümmerten Lungen, durchbohrten Lebern, verschobenen Organen und Fehlgeburten kam.

Lotus- oder Lilienfuß

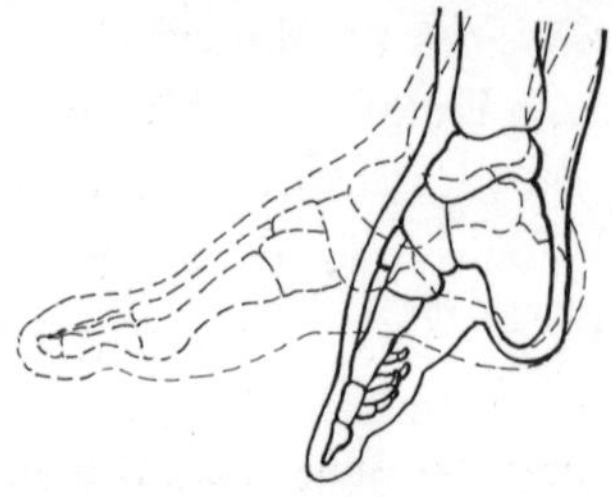

Bis ins 20. Jahrhundert hinein wurden in China vielen Frauen die Füße ab dem zweiten oder dritten Lebensjahr gebrochen und stark eingebunden, so dass das Wachstum manipuliert und behindert wurde. Die kleinen Tippelschritte der Frauen in speziellen Schuhen galten als hoch erotisch. Ideal galt eine Fußlänge von höchstens zehn Zentimetern; das entspricht der Schuhgröße 18.

Übrigens:

- Als Charles Darwin um 1833 nach Feuerland kam, schenkte er den Eingeborenen Kleidung. Die Gabe wurde erfreut angenommen, in Streifen gerissen und fortan als Schmuck getragen.
- Das Penisfutteral, das bei etlichen südamerikanischen und afrikanischen Stämmen üblich ist, schützt nicht nur vor Verletzungen, sondern spielt den Frauen optisch eine Dauererektion vor.
- Ähnliches mag es mit den Schamkapseln der mittelalterlichen Landsknechte auf sich gehabt haben: Sie waren auffällig gefärbt und prall ausgestopft und verhießen den Mädchen landauf, landab ein so eindrucksvolles Gemächt, dass ein Frankfurter Bischof sich 1555 genötigt sah, vor dem »im Latz sitzenden Teufel« und der »Verlockung und Verführung« des Weibsvolkes zu warnen.
- Die ebenfalls im Mittelalter sehr beliebten Schnabelschuhe waren oft bemerkenswert lang und einige ganz unverblümt in Phallusform gemacht.

- In etwas dezenterer Form sind Po- und Hüftpolster aus Kunststoff, die über der Unterwäsche angebracht werden, noch heute bei kurvenlosen Asiatinnen beliebt.

Die erfolgreichsten Models der Welt 2007

1. Gisele Bündchen, Brasilien, 33 Millionen Dollar Einkommen pro Jahr
2. Kate Moss, England, 9 Millionen
3. Heidi Klum, Deutschland, 8,5 Millionen
4. Adriana Lima, Brasilien, 6,2 Millionen
5. Alessandra Ambrosio, Brasilien, 6 Millionen
6. Carolyn Murphy, USA, 5,2 Millionen
7. Natalia Vodianova, Russland, 4,5 Millionen
8. Karolina Kurkova, Tschechien, 3,5 Millionen
9. Daria Werbowy, Polen, 3,4 Millionen
10. Gemma Ward, Australien, 3 Millionen

Drama, Baby

Bruce Darnell (Jahrgang 1957), Modeltrainer, Choreograph und Werbebotschafter, begann seine Karriere als Model mit 26 und wurde bei uns durch sein Mitwirken in Heidi Klums Catwalk-Show »Germany's next Topmodel« bekannt. Erstens kann niemand so stilecht das Podest abschreiten wie der Schwarze aus Colorado, USA, zweitens hat er unsere Sprache um das »Brucisch« erweitert: Seit seinem Einsatz sind wir um ein paar Wendungen reicher.
Die berühmtesten:

- »Drama, Baby, Drama!«
- »Du hopst wie ein Hase, aber es ist noch keine Ostern!«
- »Fashion, honey!«
- »Die Handetasche muss lebendisch sein!«

Die berühmtesten Modeschöpferinnen

Laura Biagiotti, Italien (*1943)
Coco Chanel, Frankreich (1883–1971)
Jette Joop, Deutschland (*1968)
Donna Karan, USA (*1948)
Stella McCartney, England (*1971)
Miuccia Prada, Italien (*1949)
Nina Ricci, Italien (1883–1970)
Sonia Rykiel, Frankreich/Polen (*1930)
Jil Sander, Deutschland (*1943)
Donatella Versace, Italien (*1955)
Vera Wang, USA/China (*1949)
Vivienne Westwood, England (*1941)

It-Bag

Manche sagen, die It-Bag war erfunden, als Fendi in den neunziger Jahren die Baguette-Tasche herausbrachte. Jedenfalls hat Fendi sich damit über die zunehmend mangelnde und dadurch die Firma gefährdende Nachfrage an ihrer Pelzcouture hinüberretten können. Und seitdem kann man getrost von einem Bag-Boom sprechen.

Bagaholics so weit das Auge reicht auf den Flanier- und Shoppingmeilen dieser Welt! Ob Louis Vuitton, Jil Sander, Prada, Gucci, Chanel, Chloé oder YSL, ob Hippie-Design oder Ballonseide, ob Henkel, Clutch oder Messingschnalle in Schatullenformat: alle sollen sie den Frauen das Geld abluchsen, das sie für Klamotten nicht mehr so recht ausgeben möchten.

Zur It-Bag wird ziemlich sicher die Tasche, die Kate Moss, Gwyneth Paltrow oder Scarlett Johansson sich über die Star-Schulter hängen. Wer sich nicht sicher ist, kann zum Beispiel auf der Internetseite handbag.com nachsehen, ob das anvisierte Modell den richtigen Mix aus Luxus-Label, Design und Medien-Hype auf sich gezogen hat. Aber auch die Kundin, die sich entschlossen hat, ein Monatsgehalt in eine Tasche zu stecken, gelangt womöglich nicht einmal auf die Warteliste, die die Nobelmarken für ihre beliebtesten Modelle führen, wenn sie nicht prominent ist. Dann hilft allenfalls noch ein Luxus-Taschenverleih, etwa www.luxusbabe.de. Und wenn nichts klappt, kann sie sich das Nobelstück am Ende vielleicht immerhin im Amsterdamer Handtaschenmuseum Hendrikje an der Herrengracht ansehen.

Bikini

Der Schweizer Louis Réard sorgte 1946 für eine Sensation: Kurz nachdem am 1. Juli 1946 im Zuge einer US-Testserie die erste Atombombe über dem Bikini-Atoll abgeworfen worden war, schickte er in einem Pariser Schwimmbad ein Revuegirl auf den Laufsteg, das nichts als vier knappe Stoffstückchen trug. Die Kreation hatte Réard im Gedenken an den Tabubruch und das Explosive der US-Kernwaffen-Aktion »Bikini« genannt – was zudem »Land der Kokosnüsse« heißt. Die moralische Entrüstung über das unschickliche Fetzchen fiel dann auch tatsächlich mancherorts kaum geringer aus als die über den Atombombenabwurf. Befriedigt stellte Réard fest: »Der Bikini ist so klein, dass er alles über die Trägerin enthüllt bis auf den Mädchennamen ihrer Mutter.«

Der Bikini war etwa 15 Jahre lang sehr umstritten und noch 1960 an längst nicht allen Stränden zugelassen. Aber er trat einen Siegeszug um die ganze Welt an. Macharten, Farben und Formen sind heute denkbar vielfältig. Es sind einige interessante Varianten entstanden:

- Monokini: Seit den Sechzigern gibt es Oben-ohne-Bikinis. Sie bestehen lediglich aus einem Unterteil und allenfalls noch einem schmuckartigen, aber nichts abdeckenden Anhängsel, das etwa um den Hals geschlungen wird.
- Trikini: Erfindung aus den sechziger Jahren. Jede Brust wurde einzeln ohne Bänder von einem Stoffteil bedeckt, was allerdings aufwendige Befestigungsprozeduren erforderlich machte und wohl der Grund dafür war, dass sich der Trikini nie durchsetzen konnte.
- Tankini: Das Unterteil ist das eines herkömmlichen Bikinis, das Oberteil ist aber gestaltet wie ein Tanktop, bedeckt also einen Teil des Bauches.
- Nokini: Wurde wohl eher aus Freude am Sprachwitz erfunden, denn er steht für nichts anderes als nackt.
- Microkini: ein Bikini mit allenfalls briefmarkengroßen, also aufs nahezu Symbolische beschränkten Textilflächen, womöglich noch in Strick, und dünnsten Bändchen.
- Burkini: Das Wort setzt sich aus Burka (Ganzkörperschleier) und Bikini zusammen. Der Burkini ist für muslimische Frauen gedacht und erfüllt die Anforderungen des Hidschab (islamisch begründete Verhüllungsfunktion bei Frauengewändern). Er hat eine integrierte Kopfbedeckung, erinnert an einen Schlafanzug und ist aus Kunstfasern gemacht, die auch im nassen Zustand nicht am Körper kleben und so Konturen abbilden. Der Burkini ist umstritten.

Unterwäsche

- Jede deutsche Frau besitzt im Durchschnitt zehn BHs und 21 Slips.
- Zu Zeiten unserer Urahnen dürfte der Unterschied zwischen Unterwäsche und Kleidung kein großer gewesen sein: Schon das Feigenblatt baumelte allein auf weiter Körperflur, und der Lendenschurz aus Hirschbalg oder Birkenrinde diente ebenfalls als Universalverhängung. Von da ab war es ein weiter Weg über die Jahrhunderte, bis die weibliche Menschheit bei Schnürmiedern und hocherotischen Dessous angelangt war.
- Den alten Griechinnen haben die Frauen im Grunde den ersten Wonderbra zu verdanken: Um ihre Brüste unter ihren Gewändern möglichst vorteilhaft zur Geltung zu bringen, erfanden sie das Strophium, eine Binde aus festem besticktem Stoff oder Leder. Darüber trugen sie einen Chiton, einen Stoffüberwurf, der auf der einen Seite geschlossen und auf der anderen Seite in Schulterhöhe von einer Fibel gehalten wurde.

- Die alten Römerinnen übernahmen das Strophium begeistert und ergänzten es durch das Subligaculum, ein Tuch, das zwischen den Beinen durchgeführt und über der Hüfte verknotet wurde, so dass Po und Genitalbereich bedeckt waren. Darüber trugen sie zunächst eine einzelne verzierte Tunika, später dann mehrere.
- Mit dem Niedergang der Hochkulturen kam es auch zum Niedergang so feiner Dinge wie Unterwäsche: Im Mittel-

alter gab es für Frauen wie Männer ein Langhemd aus grobem Leinen. Es sollte wärmen, vor den furchtbar kratzigen Wolloberstoffen schützen, diente gleichzeitig als Nachthemd – und musste nur angehoben werden, wenn die Trägerin mal musste.

- Ab dem 15. Jahrhundert setzte sich die spanische Mode, Frauen eng einzuschnüren, durch: Rundungen wurden platt gepresst, die Taille wurde schmal geschnürt. Bis ins 20. Jahrhundert hinein beherrschte das daraus entstandene Korsett die weiblichen Konturen.
- Ein gestiegenes Hygienebewusstsein bewirkte ab etwa 1750, dass das Unterzeug gelegentlich gewechselt und gereinigt wurde; sofern man es sich leisten konnte. Weißzeugschneider, -händler und -wäscher hatten alle Hände voll zu tun.

- Heute gibt es bequeme, sexy und feine Kreationen aus Baumwolle, Seide und Mikrofaser. Seit ein paar Jahrzehnten bricht auch kein Sturm der Entrüstung mehr los, wenn Unterwäsche unter der Kleidung hervorguckt, im Gegenteil: ob Madonna im Gaultier-Bustier oder junge Mädchen beim Ausgehen mit Whale Tail – zeigt her, was ihr druntertragt!

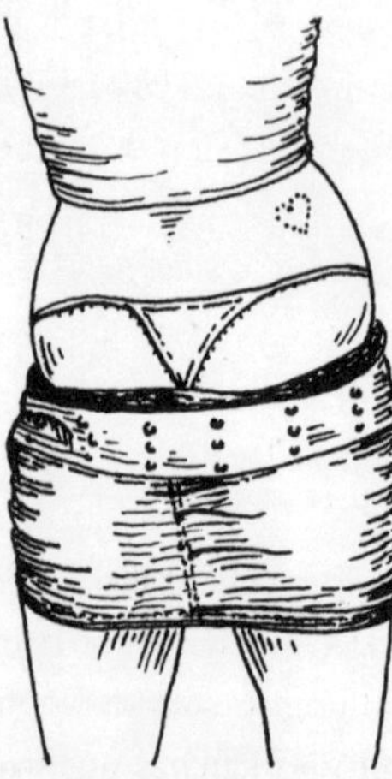

Piercing

40 Prozent aller jungen Frauen sind gepierct. Besonders gefragt ist der Hautschmuck bei jungen Frauen zwischen 15 und 25 Jahren. Das Durchschnittsalter für ein Erstpiercing liegt bei 17 Jahren. Das bedeutet, die meisten Mädchen haben sich mit dem schriftlichen Einverständnis ihrer Eltern ihre Haut durchbohren lassen. Früher waren Piercings am Nabel und an den Augenbrauen der Renner. Zurzeit ist das Madonna-Piercing besonders gefragt, das seitlich über der Oberlippe getragen wird und an das Muttermal von Madonna oder Marilyn Monroe erinnert. Immer mehr Mädchen sind mittlerweile auch gegenüber Intim-Piercings aufgeschlossen. Dabei orientieren sie sich an ihren Idolen aus der Musikszene. Grundsätzlich ist keine Körperstelle tabu. Auflagen gibt es vonseiten des Gesundheitsministeriums nur bezüglich des Nickelgehalts der Schmuckstücke. Erstaunlicherweise sind Männer, im Vergleich zu Frauen, nahezu ungepierct. Laut einer Umfrage gaben Männer an, Schmuck jeglicher Art sei ihnen zu unmännlich.

Rechtlich gesehen gelten in Deutschland Piercings offiziell als Körperverletzung. Sie können bei Personen unter 18 Jahren strafrechtlich verfolgt werden.
Um ein Piercing-Studio zu betreiben, benötigt man lediglich einen Gewerbeschein. Auch die Gesundheitsämter überprüfen nur die Sauberkeit und nicht die Kompetenz der Piercer. Der Vorgang ist nicht immer frei von gesundheitlichen Komplikationen. Bei falscher Durchführung können Nerven durchtrennt werden oder gefährliche Blutungen auftreten. Auch nach dem Eingriff kann es zu allergischen Reaktionen oder Entzündungen kommen. Die Behandlungskosten sollen, nach Angaben einer Krankenkasse, angeblich jährlich eine Summe im zweistelligen Millionenbereich betragen.

Das Piercen an sich geht sehr schnell. Die vorgesehene Hautstelle wird zuerst desinfiziert und eventuell markiert. Danach wird die mit Hilfe einer Zange fixierte Haut blitzschnell mit einer Nadel durchstochen. Piercings durch Knorpel werden gepuncht. Das bedeutet: Das feste Gewebe wird aus dem Stichkanal gestanzt, damit der spätere Schmuck genügend Platz hat und nicht gegen die starre Umgebung drückt. Abschließend wird die durchstochene Stelle gereinigt, desinfiziert und falls nötig ein Wundverband angelegt.

Abheilungszeiten für verschiedene Piercings

Körperregion	*ungefähre Heilungszeit*
Cartilage (Ohrknorpel)	2–3 Monate
Augenbraue	2–3 Monate
Bridge (Nasenwurzel)	3–12 Monate
Zunge	4–6 Wochen
Lippe	6 Wochen
Brustwarze	3–9 Monate
Bauchnabel	3–12 Monate
Frenum (Vorhautbändchen)	2–3 Wochen
Prince Albert (durch die Harnröhre)	4–8 Wochen
Clitorial Hood (Klitorisvorhaut)	4–12 Wochen
Outer Labia (äußere Schamlippen)	6–12 Wochen

Übrigens: Die aus Brasilien stammende Wahrsagerin Elaine Davidson ist im Guinnessbuch der Rekorde als Frau mit den meisten Piercings auf der Welt eingetragen. Innerhalb von sieben Jahren hatte sie sich bereits über 2500 Piercings stechen lassen. Man schätzt, dass das Gesamtgewicht ihres Körperschmucks etwa drei Kilo schwer ist. 192 Piercings trägt sie alleine in ihrem Gesicht. 500 Stück sollen es im Genitalbereich sein.

Dermal Anchors

Ein neuer Trend: Ein Hautanker wird unter der Haut eingesetzt, auf dem ein Schmuckstein sitzt. Es gibt also keine Durchbohrung mit Zweitöffnung, sondern nur eine Einstichstelle, die als »Single Point« glänzt. Eine Steigerung dazu sind Titanimplantate, die operativ komplett oder partiell unter die Haut gepflanzt werden und die Hautoberfläche neu modellieren. Ganz beliebt sind Wülste unter den Augenbrauen oder hörnerartige Ausbuchtungen an den Schläfen.

Tattoos

Ebenso wenig wie mit Piercings kann man seine Umgebung heute noch mit Tattoos schocken. Das Bad-Boy-Image, das den farbigen Körperzeichnungen anhaftete, gehört mittlerweile der Vergangenheit an. Etwa sieben Millionen Bundesbürger haben mindestens ein Tattoo. Seit den 1990er Jahren wurden sie zusammen mit Piercings zum neuen Trend und Ausdruck in der Jugendkultur.

Die Geschichte der Tätowierung geht weit zurück. Schon immer haben Menschen überall auf der Welt Bilder und Zeichen in ihre Haut geritzt. Bei Mumien in Chile und Ägypten fand man die Hautzeichnungen genauso wie bei Ötzi, dem wohl berühmtesten Steinzeitmenschen. An seinem 5300 Jahre alten Körper wurden 15 Tattoos gezählt, von denen man vermutet, dass sie zu heilenden Zwecken gestochen wurden. Frühzeitliche Tätowierungen dienten vornehmlich dazu, die Stammeszugehörigkeit und Rangordnung zu symbolisieren, oder gingen auf religiöse Kulthandlungen zurück. Die Techniken der Völker waren dabei sehr unterschiedlich. Die Instrumente reichten von rußigen Fäden und spitz geschnitzten

Menschenknochen über Haifischzähne bis hin zu Kakteenstacheln. Als Färbemittel wurden Asche, farbige Erde oder Teile von Pflanzen verwendet.

Heute werden die Pigmente meist von Großhändlern der Farbindustrie bezogen. Autolacke sind wegen ihrer Brillanz und Beständigkeit besonders beliebt. Diese Farbstoffe werden natürlich nicht unter den hygienischen Bedingungen der Arzneimittelproduktion hergestellt und verpackt. Deswegen können sie mit Keimen kontaminiert oder giftig sein.

Wie wird heute eine Tätowierung gemacht?

Beim klassischen Tätowieren werden Farbpigmente durch Nadelstiche in die mittlere Hautschicht, die sogenannte Lederhaut, injiziert.

Ein elektrischer Tätowierapparat mit einer Frequenz von bis zu 3000 Stichen pro Minute ermöglicht eine gleichmäßige Stichtiefe. Sie beträgt je nach Hauttyp 1 bis 1,5 mm. Man beginnt mit einer Nadel den Umriss des gewählten Tattoos zu stechen. Ein Nadelblock von fünf bis sieben Nadeln füllt dann die Farbflächen.

Eine frischgestochene Tätowierung ist eine Wunde, die desinfiziert und verbunden werden muss und einer intensiven Nachsorge bedarf. Gründliches Waschen der strapazierten Hautstelle und regelmäßige Pflege mit einer Wund- und Heilsalbe beschleunigen den Abheilprozess. Auf der Tätowierstelle bildet sich in den ersten Tagen ein Wundschorf, der keinesfalls abgekratzt werden sollte, da sonst eventuell Farbpigmente mit herausgelöst werden könnten. Nach Abfallen des Wundschorfs sollte direkte Sonnenstrahlung für vier Wochen vermieden werden.

Das Schmerzempfinden der Menschen ist höchst unterschiedlich ausgeprägt. Einige behaupten, beim Tätowieren keinerlei

Schmerzen gefühlt zu haben. Die meisten geben zu, dass ihnen die Maßnahme weh getan hat. Der Schmerz wird allgemein als Brennen beschrieben, das an Hautstellen unmittelbar über einem Knochen besonders stark empfunden wird.

Die Lieblingsstellen für Tattoos sind bei Männern die Oberarme und Waden. Frauen bevorzugen Schultern und Leisten. Zu den beliebtesten Motiven zählen schon seit längerem sogenannte Tribals und Celtics. Tribals basieren auf geschwungenen, archaischen Stammesmotiven und werden schwarz gestochen. Celtics sind knotenartige Motive keltischen Ursprungs, meist einfarbig, jedoch mit Schattierungen.
Abgelöst werden sie derzeit von knallbunten Motiven der »Old School«, also den klassischen Tattoos der Matrosen aus den zwanziger Jahren wie Anker, Adler, Meerjungfrau, Herzen usw. und den sogenannten Geek-Tattoos, Zeichen und Begriffen aus der Computerszene in Schwarz.

Tattoos entfernen

Trends sind schnell überholt. Das ehemals beliebteste Tattoo unter Frauen, das sogenannte »Arschgeweih«, ein Ornament über dem Steißbein, ist mittlerweile absolut verpönt. Auch Liebe währt nicht ewig. Angelina Jolie musste sich für Brad den Namen ihres Ex-Mannes aus dem Oberarm entfernen lassen. Während man früher Narbenbildung in Kauf nahm und Hautschichten weghobelte, verätzte oder herausschnitt, gibt es heute die Möglichkeit, die Farbeinschlüsse mit Rubinlasern aufzusprengen. Die Sitzungen sind jedoch langwierig, äußerst schmerzhaft und kostenintensiv.

Bio-Tattoos

Keine wirkliche Alternative sind die sogenannten Bio-Tattoos. Sie werden weniger tief gestochen, um nach einiger Zeit von selbst zu verschwinden. An dieser Technik sollte noch gearbeitet werden. Experten berichten, dass immer unansehnliche Reste eines unregelmäßig verblassten Tattoos zurückbleiben.

Branding

Dabei handelt es sich um eine bewusste Hautverbrennung, mit speziell angefertigten Metallteilen, die ein dauerhaftes Narbenmuster auf der Haut hinterlässt. Die einzelnen Edelstahlteile werden über offener Flamme auf etwa 800–900 °C glühend erhitzt und an die Haut angedrückt. Diese blitzschnelle Maßnahme erfordert besonderes Fingerspitzengefühl. Zu kurzes Anhalten verursacht schon große Schmerzen, aber kein dauerhaftes Brandzeichen. Zu langes Anhalten kann dagegen zu schweren Verbrennungen führen. Je nach Größe und Körperstelle dauert der Abheilungsprozess der Brandwunde etwa drei bis vier Wochen. Machbar sind nur einfache Formen.

Cutting

macht filigrane Narbenbilder in der Haut möglich. Mit einem Skalpell werden Bilder in die Haut geritzt. Der Schnitt wird klaffend angelegt und auch während der Nachsorge möglichst lange offen gehalten. Der Schorf wird immer wieder abgepult und die Schnittstelle auseinandergezogen, um ein schnelles Abheilen zu verhindern und eine möglichst rot gefärbte, wulstige Narbenbildung zu provozieren.

SPORT

An den Olympischen Spielen der Antike, den Agonen, nahmen als Wettkämpfer ausschließlich Männer teil (aber auch nur, wenn sie attische Vollbürger waren), als Zuschauer waren unverheiratete Frauen und freie Männer zugelassen, zudem die Demeter-Priesterin. Verheiratete Frauen und Unfreie durften – bei Androhung von Todesstrafe – weder teilnehmen noch zuschauen.

Für Frauen gab es immerhin die Heräen: Zu Ehren der Göttin Hera, Göttin der Frauen und Bewahrerin der Ehe, wurde eine Feier veranstaltet, die zeitlich versetzt ebenfalls alle vier Jahre stattfand, jedoch nicht viel mit sportlichem Wettkampf zu tun hatte. Höhepunkt war ein Lauf über die Distanz von 160 Metern. Die Siegerinnen wurden mit Ölbaumzweigen bekränzt und gewannen Teile einer der Hera geopferten Kuh.

Hera

1896, an den ersten Olympischen Spielen der Neuzeit in Athen, nahm keine einzige Frau teil. Erst 1900 in Paris wurden sie in den Disziplinen Golf und Tennis zugelassen; 1996 war ein Drittel der TeilnehmerInnen Frauen. 1991 fand die erste offizielle Frauen-Fußballweltmeisterschaft statt.
Mitte des 19. Jahrhunderts mussten Frauen sich das Recht auf »Leibesübung« in Deutschland noch erkämpfen. Der Sport war Männersache, im Verein sowieso, und das Weibsvolk hatte zu Hause zu bleiben. Frauen war es allenfalls gestattet, zur Erhaltung und Stärkung ihrer Gesundheit leichte Haus-

gymnastik zu betreiben. Frauensport hingegen galt als Gefahr für die Moral, die Schönheit und die Gesundheit. Er sei roh, unästhetisch, und im Übrigen würden starke Erschütterungen zur Funktionsuntüchtigkeit der Fortpflanzungsorgane führen.

Bogenschützin
England

Fechten und Bogenschießen wurden den Damen schließlich zugestanden, weil diese Sportarten eine vornehme Haltung und würdevolle Bewegungen förderten, Eislaufen geriet schließlich in den Ruf, gut gegen weibliche Nervosität zu sein (wenn auch die Blamage eines Sturzes zu befürchten stand), und maßvolles Reiten im eleganten Kostüm sollte gegen Blutarmut und Hysterie, typische Frauenleiden, vorbeugen. Noch 1875 wurden Frauen in einem Leitfaden davor gewarnt, schwimmen zu gehen, rufe doch das Eintauchen ins kalte Wasser irreparable Schäden an den Nerven einer Frau hervor. Die ersten jungen Frauen, die um 1880 Fahrrad fuhren, hatten sich als Knaben verkleidet (die »Deutsche Medizinische Wochenschrift« warnte 1896 allen Ernstes vor der ungeheuren Möglichkeit »unauffälliger Masturbation beim Radfahren«, und Europa entspannte sich erst allmählich, nachdem die britische Queen Victoria ihren Enkelinnen Fahrräder geschenkt hatte).

Diejenigen, die sich um 1900 vom Tennisfieber anstecken ließen, trugen enge Mieder und Stehkragen, an denen sie sich die Haut wundscheuerten.

Inzwischen treten Frauen im Sport immer stärker in Erscheinung. Seit Jahrzehnten steigt die Zahl der Frauen im organisierten Sport beständig an. Der Deutsche Sportbund verzeichnet bei insgesamt 27 Millionen Mitgliedschaften 10,4 Millionen Mädchen und Frauen. Noch um 1950 waren nur etwa zehn Prozent der Mitglieder weiblich; heute ist der Frauenanteil auf etwa 40 Prozent geklettert, Tendenz weiter steigend. Das liegt auch daran, dass Mädchen ihre Sportarten aus einer größeren Bandbreite auswählen als Jungen. Den größten Zuwachs verzeichnen die Sportorganisationen seit rund zehn Jahren bei Frauen im Alter über 60. Dieser Trend passt zu dem Verhalten der Frauen bei der Gesundheitsprävention: Sie gehen sehr viel bewusster und konsequenter vor als Männer – dass sie eine um etwa sechs Jahre höhere Lebenserwartung (gut 82 im Vergleich zu knapp 76 Jahren) haben, mag seine Ursache auch in diesem Umstand haben.

Auch im Leistungssport sind Frauen seit Jahren im Kommen: Auf der Rangliste der besten Nationen besetzten die deutschen Sportlerinnen bei den Olympischen Spielen 2000 in Sydney Platz 8 (die deutschen Sportler Platz 9).
40 Prozent der Teilnehmer an den Olympischen Spielen waren weiblich – Tendenz ebenfalls steigend. Das liegt freilich an dem hohen Frauenanteil in den Teams der westlichen Industrieländer und sollte nicht davon ablenken, dass etliche, insbesondere islamisch geprägte Nationen prinzipiell keine Frauen delegieren, da Frauen sich nicht den Blicken der Öffentlichkeit aussetzen sollen, zu viel Figur zeigen könnten und zudem durch intensiven Sport das Hymen (Jungfernhäutchen) reißen kann.

Zu den Spielen 1988 in Seoul hatten 42 der 160, 1992 in Barcelona immerhin noch 34 der 169 teilnehmenden Länder ausschließlich Männer entsandt. Und Athletinnen wie die algerische Mittelstreckenläuferin und Goldmedaillengewinnerin des Jahres 1992, Hassiba Boulmerka, waren den Schmähungen und Drohungen fundamentalistischer Landsleute ausgesetzt.

Bettina Rulofs, die am Lehrstuhl Geschlechterforschung der Deutschen Sporthochschule Köln forscht, hat beobachtet, dass Mädchen, die Kampfsportarten betreiben und sich damit in einer nach wie vor männlich dominierten Domäne behaupten, daraus »einen enormen Identitätsgewinn« ziehen. Junge Frauen seien nicht nur selbstbewusster geworden und könnten Konflikte besser lösen, sie hätten auch ein verändertes Verhältnis zum Wettbewerb als ältere Generationen: Sie seien nahezu so leistungsorientiert wie ihre männlichen Kollegen. Allerdings gebe es noch sehr wenige Frauen in Führungspositionen in Verbänden und als Bundestrainerinnen.

Übrigens: Umfragen haben eindeutig ergeben, dass Frauen, die Sport treiben, mehr Freude am Sex haben. Die Aktivitäten unterstützen das Selbstbewusstsein, außerdem sind sportlich aktive Frauen mit ihrem Äußeren zufriedener, und das wirkt sich positiv auf den Beischlaf aus. In Deutschland treiben denn auch 67 Prozent der Frauen regelmäßig Sport. Die meisten fahren Rad, gefolgt von Fitnesstraining und Schwimmen. In Großbritannien hingegen, wo lediglich 19 Prozent der Frauen sportlich aktiv sind, geben viele an, sie mieden den Sport, um nicht zu schwitzen. Sie beziehen einen guten Teil ihres Selbstbewusstseins aus Schminke.

TOILETTE

Anschrift an öffentlichen Toiletten im Ausland

	女	男
China	*Frau*	*Mann*
Brasilien	Senhoras	Homen
Dänemark	Damer	Herrer
Finnland	Naisille	Miehille
Frankreich	Femmes	Hommes
Griechenland	κυρίες	κύριοι
Island	Konur	Karlar
Italien	Signore	Signori
Kroatien	ženski	muški
Niederlande	dames	heren
Polen	O	Δ
Portugal	senhoras	senhores
Rumänien	femei	bărbați
Russland	женский	мужской
Slowakei	dámske	pánske
Spanien	señoras	caballeros
Tschechien	ženy	muži
Türkei	kadın	erkek
Ungarn	hölgyek	urak
USA/GB	Ladies	Gentlemen

Übrigens: *In Peru suchen Sie vergeblich. Dort existieren keine öffentlichen Toiletten.*

Blasenschwäche

Das Fassungsvermögen von Blasen variiert stark. Es liegt bei 300 bis 800 Millilitern. Grundsätzlich haben selbst großgewachsene Frauen kleinere Blasen als Männer und müssen deshalb häufiger zur Toilette. Man schätzt, dass in Deutschland zwischen drei und sechs Millionen Menschen an Inkontinenz leiden. Frauen sind mit 75 Prozent wesentlich häufiger betroffen, weil ihr Beckenboden durch Schwangerschaften und Geburten stärker belastet wird und die Harnröhre um circa 15 cm kürzer und dadurch weniger muskelgestützt ist als die der Männer.
Gezieltes Training zur Stärkung der Muskulatur des Beckenbodens trägt zur Erhöhung der Verschlusskraft der Blase bei. Dafür reicht eine einzige Übung. Sie kann in jeder beliebigen Körperhaltung durchgeführt werden. Ziehen Sie die Muskeln um den Genitalbereich stark zusammen, als wollten Sie den Harnfluss stoppen. Halten Sie die Spannung und atmen Sie dabei normal ein und aus. Nach ein paar Sekunden lösen Sie langsam die Muskelkontraktion und legen eine Entspannungspause ein. Die Entspannungsphase sollte doppelt so lange dauern wie die Anspannungsphase. Halten Sie die Übung etwa zwei Minuten durch, und praktizieren Sie diese mehrmals täglich, z.B. während des Zähneputzens. Beachten Sie außerdem, bei starkem Heben den Beckenboden anzuspannen. Gut trainierte Beckenbodenmuskeln sind im Übrigen auch der Libido äußerst zuträglich.

Im Stehen pinkeln

Viele Frauen ekeln sich vor öffentlichen Toiletten. 40 Prozent der Männer, aber nur 16 Prozent der Frauen setzen sich auf die Klobrillen öffentlicher Toilettenschüsseln. Wer keine Lust auf die schwebende Hocke über versifften Kloschüsseln hat, kann sich mit einer sogenannten Urinella behelfen, die Frauen das Urinieren im Stehen ermöglicht. Der Papiertrichter in Form einer Tüte mit abgeschnittener Spitze wird vor den Harnausgang gehalten und macht ein zielgenaues Entleeren der Blase in Urinale oder normale Toiletten möglich. Eine Bastelanleitung findet man im Internet. Man kann aber auch die aus wasserfestem Karton gefertigte P-mate bestellen. Von der holländischen Kunststudentin Moon Zijp erfunden und designt, hat sich die Erfindung besonders in der Schweiz durchgesetzt. Dort wird die »Pipirette« für Frauen bei manchen Großveranstaltungen wie Open Airs umsonst ausgegeben.

Toilettengerüche maskieren

Durch das Entzünden von Streichhölzern entsteht ein starker Schwefelgeruch. Genetisch bedingt reagiert das menschliche Gehirn besonders sensibel auf den Geruch von Feuer. Es nimmt ihn als drohende Gefahr wahr und sorgt dafür, dass alle anderen Gerüche vom Feuergeruch überlagert werden. Wie fälschlicherweise oft angenommen, kommt es also nicht zu einem Abfackeln von Faulgasen, sondern schlicht zu einer Ausblendung des Toilettenmiefs durch unser Gehirn. Das erklärt auch, warum man ausschließlich Streichhölzer auf Toiletten findet und keine Feuerzeuge. Bei besonders starken Gerüchen empfiehlt es sich, gleich mehrere Streichhölzer zu entflammen. Dabei sollte man jedoch trotzdem nicht das Lüften zur Verbesserung der Luftqualität vergessen.

Keime in Toiletten

Wenn man bei einer Toilette die Spülung betätigt, wird ein Teil des Spülwassers in Form feiner Tröpfchen in die Luft gewirbelt. Mit ihnen auch Kolibakterien, die sich nach einer Weile überall im Raum absetzen, zum Beispiel auch auf Zahnbürsten. Sicherheitshalber sollte man also den Deckel beim Spülen schließen und die Zahnbürsten in einem Schrank aufbewahren. Jedoch besteht kein Grund zur Beunruhigung. Toiletten sind im Vergleich zu Küchen regelrecht keimfreie Zonen. Die meisten Keime eines Haushalts finden sich in den Sammelrinnen von Kühlschrankrückwänden, gefolgt von Spüllappen und den Abflüssen von Küchenspülen. »Wenn ein Außerirdischer aus dem All käme, würde er sich vermutlich die Hände in der Toilette waschen und ins Waschbecken scheißen«, sagt Charles Gerba, ein Mikrobiologe der Universität von Arizona. Er würde lieber eine Karotte weiterverwerten, die in die Kloschüssel gefallen ist, statt einer, die vorher in der Küchenspüle lag. Selbst »auf der Computertastatur findet man bis zu 400-mal mehr Mikroben als auf dem Toilettensitz«, fand der Biologe heraus.

Toilettengraffiti

oder Klosprüche werden vor allem von jungen Menschen (bis 35 Jahren) aus allen Gesellschaftsschichten an die Wände öffentlicher Toiletten gekritzelt. Die Tradition geht bis in die römische Antike zurück. Sie stellt eine Möglichkeit dar, seine Gefühle zum aktuellen Zeitgeschehen spontan zu äußern. Wissenschaftler haben festgestellt, dass Graffiti auf Herrentoiletten eher parolenartig und in rauhem Ton gehalten sind. Häufig in Reimform, sind sie hauptsächlich politisch oder behandeln sexuelle Themen. Sie provozieren, erwarten aber, im

Gegensatz zu Frauengraffiti, keine schriftliche Reaktion der Leser. Frauen dagegen äußern sich wortreich, ganz persönlich, betroffen und fast nie aggressiv. Sie machen für ihre privaten Anliegen Diskussionsforen auf wie etwa: »Ich liebe meinen um 25 Jahre älteren Professor. Was soll ich tun?«, die dann meist konstruktiv beantwortet werden. Politisches ist angeblich so gut wie nie ein Thema auf öffentlichen Damentoiletten.

Toilettenphänomen

Dass Frauen so gerne zu zweit die Toilette besuchen, ist ein allseits bekanntes Phänomen. Wissenschaftlich belegte Erkenntnisse darüber existieren unseren Recherchen nach nicht. Eine vor allem von Männern vertretene These ist, dass Frauen die gemeinsame Auszeit zum Ablästern über ihr Umfeld nutzen. Eine andere führt das Verhalten auf Urzeiten zurück. Sie geht davon aus, dass Frauen durch die natürlich bedingte Hockhaltung schon immer einen Bewacher mitnehmen mussten, um nicht während des Geschäfts im tiefen Pampasgras von wilden Tieren überrascht zu werden. Allerdings müssten dann auch Männer das angeborene Gefühl haben, zumindest fürs große Geschäft, eine Begleitperson mitnehmen zu müssen. Wahrscheinlicher ist eher, dass die Unübersichtlichkeit der Damentoiletten die Frauen verunsichert. Wer ist da in der nächsten Kabine, während ich die Hosen runterlasse? Außerdem sind Frauen ja ohnehin oft zu zweit unterwegs. Gerade junge Mädchen ereilt ein seltsames Gefühl, wenn sie, alleine in der Pausenhalle oder Disco zurückgelassen, auf die Rückkehr der besten Freundin warten müssen. Dann geht man lieber gleich mit.

Toilettenkabine wählen

Intuitiv gehen Frauen auf öffentlichen Toiletten erst mal an der ersten Toilettenkabine vorbei. Einmal, um den Weg für die nachströmende Damenschar frei zu halten, aber auch in der unterbewussten Annahme, das sei die am häufigsten benutzte und damit auch die dreckigste Toilette. Das ist sie natürlich gerade nicht – und die Chance, genügend Toilettenpapier vorzufinden, steigt außerdem.

Die Geräuschprinzessin

Frauen in Japan bereitet die Vorstellung Unbehagen, andere könnten sie während der Verrichtung ihrer Notdurft belauschen. Deshalb versuchten viele Japanerinnen, die natürlichen Körpergeräusche während ihres Toilettengangs durch kontinuierliches Dauerspülen zu übertönen. Dies führte zu einem immensen Wasserverbrauch, den man in den 1980er Jahren durch die Erfindung des elektronischen Geräuschimitators »Otohime« einzudämmen versuchte. Per Knopfdruck oder durch einen Sensor aktiviert, erzeugt die »Geräuschprinzessin« künstliche Spülgeräusche. Der Apparat gehört heute zur standardmäßigen Ausstattung einer öffentlichen japanischen Damentoilette. Pro Spülgang werden auf diese Weise etwa 20 Liter Wasser eingespart. Trotz der männlichen Vorliebe für technische Geräte besteht auf Herrentoiletten kein Bedarf an dieser Vorrichtung.

Übrigens: 2,4 Milliarden Menschen weltweit leben ohne Toilette!

SCHAUSPIELERINNEN

Sie mögen unnahbar, hochmütig und launenhaft (gewesen) sein – es zählt allein, dass sie göttlich (lat. divus) und wunderschön, begnadet talentiert und unsterblich sind, selbst wenn so etwas Banales wie der eigene Tod sich auch in ihren Lebenslauf gedrängt hat. In ihrem sublimen Licht kann sich das ganze Geschlecht ein wenig sonnen; sie wirken wie nicht ganz von dieser Welt; unerreichbar und doch eine aus unserer Mitte. Ob sie glücklich sind/waren, mag eine andere Instanz entscheiden.

Die unsterblichen Diven der Filmgeschichte

Mae West (1893–1980)
arbeitete auch als Drehbuchautorin und gehörte in den dreißiger Jahren zu Hollywoods bestbezahlten Stars. Sie galt rasch als Inbegriff der Femme fatale, da sie keine gültigen sexuellen Tabus anerkannte und mutig für die Freiheit der Geschlechter und der Liebe eintrat. Prüde Sittenwächter riefen zum Boykott ihrer Filme auf.

Marlene Dietrich (1901–1992)
Der »blaue Engel« war der erste deutsche Star in Hollywood in den dreißiger Jahren. Ihren androgynen Charme unterstrich sie durch Herrenkleidung. Unvergessen das Lied: »Ich bin von Kopf bis Fuß auf Liebe eingestellt«. Sie verbrachte ihre letzten elf Lebensjahre in ihrer Wohnung in Paris.

Greta Garbo (1905–1990)
So muss Aphrodite ausgesehen haben, dieses mystische Strahlen, dieses Ebenmaß, Star der Stars, stella absoluta. Das Wort »Ehefrau« empfand die Schwedin als hässlich, und sie

beschloss mit 23 Jahren, niemals zu heiraten. Bereits 1942 zog sie sich für immer aus Hollywood und der Filmwelt zurück. 1955 bekam sie den Ehrenoscar für ihre Darstellungen etwa der Anna Karenina und der Kameliendame.

Katharine Hepburn (1907–2003)
Sie war zwölfmal für den Oscar als beste Hauptdarstellerin nominiert und erhielt ihn viermal (1933 für »Morgenrot des Ruhms«, 1967 für »Rate mal, wer zum Essen kommt«, 1968 für »Der Löwe im Winter«, 1981 für »Am goldenen See«).

Joan Crawford (1908–1977)
Eine der großen Legenden Hollywoods: ein glamouröser Star, der tanzte, verführte, brillierte und 45 Jahre lang dabeiblieb. Bekam 1945 einen Oscar für »Solange ein Herz schlägt«.

Bette Davis (1908–1989)
1929 debütierte sie am Broadway. Für »Dangerous« (1935) und »Jezebel« (1938) bekam sie einen Oscar, 1942 war sie die bestbezahlte Frau der USA.

Vivien Leigh (1913–1967)
Weltweit bekannt – und mit einem Oscar ausgezeichnet – wurde sie als Scarlett O'Hara in »Vom Winde verweht« (1939). Ab Anfang der vierziger Jahre war sie tuberkulosekrank und schwer depressiv. Für ihre Rolle als Blanche in »Endstation Sehnsucht« (1951) gewann sie trotz ihrer schlechten Verfassung ihren zweiten Oscar.

Ingrid Bergman (1915–1982)
1936 wurde Hollywood durch den Film »Intermezzo« auf die junge Schwedin aufmerksam, denn sie hatte etwas, das die amerikanischen Diven alle nicht auszeichnete: Natürlichkeit.

Eine ihrer bekanntesten Rollen ist die der Ilsa Lund in »Casablanca« (1942). Im prüden Amerika löste es einen Skandal aus, als sie ihren schwedischen Ehemann Petter Lindström für den Regisseur Roberto Rossellini, von dem sie bereits schwanger war, verließ.

Ava Gardner (1922–1990)
Aufgrund ihrer ungeheuer erotischen Ausstrahlung avancierte sie zum Glamour-Star und Vamp. International berühmt wurde sie durch »Schnee am Kilimandscharo« (1952) und »Mogambo« (1953), der ihr eine Oscar-Nominierung einbrachte.

Judy Garland (1922–1969)
Unvergessen als Dorothy in »Der Zauberer von Oz« (1939) mit dem Lied »Over the Rainbow« und Mutter von Liza Minelli.

Marilyn Monroe (1926–1962)
Das Sexsymbol, die Ikone, legendenumrankt bis heute. Der Mensch hinter der Kunstfigur lebte während seiner letzten Lebensjahre vor allem von Tabletten und Alkohol.

Gina Lollobrigida (*1927)
»Fanfan, der Husar« (1952) war der erste große Erfolg der Italienerin, als Esmeralda in »Der Glöckner von Notre Dame« (1956) wurde sie zum Weltstar. In den siebziger Jahren zog sie sich aus dem Filmgeschäft zurück und betätigte sich als Fotografin und Bildhauerin.

Audrey Hepburn (1929–1993)
erhielt für ihren dritten von 23 Filmen mit 24 Jahren einen Oscar, »Ein Herz und eine Krone« (1953); keine andere wirkte so zerbrechlich und zart wie die ehemalige Ballerina.

Grace Kelly (1929–1982)
Ihre Rolle in dem Western »Zwölf Uhr mittags« (1952) machte sie schlagartig berühmt. Bis Mitte der fünfziger Jahre arbeitete sie mit großen Regisseuren, unter anderem Alfred Hitchcock, zusammen. 1956 heiratete sie den Fürsten von Monaco. Als Landesmutter lehnte sie fortan alle Filmrollen ab, machte aber aus Monte Carlo ein Jetset-Paradies.

Liz Taylor (1932–2011)
Mit inzwischen acht Ehemännern und zwei Oscars (1961 für »Telefon Butterfield 8« und 1967 für »Wer hat Angst vor Virginia Woolf«) galt sie in den vierziger Jahren als schönste Frau der Welt, berühmt auch für ihre Amour fou mit Richard Burton.

Brigitte Bardot (*1934)
Wurde im Alter von 15 Jahren als Hut-Model entdeckt. In den fünfziger und sechziger Jahren war sie wegen ihrer einzigartigen Schmolllippen und Kurven die begehrteste und meistfotografierte Frau Europas. In den siebziger Jahren zog sie sich mit Hunden und Katzen in ihre Villa in Saint Tropez zurück und fällt in den letzten Jahren immer wieder sehr unangenehm wegen rassistischer Äußerungen auf.

Sophia Loren (*1934)
Es war wie im Märchen: Das arme Mädchen aus Neapel wurde zum Weltstar, nachdem der 22 Jahre ältere Filmproduzent Carlo Ponti sie 1950 auf einem Schönheitswettbewerb entdeckt hatte. Sie drehte über 100 Filme mit Partnern wie Gregory Peck, Anthony Qinn, Clark Gable und Cary Grant. Mit Ponti war sie über 50 Jahre verheiratet.

Claudia Cardinale (*1938)
1957 gewann sie einen Schönheitswettbewerb in Tunis – der Preis war eine Reise zu den Filmfestspielen in Venedig. Der Filmproduzent Franco Cristaldi entdeckte sie. Ihre erste Rolle hatte sie in »Goha« (1958) an der Seite von Omar Sharif. Sergio Leones »Spiel mir das Lied vom Tod« (1968) wäre ohne CC nicht denkbar.

Romy Schneider (1938–1982)
Sissi-Darstellerin (1955–57) und »Die Spaziergängerin von Sans-Souci« (1981). Nicht nur ihre unglückliche Liebe zu Alain Delon hat viele bewegt.

Catherine Deneuve (*1943)
Ihre erste Rolle hatte sie als 13-Jährige, berühmt wurde sie in Roman Polanskis »Ekel« (1965). Bis heute spielte sie über 200 Hauptrollen und gilt als enorm wandelbar und engagiert.

Übrigens: Anfang der dreißiger Jahre erhielt Mickey Mouse weit mehr Fanpost als jede lebende Schauspielerin.

Die bestbezahlten Hollywood-Schauspielerinnen (2006)

Reese Witherspoon (*1976)
Angelina Jolie (*1975)
Cameron Diaz (*1972)
Nicole Kidman (*1967)
Renée Zellweger (*1969)
Sandra Bullock (*1964)
Julia Roberts (*1967)
Drew Barrymore (*1975)
Jodie Foster (*1962)
Halle Berry (*1966)

Traumrollen

Nach der Rolle gefragt, die sie am liebsten selbst einmal gespielt hätten, wenn ihr Traum vom Schauspielern wahr geworden wäre, antworteten Frauen zwischen 18 und 81 Jahren:

1. Scarlett O'Hara (Vivien Leigh) in »Vom Winde verweht« (1939)
2. Lara Antipowa (Julie Christie) in »Doktor Schiwago« (1965)
3. Ilsa Lund (Ingrid Bergman) in »Casablanca« (1942)
4. Vivian Ward (Julia Roberts) in »Pretty Woman« (1990)
5. Sally Albright (Meg Ryan) in »Harry und Sally« (1989)
6. Kleopatra (Liz Taylor) in »Cleopatra« (1963)
7. Karen Blixen (Meryl Streep) in »Jenseits von Afrika« (1985)
8. Jennifer Cavalleri (Ali McGraw) in »Love Story« (1970)
9. Louise (Susan Sarandon) in »Thelma & Louise« (1991)
10. Lara Croft (Angelina Jolie) in »Tomb Raider« (2001)

Schauspielschulen

Es gibt öffentliche, staatlich anerkannte und private Schauspielschulen. In Deutschland gibt es zwölf staatliche Hochschulen (in Berlin, Essen, Hamburg, Hannover, Frankfurt a.M., Leipzig, München, Ludwigsburg, Potsdam, Stuttgart, Rostock), die den Studiengang Schauspiel anbieten. Zudem gibt es zwei öffentliche Berufsfachschulen, die Otto-Falckenberg-Schule in München (Träger: Stadt München) und die Theaterakademie Vorpommern (Träger: Landesbühne Zinnowitz). Es gibt jeweils eine Aufnahmeprüfung, bei der aus Tausenden von BewerbernInnen einige hundert ausgewählt werden. Bei den staatlich anerkannten Schauspielschulen fallen für die Ausbildung zwischen 3000 und 7000 Euro Gebühren pro Jahr an. Ein Schwerpunkt liegt in den Bereichen Atem- und Stimmtechnik, Darstellung und Sprache. Die Ausbildung dauert drei bis vier Jahre und endet mit einem Diplom bzw. einem Qualifikationsabschluss.

Trainieren Sie selber Ihre Aussprache:

- Zungenfertigkeit trainieren Sie durch ein schnelles »lalalalala-lelelelele-lilililili-lolololo-lulululu«
- sauberes Trennen von D und T: »Dietmar dachte doch tatsächlich direkt das Zutreffende«
- sauberes Trennen von PF und F: »Fahrt die Pferde flott zu den frischen Pflanzungen«
- kein Wortende verschlucken: »angt-engt-ingt-ongt-ungt-aben-eben-iben-oben-uben« und »Es bringt Licht ins Gewicht der Geschicht, glaub das nicht, sagt der Wicht und denkt, er sei schlicht geschickt«

KOSMETIK

Kosmetik ist die Kür nach der Pflichtveranstaltung: Körperpflege und Hygiene. Der Begriff geht auf das griechische Wort »kosmeo« zurück: ordnen, schmücken. Und in welche Richtung das Schmücken geht, hängt immer davon ab, welches Schönheitsideal vorherrscht. Das kann je nach Kultur, Religion oder Weltgegend extrem unterschiedlich sein.

- Die Ndebele-Frauen in Südafrika etwa legen sich im Lauf der Jahre so viele Reifen übereinander um den Hals, dass ihre Muskeln und Knochen immer schwächer werden und der Hals ohne die Reifen in sich zusammensacken würde.
- Die Mursi in Äthiopien dehnen ihre Unterlippen so lange, bis sie im ausgeleierten Lippenband frühstückstellergroße Tonscheiben tragen können.

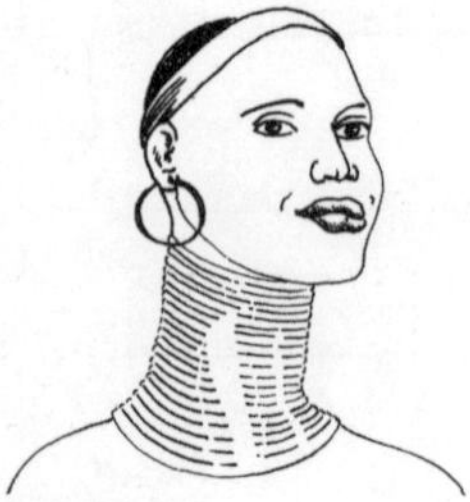

Ndebele

Rikbaktsa

- Die Rikbaktsa aus dem brasilianischen Amazonasgebiet dehnen ihre Ohrläppchen, bis sie Scheiben von einem Radius bis zu gut zehn Zentimetern darin tragen können.
- Schon die alten Ägypter pflegten sich vor 5000 Jahren mit Ölen und Salben.
- Die alten Griechen lebten gemäß dem Ideal von der Harmonie des gesunden Körpers und des Geistes, allerdings bleich-

ten sich die Frauen die Haut mit Bleiweiß, von dem wohl nicht bekannt war, dass es schwere neurologische Gesundheitsschäden auslöste.

- Die Frauen aus dem alten Rom schworen auf Bäder in Ziegen- und Eselsmilch, außerdem ließen sie ihren germanischen Sklavinnen die blonden Haare abschneiden, um sie sich selbst in die Haare zu flechten und natürlich blondiert zu wirken.
- Poppaea, Ehefrau des römischen Kaisers Nero, hat sich regelmäßig eine die Schönheit fördernde Paste aus Erbsenblüte, Gerstenmehl, Eiern, Narzissenzwiebeln und Honig auf das Gesicht geschmiert, um die Maske nach Stunden mit Eselsmilch wieder zu entfernen.
- Die alten Germanen während der Jahrhunderte vor und nach Christi Geburt hatten mit Kosmetik nicht viel im Sinn. Wenn sie sich überhaupt einmal wuschen, nahmen sie allenfalls Wollwachs (Lanolin) als Hilfsmittel.
- Im Mittelalter bestand Kosmetik für die, die das Geld dafür hatten, darin, den Gestank, den jeder Körper mangels Reinigung verströmte, durch Parfum zu übertupfen (was wohl kaum gelang), und die Damen bei Hofe überklebten Hautstellen, die sich unter der pappigen Schminkmasse entzündet hatten, mit schwarzseidenen Schönheitspflästerchen.
- Im 16. Jahrhundert stellte man in Italien eine Paste aus Honig und Safran her, die dem Haar unter Sonneneinwirkung die berühmte venezianische blonde Färbung gab.
- Im 17. und 18. Jahrhundert wurden kiloweise Puder und fettige Schminkcremes aufgetragen, sogar Kinder und Alte wurden damit stark bearbeitet. Die Haare der feinen Damen verkümmerten unter Hochfrisuren auf Drahtgestellen.

- Man verwendete aufs Pudern und Frisieren unendlich viel Zeit, aber nicht einmal in Schlössern gab es Toiletten, geschweige denn Bäder. Fatalerweise nahm man an, Wasser verschlösse die Poren und mache die Menschen nur krank.

- Im 19. Jahrhundert entdeckte man die reinigende und wohltuende Wirkung von Wasser und Seife. Was die Gesichtspflege betraf, verlegten die Damen sich ganz aufs Natürliche. Ihre Haare allerdings verwandelten sie in Korkenzieher, Schnecken und Ringelflechten. Um 1890 kam das erste Deodorant heraus.
- Im 20. Jahrhundert verbreiteten sich Make-up, kräftige Lippenstifte und schillernde Lidschatten. Es standen mittlerweile Methoden zur Verfügung, Fette zu reinigen und mit Alkohol und künstlichen Pigmenten zu versetzen.
- 1907 erfand der Gründer von L'Oréal, Eugène Schueller, das erste synthetische Haarfärbemittel.
- 1914 wartete der von Polen in die USA ausgewanderte Max Factor mit einem Make-up auf, das nicht nach einiger Zeit hart und rissig wurde, und stieg damit zum alles beherrschenden Kosmetik-Magnaten in Hollywood auf, der selbstbewusst verkündete: »Jedes Mädchen kann aussehen wie ein Filmstar, wenn es nur mein Make-up benutzen würde!«
- Ab 1915 gab es fertigen Lippenstift zu kaufen.
- Ab 1927 ermöglichte die Dauerwellenchemie eine freiere Frisurenwahl. Ein Körperkult, der Gesundheit und Schönheit miteinander zu vereinbaren versucht, entstand. Kosmetikerinnen luden in ihre Institute ein. Nagellack fand reißenden Absatz. Hormonpräparate kamen auf den Markt, und die Schönheitschirurgie ging allmählich verstärkt an den Start (erste Nasen wurden korrigiert, erste Brüste verkleinert).

Lichtschutzfaktor

Der Lichtschutzfaktor (LSF) gibt Auskunft über die Sonnenschutzkraft einer Creme: Der Wert sagt aus, wie viel mehr Zeit man sich der Sonne aussetzen darf, wenn man eingecremt ist. Wer uneingecremt nach etwa zehn Minuten einen Sonnenbrand bekommt, kann nach Verwendung einer Creme mit LSF 15 zweieinhalb Stunden (15 × 10 = 150 min) in der Sonne verweilen. Hautärzte empfehlen jedoch, die Zeitspanne nie ganz auszureizen.

Übrigens: Accessoire spricht man [akse'swar] aus und nicht [ase'swar] und bedeutet »Zusatz, Zubehör«.

Schönheitsoperationen

Pro Jahr werden allein in Deutschland rund 300 000 schönheitschirurgische Eingriffe vorgenommen, Tendenz steigend. Ein Fünftel der Anwärter sind Männer. Am häufigsten gefragt sind Brustvergrößerungen und -verkleinerungen, Fettabsaugen sowie Nasenkorrekturen.

Brustvergrößerung mit Silikonkissen

- Etwa 26 000 Frauen pro Jahr allein in Deutschland lassen sich ihre Brust vergrößern. Über die Hälfte von ihnen ist unter 25 Jahre alt; drei Prozent sind noch nicht volljährig.
- Das Implantat besteht in der Regel aus einer Silikonhülle, die mit Silikongel gefüllt ist. Dieses Kissen kann die Frau ein Leben lang im Körper tragen. Selbst Schwangerschaft und Stillzeit verlaufen in den meisten Fällen komplikationslos.
- Die Kissen werden unter Vollnarkose unter den Brustmuskel geschoben.

- Ein Riss des Kissens (was selten vorkommt) ist medizinisch unbedenklich. Das Brustkrebsrisiko ist durch eine Brustvergrößerung nicht erhöht. Knapp 15 Prozent aller operierten Frauen leiden allerdings an dem unangenehmen Gefühl, das eine Kapselfibrose auslöst, wenn der Fremdkörper also nach einigen Jahren vom Körper mit einer Kapsel aus Bindegewebe eingehüllt wird.
- Als kosmetischer Eingriff wird die Brustvergrößerung nicht von den Krankenkassen übernommen. Wenn es eine medizinische Empfehlung für den Eingriff gibt (z.B. nach einer Brustamputation oder wegen psychischer Probleme), sind Ausnahmen möglich. Die Kosten liegen in deutschen Fachkliniken bei etwa 4000 bis 7000 Euro. Von Dumpingangeboten im Ausland wird aus Sicherheitsgründen abgeraten.

Botox

Botox (auch: Botulinumtoxin A oder Xeomin), ein neurotoxisches Protein, wird eigentlich als medizinischer Wirkstoff bei zuckenden, krampfenden Muskeln (z.B. spastische Syndrome oder Lidkrämpfe) und chronischen Kopfschmerzen verabreicht. Das seit 1989 zugelassene Mittel wird aber inzwischen auch von der ästhetischen Medizin bei Frauen ab 35 eingesetzt, um Augen- und Stirnfalten zu glätten, indem die Muskelaktionen des Gesichts durch eine starke Einschränkung oder gar Lähmung der Nerven abgeschwächt werden. Dadurch kommt es in manchen Fällen zu einer unerwünschten Verringerung des Gesichtsausdrucks.

- In Amerika gibt es bereits Botox-Partys, auf denen der Schönheitsarzt als Ehrengast bei Baguette und Rotwein ein paar der einige Wochen bis Monate anhaltenden Spritzen setzt. Sehr gefragt ist das Bakteriengift auch in Brasilien und Großbritannien.

- Weltweit wurde im Jahr 2007 Botox im Wert von 1,2 Milliarden Dollar verspritzt.
- Eine der medizinisch umstrittenen (Langzeitstudien stehen noch aus; Experten befürchten, das Gift könnte ins Gehirn wandern) Faltenunterspritzungen kostet zwischen 400 und 1000 Euro.

»Mit siebzehn gibt es keinen Anlass, sich etwas auf seine Schönheit einzubilden. Wenn Sie jedoch mit sechzig noch schön sind, dann dürfen Sie dies Ihrer Seele zuschreiben.«

Marie Carmichael Stopes,
britische Wissenschaftlerin und Ehe-Spezialistin

ATTRAKTIVE PERSÖNLICHKEITEN

Sexiest Man Alive

Die internationale Auszeichnung wird am Ende eines jeden Jahres vom US-amerikanischen *People Magazine* verliehen. Gekürt wird der männliche Prominente mit dem umwerfendsten Sexappeal. Die Preisträger der letzten zehn Jahre:

2001 Pierce Brosnan (*1953, irischer Schauspieler)
2002 Ben Affleck (*1972, US-Schauspieler und Drehbuchautor)
2003 Johnny Depp (*1963, US-Schauspieler)
2004 Jude Law (*1972, britischer Schauspieler)
2005 Matthew McConaughey (*1969, US-Schauspieler)
2006 George Clooney (*1961, US-Schauspieler)
2007 Matt Damon (*1970, US-Schauspieler)
2008 Hugh Jackmann (*1968, australischer Schauspieler)
2009 Johnny Depp
2010 Ryan Reynolds (*1976, kanadischer Schauspieler)

Die begehrenswertesten Frauen

Die Redaktion des Männer-Online-Magazins *Askmen.com* wertete zuletzt 2010 über acht Millionen Stimmen aus. Gewählt wurde die begehrenswerteste Frau; es wurde allerdings nicht nur nach Äußerlichkeiten gefragt, sondern auch nach Charisma, Humor und Intelligenz.

1. Emmanuelle Chriqui (*1977, kanadische Schauspielerin)
2. Marisa Miller (*1978, US-Model)
3. Kate Beckinsale (*1973, britische Schauspielerin)
4. Alessandra Ambrosio (*1981, brasilianisches Topmodel)
5. Jessica Alba (*1981, US-Schauspielerin)
6. Beyoncé Knowles (*1981, US-R&B- und Soulsängerin)
7. Penélope Cruz (*1974, spanische Schauspielerin)
8. Cheryl Cole (*1983, britische Popsängerin)
9. Eva Mendes (*1974, US-Schauspielerin und Model)
10. Miranda Kerr (*1983, australisches Model)

Übrigens: Auch Rhesusaffenmännchen interessieren sich für Schönheit und Status. Laut einer US-amerikanischen Studie verzichten sie auf eine große Menge ihres heißgeliebten Kirschsaftes zugunsten einer kleineren Ration, verbunden mit der Möglichkeit, sich auf Fotos attraktive Hinterteile von Affendamen und ranghöheren Affenmännchen anschauen zu dürfen.

Milliardäre 2008

Name	*Land*	*Alter*	*Business*	*Mrd. US-$*
Warren Buffett	USA	77	Kapitalanlagen	62
Carlos Slim Helu	Mexiko	68	Telekommunikation	60
William (Bill) Gates III	USA	52	Microsoft	58
Lakshmi Mittal	Indien	57	Stahl	45
Mukesh Ambani	Indien	50	Petrochemie	43
Anil Ambani	Indien	48	Petrochemie	42

Name	*Land*	*Alter*	*Business*	*Mrd. US-$*
Ingvar Kamprad	Schweden	81	Möbel	31
Kushal Pal Singh	Indien	76	Immobilien	30
Oleg Deripaska	Russland	40	Aluminium	28
Karl Albrecht	Deutschland	88	Supermärkte	27
16. Theo Albrecht	Deutschland	85	Supermärkte	23
34. Michael Otto	Deutschland	64	Versandhandel	18
55. Susanne Klatten	Deutschland	45	BMW, Chemie	13
94. August von Finck	Deutschland	78	Geldinstitut	9

1125 Dollar-Milliardäre gibt es laut Forbes-Magazin im Jahr 2008. Das sind 79 mehr als 2007. Zusammen besitzen die Superreichen 4,4 Billionen US-Dollar. Das Aufsteigerland ist Indien, aus dem vier der zehn Reichsten kommen. Absteiger sind die USA. 2006 stellten sie noch 50 Prozent der 20 reichsten Menschen, inzwischen sind es nur noch vier.

Bill Gates stand 13 Jahre an der Spitze der Liste, nun erreicht er nur noch Platz drei, nicht etwa, weil er inzwischen weniger verdienen würde, sondern weil Buffett und Slim Helu ihr Vermögen noch schneller vermehrten.

Fürsten, Könige, Sultane, Scheichs und ähnliche Herrschaften sind nicht mit aufgeführt, weil deren Vermögen weniger leicht zu taxieren und weniger bekannt ist.

»Ich habe nie einen Mann genug gehasst, um ihm die Diamanten zurückzugeben.«

***Zsa Zsa Gabor**, amerikanisch-ungarische Schauspielerin*

PARTNERSCHAFT UND FLIRTEN

Wie findet man den richtigen Partner?

Wer selbst die Initiative ergreift, bei dem steigen die Chancen, einen Partner kennenzulernen. Über die Hälfte der Frauen hält allerdings, laut einer Umfrage der Gesellschaft für Konsumforschung aus dem Jahr 2005, am traditionellen Rollenverhalten fest und würde niemals in der Öffentlichkeit einen fremden Mann ansprechen. Ein Drittel der befragten Frauen findet, dass man als interessante Singlefrau entdeckt und erobert werden müsse und eine offensive Kontaktaufnahme als verzweifelte Suche verstanden werden würde. Frauen bleiben lieber dabei, Reize und Signale auszusenden, überlassen den ersten Schritt aber nur zu gerne den Männern. Flirtexperten sind dagegen überzeugt, dass Männer von einer ungewohnten weiblichen Offensive tendenziell positiv überrascht wären und selbst unattraktive Frauen kaum Körbe erwarten müssten.
Seinen späteren Partner zufällig auf der Straße kennenzulernen klappt bislang (mit kaum weiblicher Offensive) statistisch betrachtet nur mit sechsprozentiger Wahrscheinlichkeit.
In Bars oder Discos steigen die Chancen. Beim Ausgehen lernen sich doppelt so viele Paare kennen wie in den traditionellen Kennenlern-Institutionen Schule und Uni. Der Arbeitsplatz galt bislang als erfolgreichster Ort zum Knüpfen romantischer Bande. Online-Kontaktbörsen sind heute jedoch der Balzplatz Nummer eins.

Liebe auf den ersten Klick?

Heute stehen kontaktsuchenden Menschen im deutschsprachigen Internet über 2000 Singlebörsen, Partnervermittlungen und Seitensprungdienste zur Verfügung, um den idealen Partner für kurz oder lang zu finden. Frauen haben schnell das neue Flirtmedium schätzen gelernt. Sie können an jedem Wochentag, zu jeder Zeit, gestylt oder im Schlafanzug, mit anderen Suchenden in Kontakt treten. Sie können anonym bleiben, bis sie ihrer neuen Bekanntschaft vertrauen. Sie können aufdringlichen Verehrern die weitere Kontaktaufnahme verweigern, ohne sich erklären oder gar bedroht fühlen zu müssen. Außerdem sind virtuelle Körbe leichter zu verschmerzen als reale. Andererseits verlieben sich Frauen, im Gegensatz zu Männern, virtuell genauso schnell wie im wirklichen Leben und empfinden bei der Auflösung von Online-Beziehungen echten Liebeskummer. Leute, die im realen Leben keine Probleme mit sozialen Kontakten haben und schon viele positive Beziehungserfahrungen sammeln konnten, sind auch auf dem virtuellen Balzplatz schneller erfolgreich.
Bei 80 Prozent der Internet-Bekanntschaften findet das erste reale Treffen bereits innerhalb des ersten Monats nach der Internet-Begegnung statt. Immer wieder gibt es Fälle, dass Männer im Internet nach einer Zweitfrau suchen. Um auszuschließen, an einen bereits liierten Mann geraten zu sein, empfehlen Insiderinnen, die ersten realen Treffen auf Wochenenden zu legen. Männer in festen Beziehungen oder gar Familienväter haben dann keine Zeit. Ein weiterer Hinweis in dieser Richtung könnte sein, wenn die neue Bekanntschaft nur zu Geschäftszeiten telefonisch zu erreichen ist.

Nach folgenden Kriterien können Sie Flirtbörsen im Internet vergleichen:

- Wie viele Mitglieder sind registriert? Wie ist das Geschlechterverhältnis?
- Wie hoch ist die Besucherfrequenz? Wird die Zahl der aktuellen Zugriffe sichtbar angezeigt?
- Wie schneidet der Anbieter im Internet-Vergleich ab?
- Wie schnell wird man zur kostenpflichtigen Mitgliedschaft verpflichtet?
- Wird Ihr Persönlichkeitsprofil auf der Grundlage eines fundierten, wissenschaftlichen Persönlichkeitstests erstellt?
- Werden die Partnervorschläge nach einer Matching-Auswertung (Abgleich der Übereinstimmungsmerkmale) gemacht?
- Gibt es Unterstützung bei der eigenen Profilerstellung?
- Gibt es eine Seriositätskontrolle?
- Gibt es eine Vermittlungsgarantie? Wie viele Kontaktvorschläge werden Ihnen versprochen, und wie hoch ist die Erfolgsquote langfristiger Partnerschaften?
- Wird die Anonymität der Mitglieder bewahrt?
- Gibt es eine Online- oder Telefonberatung?
- Ist die Internetseite übersichtlich, oder erscheinen ständig störende Werbefenster?

Erfolgsquote von Online-Singlebörsen

Im Mai 2007 wurde ermittelt, dass bisher 6,1 Millionen Deutsche im Netz einen Partner gefunden haben. Bei insgesamt 18 Millionen Usern, die seit dem Jahr 2000 im Internet nach einem Partner suchen, entspricht dies einer Erfolgsquote von 34 Prozent. Die Dunkelziffer liegt noch höher.

Frauen, die nicht nur online flirten wollen, sondern an einer dauerhaften Bindung interessiert sind, wird empfohlen, auf kostenpflichtigen Seiten nach einem bindungswilligen Partner zu suchen. Man geht davon aus, dass Männer, die sich gegen Bezahlung einloggen, nicht aus Neugier oder zum puren Zeitvertreib chatten wollen, sondern auch wirklich nach einer festen Partnerin suchen. Da die Zahl der männlichen User bei Singlebörsen ohnehin überwiegt, ist bei einigen Anbietern die Mitgliedschaft für Frauen sogar umsonst.

Eheglück heute

Die Zahl der Eheschließungen ist in Deutschland seit 1950 nahezu um die Hälfte zurückgegangen. Das durchschnittliche Heiratsalter der Ehepaare nahm dagegen kontinuierlich zu. Frauen heiraten derzeit mit 29,6 Jahren, Männer sind durchschnittlich 32,6 Jahre alt. 19 Prozent der Paare hatten zum Zeitpunkt der Eheschließung bereits gemeinsame Kinder.

Mischehen

Von 100 deutschen Frauen heiraten etwa sechs einen Mann mit ausländischer Staatsangehörigkeit. Bevorzugt werden türkische Männer geehelicht. Italiener rangieren weit abgeschlagen an zweiter Stelle, knapp gefolgt von Männern aus Serbien. Deutsche Männer dagegen heiraten bevorzugt Frauen aus Polen, Thailand und Russland.

Kosenamen

Fast jeder Zweite nennt seinen Partner »Liebling«, »Schatz« oder »Darling«. Jeder neunte Mann genießt es, seine gefühlte Überlegenheit gegenüber der Partnerin durch Kosenamen wie »Baby« oder »Kleines« zu verdeutlichen.
Jeder sechste Mann glaubt, dass »Mausi«, »Bärchen« oder »Hasi« lieber die Schlappen bringen als Susi, Tanja und Regine.

Frauen finden es dagegen lustig, ihren Angebeteten »Krümelmonster«, »Knutschkugel« oder »Dickerchen« zu rufen.

Scheidungsrate

Jede dritte Ehe wird heute in Deutschland geschieden – Tendenz steigend! In Europa sind die Schweden am scheidungsfreudigsten. Dort geht seit 20 Jahren jede zweite Ehe in die Brüche. Die wenigsten Ehepaare in Deutschland trennen sich in den ersten beiden Ehejahren. Danach steigt die Scheidungsrate kontinuierlich an und findet ihren Höhepunkt im sechsten und nicht etwa im sprichwörtlichen verflixten siebten Jahr. Danach nimmt die Scheidungsrate bis zum fünfundzwanzigsten Ehejahr wieder ab. Sind dann die Kinder aus dem Gröbsten raus und haben das Elternhaus verlassen, steigt die Scheidungsrate für die nächsten sechs Jahre wieder zu einer zweiten, langsam zunehmenden Welle an.

Einflussnehmende Faktoren

Gemeinsames Eigentum, gemeinsame Kinder, Religionsverbundenheit, das Leben in ländlicher Region und die Aussicht, schwer einen neuen Partner zu finden, wirken scheidungshemmend, wissen Soziologen.

Schlechte Voraussetzungen für eine dauerhafte Ehe sind dagegen: ein großer Altersabstand zwischen den Eheleuten, geschiedene Eltern, die materielle Unabhängigkeit der Frau und massive Bildungsunterschiede.

Nach Abschaffung des Schuldprinzips ist der einzige Grund für eine Scheidung die gescheiterte Ehe. Dies ist der Fall, wenn die eheliche Lebensgemeinschaft nicht mehr besteht und ihre Wiederherstellung nicht mehr zu erwarten ist. Der Ehegatte, der die Scheidung beantragt, muss nachweisen, dass die Ehe gescheitert ist.

57 Prozent aller Scheidungsanträge werden von Frauen gestellt, sieben Prozent gemeinschaftlich und 36 Prozent von Männern.

Kirche und Scheidung

Gläubige Katholiken, die trotzdem ihre Ehe annullieren lassen möchten, müssen die Auflösung beim zweithöchsten Gericht der römisch-katholischen Kirche, der »Sacra Rota«, beantragen. Das prominenteste Beispiel war die Annullierung der Ehe von Prinzessin Caroline von Monaco und ihrem ersten Mann Philippe Junot. Als Scheidungsgründe lässt die »Sacra Rota« unter anderem Impotenz, Angst vor Sex oder Alkoholismus gelten. Aber auch Muttersöhnchen, in Italien »Mammoni« genannt, die psychisch von ihrer Mutter abhängig sind und auch nach der Heirat die Abnabelung von ihrer Mama nicht geschafft haben, gelten vor Gott als würdiger Scheidungsgrund.

Übrigens: Verheiratete Männer leben im Schnitt zwei Jahre länger als Singles. Die Lebenserwartung von Frauen verkürzt sich dagegen durch eine Ehe um 18 Monate.

SELBSTVERTEIDIGUNG

Erfolgreiche Selbstverteidigung setzt Ihren Willen zur Selbstbehauptung voraus. Überwinden Sie Ihre Angst. Die Statistik belegt, dass 85 Prozent aller Übergriffe durch Selbstverteidigungsmaßnahmen erfolgreich abgewehrt werden können. Dafür gibt es allerdings keine Patentrezepte. Grundsätzlich gehen die meisten Täter erst einmal von der weiblichen Unterlegenheit ihres Opfers aus und rechnen nicht mit entschlossenem Widerstand. Dieser Überraschungseffekt lässt Ihre Chancen auf eine erfolgreiche Abwehr in jedem Fall steigen.
Am allerbesten ist es freilich, durch vernünftige Vorsichtsmaßnahmen potenziellen Gewalttätigkeiten vorausblickend aus dem Weg zu gehen. 60 Prozent aller Täter stammen aus dem näheren Bekanntenkreis ihrer Opfer. Vertrauen Sie Ihrem Instinkt. Überlegen Sie gut, zu wem Sie ins Auto steigen, mit wem Sie ausgehen, und weisen Sie Ihre Begleiter rechtzeitig in die Schranken. Lassen Sie sich nie in die Opferrolle drängen!

Sollte es dennoch zu einem Übergriff kommen, mobilisieren Sie all Ihre Kräfte. Es ist vollkommen egal, ob man Ihnen vorwerfen könnte, Sie wären zu aufreizend gekleidet gewesen oder Sie hätten Ihren Begleiter provoziert. Niemand darf Sie zu ungewollten Handlungen zwingen.
Täter suchen sich einfache Opfer, keine Gegner. Das gilt für Handtaschenräuber genauso wie für Sexualtäter. Vergewaltiger planen in der Regel ihre Tat, die genau nach ihrer perversen Phantasie ablaufen soll. Sie wollen ihre Opfer ängstigen und erniedrigen, um dadurch ihre eigene Überlegenheit und Macht zu spüren. Die Opfer werden oft zufällig gewählt. Dabei spielen Alter, Aussehen, Kleidung oder Nationalität keine Rolle. Die Täter reagieren primär auf Signale von Angst und Unsicherheit

bei ihrer Suche nach geeigneten Opfern. Deswegen ist es von großer Bedeutung, dass Sie Selbstsicherheit und Kampfbereitschaft ausstrahlen, um sich vor möglichen Übergriffen zu schützen.

Folgende Maßnahmen können Ihnen dabei helfen

- Gehen Sie dynamisch und aufrecht, und blicken Sie nicht nervös um sich.
- Meiden Sie unbelebte Straßen.
- Machen Sie sich im Vorfeld bewusst, wie Sie sich wehren könnten, um im Ernstfall ohne Hemmung und Zögern reagieren zu können.
- Halten Sie Ihren Haustür- oder Zündschlüssel griffbereit. Nehmen Sie ihn zwischen Zeige- und Mittelfinger, um ihn notfalls als Waffe einzusetzen.
- Halten Sie Ihr Handy bereit, oder geben Sie in beklemmenden Situationen vor zu telefonieren.
- Belegen Sie einen Selbstverteidigungskurs. Dadurch werden Sie nicht unbesiegbar – in jedem Fall aber selbstsicherer.
- Statten Sie sich nicht mit Hilfsmitteln wie Elektroschocker oder Waffen aus. Diese können leicht gegen Sie selbst gerichtet werden und vor allem für Sie zur Gefahr werden. Handlich und wirkungsvoll dagegen ist ein Abwehrspray, das Sie griffbereit in der Jackentasche tragen sollten.

Tipps bei Belästigungen im öffentlichen Raum

- Sprechen Sie gezielt Passanten aus der Menge an: »Sie mit der Jeansjacke! Rufen Sie bitte die Polizei!«
- Siezen Sie den Täter. Zeugen könnten Ihre Auseinandersetzung sonst schnell für eine Privatsache halten, in die sie sich nicht einmischen wollen.
- Brechen Sie aus der Ihnen zugedachten Rolle des wehrlosen Opfers aus und handeln Sie überraschend. Mimen Sie die geistig Kranke oder täuschen Sie einen Herzanfall vor.

- Viele gewaltsame Übergriffe finden in Hauseingängen, Treppenhäusern oder Hinterhofsituationen statt. Versuchen Sie möglichst viele Klingelknöpfe zu drücken.
- Rufen Sie »Feuer!« und nicht »Hilfe!«. Außenstehende fühlen sich dadurch selbst bedroht und reagieren erfahrungsgemäß schneller als bei einem »Hilfe!«-Ruf.

Der Körper als Waffe

Frauen haben oft Hemmungen, anderen Gewalt anzutun. Für Ungeübte ist der Nahkampf in jedem Fall gefährlich und sollte am besten immer vermieden werden. Der Angreifer wird Ihnen nicht nur körperlich überlegen sein, er ist auf den Übergriff vorbereitet, und man kann davon ausgehen, dass er über mehr kriminelle Energie und Erfahrung verfügt als Sie.

Zur Rettung Ihrer eigenen Haut sollten Sie die Möglichkeit, sich körperlich zur Wehr zu setzen, jedoch nicht ausschließen. Sie müssen den Angreifer ja nicht besiegen – aber zeigen Sie ihm, dass er Sie unterschätzt hat und er es mit einem anderen Opfer leichter hätte. Denken Sie an all das, was Ihnen wichtig ist und was Sie verlieren könnten, um all Ihre Kräfte zu mobilisieren.

Empfindliche Körperzonen des Angreifers

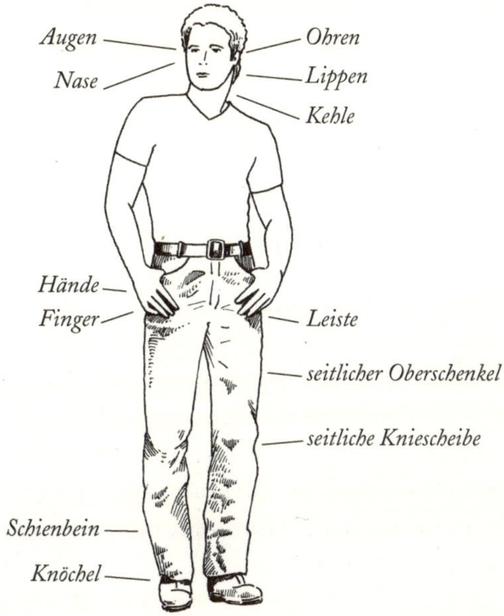

Diese Körperteile stehen Ihnen zu Ihrer Verteidigung zur Verfügung:

Zähne: Auch wenn Sie körperlich absolut unterlegen sind, ist Ihr Gebiss immer eine gute Waffe. Gerade bei sexuellen Übergriffen könnten Sie versuchen, in das Ohr des Täters, seine Kehle oder in seine Hände zu beißen. Lassen Sie nicht gleich locker, sondern versuchen Sie, die Bissstelle energisch und kraftvoll in verschiedene Richtungen zu zerren.

Kopf: Wenn Sie von hinten umklammert werden, könnten Sie mit Ihrem Hinterkopf kräftig gegen das Gesicht des Täters stoßen. Der Hinterkopf ist die härteste Stelle Ihres Schädels. Aber auch Stöße mit der Stirn gegen die Nase und den Oberlippenbereich können sehr schmerzhaft für den Gegner sein.

Füße: Mit den Füßen zu treten empfiehlt sich grundsätzlich nur aus knapper Distanz, etwa wenn Sie festgehalten werden. Wenn Sie mit Abstand zum Gegner zutreten, können Sie leicht das Gleichgewicht verlieren und zu Fall gebracht werden. Treten Sie kräftig auf den Fuß, gegen den Knöchel oder das Schienbein des Gegners. Aber auch die Knie sind besonders empfindliche Schwachstellen. Besonders große Wirkung erzielen präzise Tritte seitlich auf die Kniescheibe.

Knie: Stoßen Sie mit Ihrem Knie kraftvoll in den äußerst empfindlichen Intimbereich des Angreifers. Oder kicken Sie das Knie seitlich in seinen Oberschenkel. Diesen Stoß nennt man wegen seiner lähmenden Wirkung auch »totes Bein«.

Ellbogen: Schlagen Sie kraftvoll von unten gegen das Kinn des Angreifers, oder versuchen Sie, seinen Hals zu treffen.

Hände: Gezielt zuzuschlagen bedarf einiger Übung und setzt eine trainierte Technik voraus. Grundsätzlich sind Schläge mit der offenen Hand immer uneffektiver als Schläge mit dem Handballen oder der Faust. Bei einem Faustschlag sollte der Daumen außen über den Fingern liegen, die fest gegen den Handballen gedrückt sind, und nicht von den Fingern umklammert sein. Ein satter Schlag mit der Handkante seitlich gegen den Hals des Angreifers kann von großer Wirkung sein, oder versuchen Sie, einen Finger des Angreifers zu packen und kräftig nach hinten zu biegen. Oder greifen Sie beherzt in die Hoden, und drücken Sie so fest wie möglich zu.

Finger: Versuchen Sie, mit vier leicht gekrümmten Fingern schwungvoll die Augen des Täters zu treffen.

Anzeige

Eine Anzeige wegen sexueller Nötigung oder Vergewaltigung kann nicht mehr zurückgezogen werden, da eine solche Straftat ein sogenanntes Offizialdelikt darstellt, das von der Polizei verfolgt werden muss. Gerade bei Übergriffen innerhalb der Familie oder im engsten Bekanntenkreis verzichten betroffene Frauen oft auf eine Anzeige. Dabei werden diese Übergriffe erfahrungsgemäß mit besonderer Härte durchgeführt. Gerade Vergewaltigungstäter sind Wiederholungstäter, und die Skrupellosigkeit ihres Vorgehens nimmt von Tat zu Tat zu. Mit einer Anzeige können Sie sich und andere Frauen vor erneuten Übergriffen schützen.

Frauen-Notruf

Wenn Sie es nicht wagen, sofort eine Polizeistation aufzusuchen, um die Tat zur Anzeige zu bringen, sollten Sie sich unbedingt einem Frauen-Notruf anvertrauen. Dieser berät Sie, Ihrer individuellen Notlage entsprechend, anonym und kostenlos und nötigt Sie dabei zu keinerlei ungewollten Maßnahmen.

Verbale Attacken entschärfen

Schlagfertig verbale Attacken zu kontern erfordert eine ganze Portion Mut und Selbstsicherheit. Die besten Antworten kommen einem bedauerlicherweise meistens erst im Nachhinein in den Sinn. In Abhängigkeitsverhältnissen sollte man ohnehin von zu frechem Kontern absehen. Bedienen Sie sich besonders im Beruf lieber folgender Methoden:

- Versuchen Sie nicht, sich krampfhaft gegenüber Vorwürfen zu rechtfertigen. Damit manövrieren Sie sich schnell in die Defensive.

- Durch eine Vergewisserung oder Rückfrage können Sie sofort auf einen verbalen Angriff reagieren. Damit gewinnen Sie zwar nicht den Schlagfertigkeitspreis, Sie nehmen jedoch der Attacke die erste Schärfe und gewinnen Zeit, weil sich nun erst einmal Ihr Gegenüber erklären muss. »Haben Sie wirklich den Eindruck, ich arbeite nicht schnell genug?« oder »Warum finden Sie das Konzept unsinnig?« oder »Wie wären Sie denn bei dem Problem vorgegangen?« könnten zum Beispiel derartige Rückfragen sein.
- Taktisch klug kann es auch sein, einen verbalen Angriff freundlich zu bestätigen, um dem Angreifer den Wind aus den Segeln zu nehmen: »Ja, ich dachte zunächst auch, ich würde für die Bearbeitung nur einen Vormittag benötigen.«
- Auf gar keinen Fall sollten Sie sich auf einen Streit einlassen, eine emotionale Debatte führen oder gar laut werden. Weisen Sie bei aggressiven Attacken und starken persönlichen Angriffen höflich darauf hin, dass Sie ein sachliches, konstruktives Gespräch führen wollen.

BERUF UND KARRIERE

Frauen und Lehrberufe

Junge Frauen entscheiden sich nach ihrem Schulabschluss, den sie im Durchschnitt wesentlich erfolgreicher beenden als ihre männlichen Mitschüler, nach wie vor für frauenspezifische Berufsausbildungen und Studienfächer. Das belegen die Zahlen des Statistischen Bundesamtes. Grundsätzlich wäre deutschen Frauen nur die Ausbildung zum Bergmechaniker sowie zum Berg- und Maschinenmann verwehrt. Unter 346 anerkannten Ausbildungsberufen wählt jedoch über die Hälfte der Schulabgängerinnen nur unter zehn Berufen aus. Diese sind mehrheitlich Dienstleistungs- bzw. Sozialberufe. Die Berufe Arzthelferin, Zahnmedizinische Fachangestellte, Fachverkäuferin im Nahrungsmittelhandwerk oder Friseurin waren 2004 zu über 90 Prozent von Frauen belegt. Damit haben sich die Frauen für Berufe entschieden, die gesellschaftlich niedriger bewertet und bezahlt werden als handwerkliche Fertigungsberufe oder technische Berufe, für die sich wiederum die Mehrheit der Männer interessiert. Weitaus am schlechtesten bezahlt sind Verkäuferinnen.

Frauen in Führungspositionen

Der Frauenanteil in Führungspositionen nimmt mit der Größe des Unternehmens und mit der Höhe der Hierarchieebene im Unternehmen ab. Frauen nehmen eher in kleinen und mittleren Betrieben leitende Positionen mit Personalverantwortung ein. In Großkonzernen sind Führungspositionen nahezu ausschließlich mit Männern besetzt. Im Jahr 2008 findet man elf Frauen im Vorstand der 200 führenden Unternehmen in Deutschland. Dies entspricht etwa fünf Prozent. Dieses bestehende Missverhältnis stört die Männerwelt kaum. Leider bestärkt es die Frauen unserer Gesellschaft darin, ihre Führungsqualitäten und die ihrer Geschlechtsgenossinnen zu unterschätzen. Solange sich nichts am stereotypen Rollenverhalten ändert, wird sich trotz aller Förderprogramme das Geschlechterverhältnis auf Karriereleitern nicht entscheidend wandeln.

Frauen und Studium

Die magere Besetzung von Chefpositionen durch weibliche Führungskräfte lässt sich unter anderem auch auf die Wahl der Studienfächer zurückführen. Großunternehmen suchen für Führungspositionen hauptsächlich Absolventen der Wirtschafts-, Ingenieur- und Naturwissenschaften. Die Mehrzahl der weiblichen Studenten belegt jedoch nach wie vor hauptsächlich geistes- und sozialwissenschaftliche Studiengänge. In den Naturwissenschaften studieren sie bevorzugt Biologie, während der Arbeitsmarkt mehr an Informatikerinnen oder Chemikerinnen interessiert wäre. Dass Professorinnen in naturwissenschaftlichen Fächern rar gesät sind, verwundert daher nicht. Alarmierend ist aber der Umstand, dass in frauendominierten Berufen die Führungspositionen auch mehrheitlich von Männern besetzt sind. An vielen Grundschulen ist der Rektor zum Beispiel der einzige Mann des Lehrerkollegiums, und obwohl 80 Prozent der Tiermedizinstudenten Frauen sind, gibt es kaum weibliche Professoren.

Übrigens: Obwohl mehr Frauen Abitur und Fachabitur machen und ein Studium beginnen, schließen bisher mehr Männer ein Hochschul- bzw. Fachhochschulstudium ab.

Frauen, Beruf und Familie

Eine Unterbrechung der beruflichen Laufbahn durch die Kindererziehung gilt neben der Berufswahl als ein wesentlicher Grund, dass Frauen nur auf mittleren Hierarchieebenen arbeiten, denn Auszeiten und Teilzeiterwerbstätigkeit sind Karrierekiller. Grundsätzlich sind zwei Drittel aller Mütter erwerbstätig, und es zeichnet sich immer deutlicher ab, dass immer mehr Frauen möglichst schnell in den Beruf zurückkehren wollen. Oft werden sie jedoch wegen mangelnder Plätze in Betreuungseinrichtungen von diesem Vorhaben ausgebremst. Um Familie und Job vereinbaren zu können, entschieden sich bisher die meisten Mütter schon ab dem ersten Kind für eine Teilzeitbeschäftigung. Ab dem dritten Kind gaben die meisten Frauen ihre aktive Erwerbsbeteiligung über längere Zeiträume komplett auf. Der Wiedereinstieg in das Berufsleben fällt nach längerer Auszeit dann entsprechend schwer. Das seit dem 1. Januar 2007 gültige Gesetz zur Regelung der Elternzeit soll Eltern den Rollentausch erleichtern. Tatsächlich beantragten daraufhin mehr Männer Elternzeit. Die meisten jedoch nur für zwei Monate, um die finanzielle Unterstützung durch die neue Elterngeldregelung bestmöglich auszuschöpfen. Von großem Vorteil wäre es gewesen, wenn das Gesetz auch eine gleichwertige parallellaufende Teilzeitbeschäftigung für beide Elternteile ermöglicht hätte. Diese Möglichkeit sieht das Gesetz bisher nicht vor. Um den Rollenwandel endgültig gesellschaftsfähig und selbstverständlich zu machen, mangelt es in der Gesellschaft noch an Vorbildern.

Frauen und Bezahlung

Frauen verdienen in Deutschland rund 23 Prozent weniger als Männer. Im EU-Vergleich werden Frauen nur auf Zypern und in Estland noch schlechter bezahlt als ihre männlichen Kollegen. Prinzipiell haben Arbeitnehmerinnen und Arbeitnehmer einen Anspruch auf gleiches Entgelt für »gleiche und gleichwertige« Arbeit (Art. 141 EG-Vertrag). Trotz der formalen Gleichstellung kommt es jedoch immer wieder vor, dass Frauen ohne sachliche Rechtfertigung schlechter entlohnt werden. In diesem Fall haben die Arbeitnehmer einen einklagbaren Anspruch auf Gleichbehandlung. Die unterschiedliche Bezahlung von Männern und Frauen lässt sich allerdings nur teilweise auf rechtlich unzulässige Frauendiskriminierung zurückführen. Fakt ist, dass sogenannte Frauenberufe im Sozial- und Dienstleistungsbereich, verglichen mit männerdominierten Berufen, tariflich zu schlecht bewertet sind. Das schlägt sich auf die Motivation nieder und lässt die Bereitschaft steigen, eine Familie zu gründen. Durch die familienbedingten Auszeiten manövrieren sich die Frauen dann ins Karriereabseits.

Generell kann man jedoch den Arbeitnehmerinnen vorhalten, dass sie bereits im Einstellungsgespräch zu wenig beherzt ihr Gehalt aushandeln. Frauen legen mehr Wert auf die Tätigkeitsinhalte als auf die adäquate Bezahlung in ihrem Job. Männer haben dagegen weniger Probleme, Forderungen zu stellen. Aus einem Harmoniebedürfnis heraus neigen Frauen dazu, sich unter Wert zu verkaufen. Gerade nach einer familienbedingten Auszeit gehen viele Frauen Kompromisse beim Gehalt ein. Natürlich verdient man bei einer Teilzeitstelle nicht so viel wie vorher. Aber teuer erkaufen sollten sich die Frauen ihr Bedürfnis, neben der Familie arbeiten zu wollen (oder müssen), auch nicht. Neben ihren beruflichen Tätigkeiten leisten erwerbstätige Frauen schließlich im Haushalt auch noch 5 ¼ Stunden unbezahlte Arbeit pro Tag.

Übrigens: Bis 1977 hatte ein Ehemann das Recht, den Job seiner Frau zu kündigen, wenn er der Meinung war, sie würde Haushalt und Kindererziehung vernachlässigen.

Tipps zum Vorstellungsgespräch

Grundsätzlich sollten Sie perfekt auf das Gespräch vorbereitet sein.

- Besuchen Sie die Homepage des Unternehmens und holen Sie sich fachliche Informationen ein, die Sie dann in das Bewerbungsgespräch einfließen lassen können.
- Informieren Sie sich vorab genau über die Anforderungen der Position, auf die Sie sich bewerben, über die Höhe der üblichen Gehälter und über den Dresscode.
- Sie sollten zum Gespräch adäquat gekleidet sein, auf keinen Fall aber besser als ihre GesprächspartnerInnen und überpünktlich erscheinen.
- Bei aller Nervosität sollte Ihnen bewusst sein, dass man Sie zum Gespräch eingeladen hat, weil man an Ihnen interessiert ist. Treten Sie nicht als Bittstellerin auf, die um jeden Preis den Job haben will. Geben Sie sich selbstbewusst, aber verstellen Sie sich nicht. Versprechen Sie nichts, was Sie nicht halten können, aber verkaufen Sie sich nicht unter Wert.
- Bei der Frage nach den Schwächen sollten Sie eine bereits überwundene nennen.
- Seien Sie auf die Gehaltsfrage vorbereitet und treten Sie bestimmt auf. Lassen Sie sich nicht von unerwarteten Bedingungen überfahren, sondern bitten Sie sich Bedenkzeit aus.

Mütter, die nach einer familienbedingten Unterbrechung wieder in den Job einsteigen wollen, können sich bei einer Einladung zu einem Gespräch sicher sein, dass ihre Entscheidung, Elternzeit in Anspruch zu nehmen, vom Arbeitnehmer bereits akzeptiert wurde. Fühlen Sie sich von daher nicht genötigt, diese Unterbrechung Ihrer Karriere krampfhaft zu verteidigen. Betonen Sie, dass Sie die intensive Zeit mit Ihrem Kind genossen haben, aber der Beruf zu Ihrer Vorstellung eines erfüllten Lebens gehört. Verweisen Sie auf Ihre dazugewonnenen Kompetenzen (z.B. durch ein Ehrenamt). Sehr zu Ihrem Vorteil ist, wenn Sie dem Arbeitgeber knapp, aber glaubhaft versichern können, dass die Versorgung der Kinder seit längerem optimal organisiert sei. Auf die Frage nach der Lebensplanung ist es Ihnen erlaubt, einen weiteren Kinderwunsch zu leugnen.

Auf folgende Fragen sollten Sie bei einem Bewerbungsgespräch vorbereitet sein:
Warum wollen Sie für unser Unternehmen tätig werden?
Wie werden Sie Ihre neue Aufgabe angehen?
Warum möchten Sie Ihren bisherigen Job aufgeben?
Worin liegen Ihre persönlichen Stärken und Schwächen?
Was war Ihr größter Erfolg und Ihre größte Niederlage in Ihrer bisherigen Berufslaufbahn?
Wie sind Sie mit der Niederlage umgegangen?
Wie stellen Sie sich Teamarbeit vor?
Welche Situation löst bei Ihnen Stress aus?
Wie sieht Ihre Lebensplanung aus?
Warum sollten wir uns für Sie entscheiden?
Wie sind Ihre Gehaltsvorstellungen?

Übrigens: Auch Körpergröße spielt, gerade beim ersten Eindruck, eine wesentliche Rolle. Die Statistik zeigt: Jeder zusätzliche Zentimeter bedeutet 0,6 Prozent mehr Gehalt!

Stimme und Selbstsicherheit

- Eine selbstsichere Stimme steigert das Selbstvertrauen und umgekehrt. Selbstsichere Gesten, die Selbstsicherheit zunächst nur vorgeben, steigern auf Dauer tatsächlich das Selbstbewusstsein: Es handelt sich dabei um eine Rückkoppelung der Körpersprache.
- Investieren Sie in ein Headset: Das entlastet Sie von dem zwischen Kopf und Schulter eingeklemmten Hörer, während Sie mit beiden Händen Unterlagen durchsehen oder Akten umherwuchten. Man hört es Ihrer Stimme an, wenn Sie nicht aufrecht sitzen und frei sprechen können.
- Der Inhalt dessen, was Sie sagen, ist weniger wichtig, als Sie vielleicht annehmen: Die Wirkung Ihr Stimme ist entscheidend dafür, was Ihr Gegenüber von Ihnen und Ihrem Anliegen hält (so wie auch Ihre Körpersprache entscheidend dafür ist, wie Ihr Gegenüber Sie einschätzt, und nicht das, was Sie äußern).
- Wer ständig zu laut spricht, wirkt aufdringlich und unsicher. Wer auch mal leiser spricht, geht davon aus, dass es anderen die gewisse Mühe wert sein sollte zuzuhören, sammelt Aufmerksamkeit und kann sein Anliegen dann mit wieder etwas lauterer und vor allem deutlicher Stimme vor versammelter Mannschaft vorbringen.
- Vermeiden Sie Satzanfänge wie »Ich denke …« oder »Ich glaube …«. Das schwächt Ihre Aussage von vornherein ab und lässt, berechtigterweise, bei Ihrem Gesprächspartner Zweifel an der Richtigkeit Ihres Statements offen.
- Lassen Sie Ihre Begründung auf Warum-Fragen nicht mit »Weil …« beginnen. Mit der kurzen Ansage »Der Bus hatte Verspätung« wirken Sie weniger angreifbar. »Weil der Bus Verspätung hatte«, klingt auf die Frage »Warum kommen Sie erst jetzt?« dagegen nach krampfhafter Rechtfertigungsnot.

VERBRECHERINNEN

Straftaten in Deutschland

- Im Jahr 2006 wurden in Deutschland rund 6,3 Millionen Straftaten begangen. Aufgeklärt wurde gut die Hälfte.
- Die Städte mit der höchsten Verbrechensrate in Deutschland sind Schwerin und Frankfurt am Main.
- Von den knapp 1000 Morden (die Zahl ist seit 1996 um circa 20 Prozent zurückgegangen; hier liegt die Aufklärungsquote bei über 95 Prozent) begingen die Frauen knapp zehn Prozent. (Die Bevölkerungsgruppe, die statistisch gesehen am häufigsten Opfer eines Tötungsdelikts wird, sind Männer zwischen 18 und 25 Jahren.)
- Bei den knapp 600 000 Diebstählen sind Frauen immerhin mit etwa 30 Prozent dabei, aber nur, wenn es nicht um Fahrzeuge geht. Sobald jemand sich an Autos, Mopeds oder Fahrrädern vergreift, ist er zu über 90 Prozent männlich, genauso bei Raubüberfällen.
- Knapp 12 000 Umweltdelikte gab es; von den Gewässerverunreinigungen, gemeingefährlichen Vergiftungen und dem unerlaubten Umgang mit Abfällen und Lebensmitteln gehen 11,4 Prozent auf das Konto von Frauen.
- Fast genauso sieht die Quote bei der Rauschgiftkriminalität aus: 11,5 Prozent der 210 000 Delikte begingen Frauen. Am meisten haben Frauen mit LSD und Partydrogen (Ecstasy) zu tun, dann erst folgen Heroin, Kokain und Cannabis.
- Bei den rund 13 000 Fällen von Brandstiftung sind Frauen immerhin mit einem guten Fünftel (20,4 Prozent) vertreten, aber wohlgemerkt: Frauen stiften doppelt so oft fahrlässig wie vorsätzlich Brände! Was am Schaden freilich nichts ändert.

- Wenn es um Verkehrssünden geht, überschreiten Frauen annähernd so häufig die Geschwindigkeit wie Männer, sie sind allerdings seltener betrunken am Steuer anzutreffen (bei Frauen 5,9, bei Männern 15 Prozent aller Verkehrsdelikte), wenn jemand anderen die Vorfahrt nimmt, sind es aber in zwei Dritteln der Fälle Frauen.

Berühmte Verbrecherinnen

Bankräuberinnen

Bonnie und Clyde

Bonnie Elizabeth Parker (1910–1934) und Clyde Chestnut Barrow (1909–1934) begegneten sich in einem Kaff nahe Dallas. 1932 begannen die beiden gemeinsam mit ihrer Bande Tankstellen, Geschäfte und Banken zu überfallen. Sie waren berüchtigt für die Brutalität und Skrupellosigkeit, mit der sie vorgingen, und gleichzeitig umgab sie eine seltsam unbeschwerte Aura – als hätten sie den depressiven Weltwirtschaftskrisenzeiten nichts als ihren puren, kraftvollen Anarchismus und Egoismus entgegenzusetzen. Im April 1934 ermordete das Duo in Texas und Oklahoma drei Polizisten, damit hatten sie neun Beamte auf dem Gewissen. Im Mai 1934 fuhren sie in eine Falle der Polizei und wurden von 167 Kugeln durchsiebt. Ihre Leichen wurden in Dallas zur Schau gestellt.

Kate »Ma« Barker

Auch Ma Barker (1873–1935) hielt die USA zu Zeiten der Weltwirtschaftskrise in Atem. Leuten wie ihr, John Dillinger (Staatsfeind Nr. 1) sowie Bonnie und Clyde ist es angeblich zu verdanken, dass der Staat sich genötigt sah, das FBI zu gründen. Ihr Mann George ließ sie mit den vier Söhnen Herman, Lloyd, Arthur und Fred sitzen. Uneinig ist man sich, ob sie ihre Söhne zu Verbrechen anstiftete oder ob die Jungs ganz von selbst mit brutalen Banküberfällen und Entführungen angefangen haben. Jahrelang fürchtete man die Barker-Bande, bis Ma Barker und Fred 1935 vom FBI in ihrer Hütte in Florida erschossen wurden. Möglicherweise schürte das FBI das Bild von der skrupellosen Chefin mit Gewehr und Überblick, um zu rechtfertigen, dass es eine alte, nicht sehr helle Frau erschossen hatte, die ihre Jungs lediglich stets gegen alle Vorwürfe in Schutz genommen und ihnen das Essen zubereitet hatte. Ma Barkers Geschichte wurde etliche Male verfilmt, und sie mag die Vorlage für einige Unterhaltungsfiguren sein, etwa Oma Panzerknacker aus »Neues aus Entenhausen«, Ma Dalton in »Lucky Luke« und Ma Parker in der »Batman«-TV-Serie.

Gisela Werler

Gisela Werler (1934–2004) aus Hamburg war Packerin in einer Tapetenfabrik und galt als bescheiden, ruhig und zuverlässig. In ihrer Freizeit war sie in den Sechzigern allerdings an 19 Banküberfällen beteiligt und erbeutete um die 400 000 Mark; das war bis dahin Nachkriegsrekord. Damit löste sie in der Bundesrepublik einen wahren »Banklady«-Rausch aus, zumal die Medien sie zu einem Vamp mit langen Beinen und fescher Pistole statt Handtäschchen stilisierten. Vor den Banken, die sie überfallen hatte, war es regelmäßig zu Menschenaufläufen gekommen; die Polizei verteilte Süßigkeiten, um die Menge zu beruhigen, die sich weniger erzürnte, als vielmehr fasziniert war von einer raubenden Frau. Vier Jahre führte Gisela W. ein Doppelleben; 1967, bei ihrem letzten Coup in Bad Segeberg, nahm die Polizei sie und ihren Geliebten Peter nach einer wüsten Verfolgungsjagd fest. Gisela und Peter heirateten im Gefängnis, wo sie neun und 14 Jahre abzusitzen hatten. Gisela Werler führte bis zu ihrem Tod ein unauffälliges Leben.

Serienmörderin

Aileen Wuornos

Die US-Amerikanerin Aileen Wuornos (1956–2002) landete bereits mit 14 in einem Heim für ledige Mütter. Ihren Sohn gab sie zur Adoption frei. Nach einer gescheiterten Ehe rutschte sie in die Prostitution ab. Um sich und ihre Geliebte versorgen zu können, erschoss Wuornos zwischen 1989 und 1991 sieben Männer, die sie auf dem Straßenstrich traf, um an ihr Geld und ihre Autos zu kommen. Sie tat es wohl auch wegen des Gefühls der Macht über ihr verhasste Männer, denen sie ihren Körper verkaufte, nicht aber aus purer Lust am Töten. 1991 wurde Wuornos in einer Bar in Florida festgenommen. 1992 wurde sie zum Tode verurteilt. Die Hinrichtung fand im Oktober 2002 statt. Die Regisseurin Patty Jenkins verfilmte die Lebensgeschichte 2003 unter dem Titel »Monster« mit Charlize Theron (die dafür mit einem Oscar ausgezeichnet wurde) in der Hauptrolle.

Spionin

Mata Hari

Die indische Tempeltänzerin Mata Hari (1876–1917) hieß eigentlich Margaretha Geertruida Zelle, stammte aus Leeuwarden in den Niederlanden und war eine Erfindung ihrer selbst – was ihr schließlich zum Verhängnis wurde. Nachdem sie sich von ihrem Mann, mit dem sie um 1900 einige Jahre auf Java und Sumatra gelebt hatte, getrennt hatte, zog sie 1905 nach Paris, nannte sich »Auge des Tages« (»mata hari« ist malaiisch für »Sonne«) und nützte es aus, dass das reiche, sensationslüsterne Pariser Publikum begierig nach Exotik und Erotik war. Sie ersann exotische Kostüme, Tänze und eine legendäre Lebensgeschichte und war bald enorm gefragt. Um 1915 soll ein deutscher Offizier ihr 30000 Reichsmark dafür geboten haben, dass sie in Frankreich spioniert. Der französische Geheimdienst enttarnte sie jedoch, und nach einem umstrittenen Prozess, bei dem ihre Schuld nicht zweifelsfrei nachgewiesen werden konnte, wurde sie 1917 als vermeintliche Spionin für das Deutsche Reich hingerichtet.

Seeräuberinnen

Mary Read & Anne Bonny

Die beiden Piratinnen lernten sich, beide als Männer verkleidet, auf einem Piratenschiff kennen, das die karibische See durchkreuzte. Als das Schiff 1720 angegriffen wurde, versuchten die beiden skrupellosen Fechterinnen, das Schiff zu zweit zu verteidigen, während sich die männliche Besatzung volltrunken unter Deck versteckte. Ihr Widerstand reichte nicht aus. Alle Männer endeten am Strick. Mary Read (1685–1721) und Anne Bonny (um 1690–?) dagegen retteten ihr Leben, indem sie vor Gericht vorgaben, schwanger zu sein. Mary starb wenig später im Gefängnis an einem Fieber. Anne kam auf mysteriöse Weise frei.

Grace O'Malley

Nachdem ihr Gatte Donal, ein Clanchef der O'Flahertys, von Clanfeinden erschlagen worden war, übernahm die Irin Grace O'Malley (1530–1603) das Regiment. Sie lebte nicht nur vom Seehandel (das Navigieren hatte sie von ihrem Vater gelernt, nachdem sie sich ihre schwarzen Locken abgeschnitten hatte, um nicht aufzufallen), sondern auch vom Ausrauben von Schiffen und Seehäfen. Grace zog immer weitere Runden bei ihren Plünderungen und scharte immer mehr Gefolge um sich. Die englische Königin Elizabeth I. versuchte sie festzusetzen, wurde ihrer aber nicht Herr und einigte sich schließlich mit Grace darauf, dass die Seeräuberin weiter plündern durfte – allerdings von nun an unter englischer Flagge. Zehn Jahre später starben die Königin und ihre Seeräuberin im Abstand von wenigen Monaten.

Witwe Ching

Nachdem ihr Mann 1807 in einem Hinterhalt ums Leben gekommen war, übernahm die chinesische Piratin Ching Shih (1785–1844) als Witwe des Befehlshabers die Führung. Auf dem Südchinesischen Meer war kein Handelsschiff mehr sicher vor der riesigen Flotte der Piratin: Über 1500 Dschunken und etwa 70000 Mann hatten sich unter ihr zu einem Bund zusammengeschlossen und verbreiteten bis weit ins Landesinnere Chinas Angst und Schrecken. Als der neue Kaiser Kia-King ihrem Treiben ein Ende machen wollte, vernichtete Witwe Ching seine Flotte komplett. 1810 bot ihr der Kaiser eine Amnestie für sich und ihre komplette Mannschaft an. Sie willigte ein und verbrachte den Rest ihres Lebens, in dessen Verlauf sie eines der größten logistischen Unternehmen der Geschichte geleitet hatte, in Ruhe und Wohlstand.

Kindesmörderin

Susanna Margaretha Brandt

Susanna Margaretha Brandt (1746–1772) war eine Dienstmagd aus Frankfurt am Main, die im Dezember 1770 von einem Goldschmiedegesellen, der auf der Durchreise von Holland nach Russland war, schwanger wurde. Ihre Schwangerschaft verbarg sie. Im Juli 1771 gebar sie in der Waschküche ihrer Dienstherrin einen Jungen. Voller Angst, da eine geheime Schwangerschaft und Niederkunft unter Strafe stand, würgte sie das Kind und vergrub es hinter dem Stall. Susanna versuchte zu fliehen, wurde aber aufgegriffen und im Oktober 1771 zum Tod durch das Schwert verurteilt. Im Januar 1772 wurde das Urteil vollstreckt.

Die Besonderheit an Susannas Geschichte: Johann Wolfgang von Goethe arbeitete damals als Rechtsanwalt in Frankfurt und verfolgte den Prozess genau. Die Geschichte der Kindesmörderin rührte ihn zutiefst an, und er verwendete den Stoff als Gretchentragödie in einem der wichtigsten Werke der Weltliteratur: dem »Urfaust«.

Kindesmördertotschlägerin

Marianne Bachmeier

Marianne Bachmeier (1950–1996) erschoss 1981 in einem Lübecker Gerichtssaal den Mörder ihrer siebenjährigen Tochter Anna, den vorbestraften Sexualtäter Klaus Grabowski. Dieser dramatische Fall von Selbstjustiz löste eine kontroverse Diskussion aus. Medien aus aller Welt berichteten. Viele Menschen zeigten Verständnis für die alleinerziehende Mutter, andere verwiesen auf die Verletzung des Rechtsstaates. Das Landgericht Lübeck verurteilte die 31-Jährige 1983 wegen Totschlags zu sechs Jahren Haft. Nach drei Jahren wurde sie vorzeitig entlassen. 1996 starb sie an Krebs.

SURVIVAL

Verhalten bei einem Brand

- Prüfen Sie die Türklinke. Wenn sie bereits heiß ist, lassen Sie die Tür geschlossen, und decken Sie, wenn möglich, den Türspalt mit nassen Handtüchern gegen eventuell eintretenden Rauch ab.
- Feuchten Sie Ihre Kleidung an, und legen Sie sich ein feuchtes Tuch um den Kopf. So verhindern Sie Verletzungen bei Funkenflug. Falls der Wasserhahn nicht mehr funktioniert, entnehmen Sie das Wasser der Toilettenspülung.
- Sollten Sie doch noch durch die Zimmertür flüchten können, senken Sie den Kopf so weit wie möglich, dadurch entgehen Sie nach oben aufsteigendem Rauch. Begeben Sie sich zum nächsten Ausgang – benutzen Sie nie den Aufzug!
- Falls Sie im Zimmer bleiben müssen, öffnen Sie das Fenster zunächst nur einen Spalt. Wenn Ihnen frische Luft entgegenkommt, können Sie es ein Stück weiter öffnen.
- Nutzen Sie das geöffnete Fenster, um mit hellen Tüchern oder Lampen auf sich aufmerksam zu machen.
- Springen Sie nicht aus dem Fenster, schon gar nicht, wenn es höher liegt als im zweiten Stock. Greifen Sie erst zu dieser Notmaßnahme, wenn das Feuer Sie erreicht hat. Halten Sie allenfalls Ausschau nach einem Vorsprung oder Sims, auf den Sie sich stellen können.

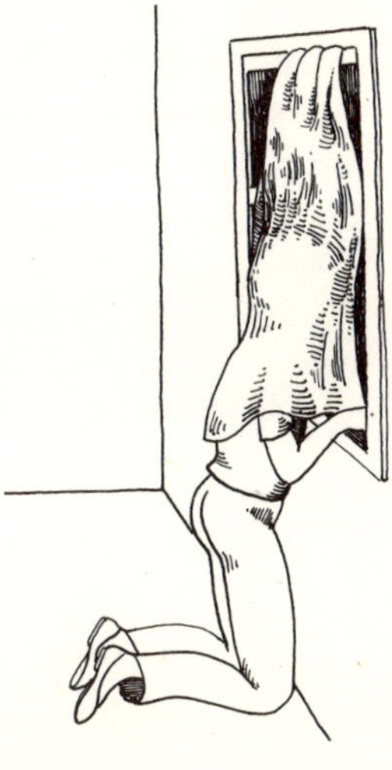

- Sollte das Feuer Sie am Fenster erreichen, versuchen Sie nach Möglichkeit Matratzen, Teppiche, Decken vorauszuwerfen und schützen Sie Ihren Kopf mit Handtüchern oder einem Helm. Drücken Sie den Kopf an die Brust und versuchen Sie, sich über den Rücken abzurollen. Die Absprunghöhe können Sie mit einem Betttuch oder einem Seil verringern.

Bedenken Sie beim Einchecken in Hotels:
- Geht Ihr Zimmer nach hinten raus, haben Sie zwar meistens den schöneren Blick und mehr Ruhe, aber oft kommen Lösch- und Rettungsfahrzeuge dort nicht hin. Eine Rettung über Leitern ist dann nicht möglich.
- Die Leitern von Löschzügen reichen in der Regel nicht höher als bis zum siebten Stock.
- Prägen Sie sich den Weg zum nächsten Notausgang ein – so finden Sie ihn auch im Dunkeln und bei Rauch.

Wie man eine Tür eintritt

Sollten Sie je versuchen wollen, eine Tür von außen gewaltsam zu öffnen, deren Anschlagsrichtung regulär nach innen geht, so werfen Sie sich nicht mit der Schulter dagegen – dabei droht nur ein Schlüsselbeinbruch! Treten Sie lieber ein paarmal kräftig mit dem Fuß dagegen, am besten in der Nähe des Schlosses.

Verhalten nach einem Sturz auf die U-Bahn-Gleise

- Manche Bahnsteige haben schmale Vorsprünge, unter denen ein nicht zu korpulenter Mensch Platz findet.
- Halten Sie Ausschau nach einer Schutznische. Solche sind in regelmäßigen Abständen in die Seitenwände eingelassen.
- Achten Sie darauf, dass zwischen Wand und Zug mindestens

eine Armspanne Platz bleibt: pressen Sie sich flach gegen die Wand, drehen Sie den Kopf zur Seite und bewegen Sie sich nicht. Legen Sie alles ab, was an dem Zug hängenbleiben könnte.

- Falls es zwischen den Gleisen einen Steg gibt, stellen Sie sich darauf und stehen Sie ruhig und gerade, ohne sich zu bewegen.
- Vermeiden Sie unbedingt die Berührung der Stromschiene; auch eine eventuelle Ummantelung aus Plastik oder Holz bietet keinen sicheren Schutz. Stromschienen sind ungefähr kniehoch und seitlich neben den Gleisen angebracht. Sie sind meist gelb gekennzeichnet.

Verhalten nach einem Einbruch ins Eis

- Zwingen Sie sich dazu, regelmäßig zu atmen.
- Wenden Sie sich zum Lichteinfall hin, denn dort befindet sich die Wasseroberfläche. Versuchen Sie sich in die Richtung zu orientieren, aus der Sie gekommen sind, da das Eis Sie bis dahin getragen hat und am wahrscheinlichsten neuen Halt gibt.
- Stemmen Sie die Ellbogen auf den Rand des Eisloches, um

sich hochzuziehen. Hacken Sie mit einem spitzen Gegenstand, einem Taschenmesser, Kugelschreiber oder Schlüssel in das Eis und nutzen Sie die Hebelwirkung beim Herausstemmen.

- Schwimmbewegungen mit den Beinen helfen Ihnen, sich aus dem Eisloch an Land zu retten.
- Wenn Sie wieder auf dem Eis sind: Bleiben Sie liegen und rollen Sie erst ein Stück vom Loch weg, um beim Aufstehen nicht erneut einzubrechen.
- Ziehen Sie die nassen Kleider möglichst rasch aus und hüllen Sie sich in wärmende Decken. Verwenden Sie für Arme und Beine möglichst separate Decken.

Wie man ein Auto stoppt, dessen Bremsen versagen

- Versuchen Sie durch Pumpen des Bremspedals Druck im Bremssystem herzustellen, der ihr Fahrzeug immerhin etwas verlangsamen wird.
- Schalten Sie nach und nach in einen möglichst niedrigen Gang, um die Bremswirkung von Motor und Getriebe auszunutzen, und ziehen Sie zur selben Zeit behutsam die Handbremse an.
- Steuern Sie gleichmäßig und lenken Sie sanft gegen, wenn das Heck auszubrechen droht.
- Falls Sie genug Platz haben, sollten Sie den Rollweg verlängern, indem Sie in großzügigen Schlangenlinien die gesamte Straßenbreite ausnutzen.

- Wenn möglich, fahren Sie auf eine ansteigende Straße auf oder auf ein Feld, notfalls durch einen Zaun. Bremswirkung wird auch erzielt, wenn Sie mit Ihrem Wagen an der Leitplanke entlangschrammen.
- Wenn Sie bergab unterwegs sind und immer schneller werden oder vor Ihnen ein Hindernis auftaucht, können Sie es mit einem halsbrecherischen Manöver, der Agentenwende, versuchen: Um den Wagen um 180 Grad herumzuschleudern, ziehen Sie entschlossen an der Handbremse und schlagen Sie das Lenkrad um eine Viertelumdrehung nach links ein.

Wie man aus einem Auto entkommt, das über einem Abgrund hängt

- Vermeiden Sie ruckartige Bewegungen.
- Falls die Vordertüren bereits über dem Abgrund schweben, klettern Sie ruhig und langsam auf den Rücksitz. Lassen Sie den Motor laufen, für den Fall, dass Sie die Fensterheber betätigen wollen, und nehmen Sie eventuell vorhandene schwere Gegenstände (z.B. ein extra Lenkradschloss) mit für den Fall, dass Sie ein Fenster einschlagen müssen.
- Verlassen Sie das Auto ganz langsam und vorsichtig.
- Wenn sich mehrere Personen in dem Wagen befinden, sollten die zuerst aussteigen, die dem Abgrund am nächsten sind.

Wie man aus einem sinkenden Auto entkommt

Öffnen oder zerstören Sie ein Fenster, um einen Druckausgleich zu erreichen. Dann können Sie die Tür öffnen und sich an die Wasseroberfläche retten. Falls sich das Fenster nicht öffnen oder zerschlagen lässt, warten Sie ab, bis das Wasser so weit gestiegen ist, dass der Druckausgleich gegeben ist. Dann holen Sie kräftig Luft, öffnen die Tür und schwimmen an die Oberfläche.

Wie man sich bei einem Erdbeben verhält

Wenn Sie sich innerhalb eines Gebäudes befinden:

- Bleiben Sie im Haus und halten Sie sich von Fenstern und Spiegeln fern.
- Suchen Sie Schutz unter einem massiven Möbelstück, um vor herabstürzenden Gegenständen geschützt zu sein. Wenn nichts Schützendes zu finden ist, kauern Sie sich in eine Zimmerecke oder unter einen Türrahmen.

Wenn Sie sich im Freien befinden:

- Legen Sie sich flach auf den Boden, möglichst weit weg von Häusern und Bäumen.
- In der Nähe des Meeres sollten Sie eine Anhöhe aufsuchen, da ein Beben eine Flutwelle auslösen kann.

Boden-Luft-Code

Wenn Sie sich in freiem Gelände verirrt haben und mögliche Suchmannschaften auf sich aufmerksam machen wollen, legen Sie mit Stöcken, Planen, Steinen oder notfalls Kleidungsstücken folgende Zeichen. Dabei gilt es, um aus der Luft erkannt werden zu können, die Zeichen etwa 10 m lang und 3 m breit zu machen. Folgende Zeichen entsprechen dem Boden-Luft-Code:

Wir sind hier →
Wir brauchen Hilfe V
Wir brauchen einen Arzt X
Wir brauchen Essen und Wasser F
Hier kann man landen Δ

Wasser abkochen

Es empfiehlt sich, Wasser abzukochen, um Bakterien und Keime unschädlich zu machen. Dabei gilt: Kochen Sie Wasser eine Minute und zusätzlich je eine Minute pro 300 m, die Sie sich über dem Meeresspiegel befinden. Insgesamt jedoch nicht länger als zehn Minuten.

Wasser finden

- Insekten halten sich meistens maximal zwischen 100 und 1000 m entfernt von Wasser auf.
- Körnerfressende Vögel wie zum Beispiel Tauben, Finken und Kakadus trinken bei Sonnenaufgang und in der Dämmerung. Wenn sie zügig und tief fliegen, sind sie auf dem Weg zum Wasser, wenn sie von Baum zu Baum fliegen, haben sie bereits getrunken.
- In Astlöchern und Felsspalten sammelt sich oft Wasser, das Sie trinken können.
- Wenn man nach Wasser graben muss, tut man das am besten in den Außenkurven eines ausgetrockneten Flussbetts, in einer Bodensenke oder am Fuße eines Berges. Generell gilt: Wo Pflanzen wachsen, ist auch Wasser.

- Außerdem können Sie mit Hilfe von Regenkleidung Regenwasser auffangen oder an Baumstämmen herabrinnendes Wasser in großen Blätterkelchen sammeln. Wenn Sie Eis oder Schnee schmelzen, bedenken Sie, dass Regen, Schnee und Eis keine Salze und Mineralien enthalten; die müssen Sie über die Nahrung zu sich nehmen, um einer Unterversorgung vorzubeugen.
- Abwasser, Kühlerwasser, Meerwasser oder Urin kann man destillieren, indem man es in einem Gefäß, das mit einem sauberen Tuch abgedeckt wird, zum Kochen bringt und dann das Tuch immer wieder auswringt.
- Akazien oder Affenbrotbäume speichern Wasser in Stamm und Wurzeln, das sich durch einen Schnitt auffangen lässt. Bananenstauden kann man fällen und eine Mulde in den Stumpf schneiden. Dort sammelt sich dann Wasser, das von den Wurzeln weiterhin hochgepumpt wird.
- Tragen Sie immer eine Kopfbedeckung, da der Körper über den Kopf am meisten Flüssigkeit verdunstet.
- Wenn Sie nichts zu trinken bekommen, sollten Sie auch nichts essen, es sei denn, besonders saftige Früchte oder Gemüse, da Essen den Wasserbedarf erhöht.
- Trinken Sie nie Salzwasser! Der Körper verbraucht mehr Wasser, um es zu verarbeiten, als ihm damit zugeführt wird.

Entfernung eines Gewitters schätzen

Knapp 332 m pro Sekunde braucht der Schall. Zählen Sie die Sekunden zwischen Blitz und Donner und teilen Sie die Zahl durch 3: So erhalten Sie die Entfernung des Gewitters in Kilometern.

Verhalten bei Gewitter

Wenn das Gewitter weniger als 10 km von Ihnen entfernt ist, müssen Sie sich in Sicherheit bringen

- Meiden Sie Anhöhen und ebenes Gelände. Wenn Sie sich oberhalb der Baumgrenze befinden, setzen Sie sich auf einen Stein und entfernen Sie metallene Ausrüstungsgegenstände aus Ihrem Rucksack.
- Meiden Sie frei stehende Bäume, Berghütten und Zelte.
- Meiden Sie Masten, Türme, Fußballtore, Wäschespinnen und Metallzäune.
- Meiden Sie alle Gewässer.

Himmelsrichtung bestimmen

Der Schattenstock:

Wenn die Sonne scheint, kann man mit Hilfe eines Schattenstocks die Himmelsrichtung bestimmen: Stecken Sie einen Stock senkrecht in den Boden und markieren Sie das Ende des Schattens, den der Stock wirft, mit einem Stein. Nach einer halben Stunde markieren Sie das Schattenende ein weiteres Mal mit einem Stein. Die Linie zwischen dem ersten und dem zweiten Stein markiert die West-Ost-Linie. Vertikal wird sie von der Nord-Süd-Linie durchschnitten.

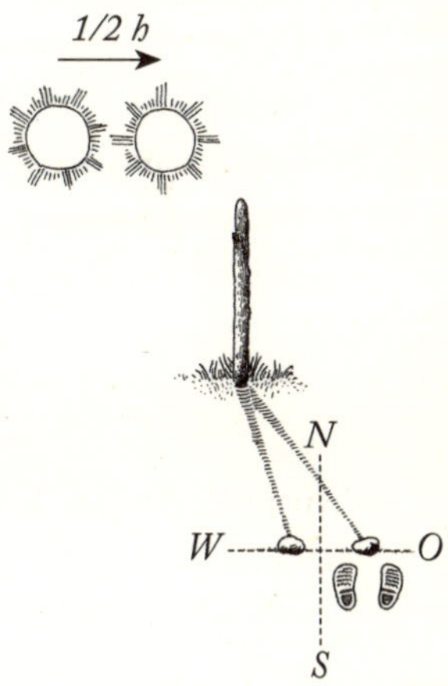

Wie Sie mit Hilfe einer analogen Armbanduhr die Himmelsrichtung bestimmen können:

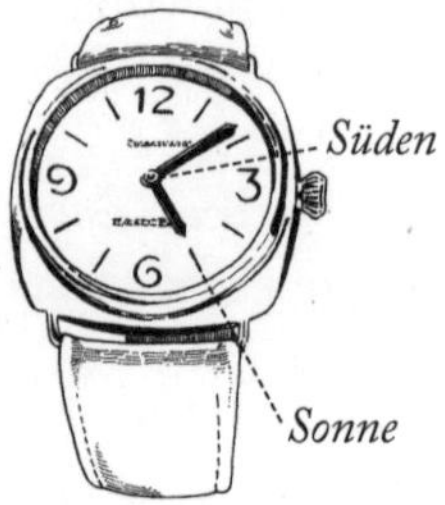

Halten Sie die Uhr waagerecht in der Hand. Mit dem Stundenzeiger peilen Sie die Sonne an. Wenn Sie sich auf der nördlichen Halbkugel befinden, liegt Süden genau zwischen der 12 und dem Stundenzeiger. Während der Sommerzeit nimmt man statt der 12 die Ziffer 1.

Allzweckhelfer Alufolie

- Isoliert gegen Kälte, wenn man sie in Lagen zwischen Unterwäsche und Oberbekleidung trägt.
- Schützt den Kopf vor Niederschlägen und Kälte, wenn man sie zur Haube formt, und schützt die darin eingewickelten Hände vor Kälte.
- Ersetzt die Pfanne, indem man die Lebensmittel damit einschlägt und direkt in der Glut gart.
- Erzeugt als Lichtreflektor ein gut erkennbares Signal.
- Dient in mehreren Lagen als Isomattenersatz.

Knoten und Steks für alle Lebenslagen

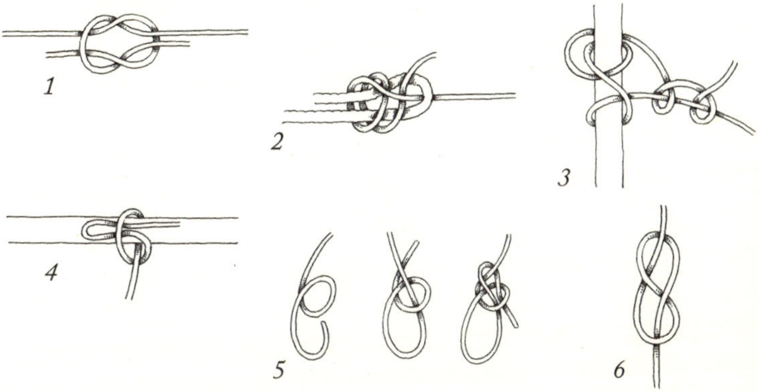

1. Kreuz- oder Reffknoten: Mit diesem Knoten verbindet man zwei gleich starke Seile, um daraus ein längeres zu erhalten.
2. Der doppelte Schotstek schafft eine zuverlässige Verbindung zwischen zwei Seilen unterschiedlicher Stärke.
3. Ein Webeleinenstek mit zwei halben Schlägen ermöglicht es, sowohl ein mitgeführtes Tier als auch ein Boot an einem Pfahl oder einer Querstange festzumachen.
4. Mit einem Slipstek kann ein Seil an einer Stange oder einem Balken so befestigt werden, dass man es mit einer Hand und einem Griff wieder lösen kann.
5. Im Palstek knüpft man eine feste Schlaufe, die sich nicht zuzieht – etwa um einen Menschen aus dem Wasser zu ziehen.
6. Ein Achtknoten eignet sich dazu, das Ende eines Seils massiver zu machen, so dass es weniger leicht durch Öffnungen rutscht.

Die giftigsten Pflanzen in Deutschland

Eisenhut

Tollkirsche

Roter Fingerhut

Maiglöckchen

Bilsenkraut

Stechapfel

Eibe

Wasserschierling

Herbstzeitlose

Goldregen

Die giftigsten Tiere der Welt

- Schrecklicher Blattsteiger (Pfeilgiftfrosch), Kolumbien
- Würfelqualle, tropische Gewässer
- Portugiesische Galeere (Qualle), Pazifik und Karibik
- Kugelfisch, tropische Gewässer
- Steinfisch, Indopazifik
- Kegelschnecke, tropische Gewässer
- Gelber-Sahara-Wüstendickschwanzskorpion, Nordafrika
- Blauring-Krake, australische Küstengewässer
- Plattschwanz-Seeschlange, tropische Gewässer
- Inlandtaipan (Schlange), Australien

Das Auswärtige Amt warnt: die gefährlichsten Länder der Welt

- Afghanistan (Terroranschläge, Entführungen, Landminen, militärische Operationen)
- Georgien (Raubüberfälle, anhaltende politische Unruhen, Landminen, hohe Kriminalitätsrate)
- Haiti (beträchtliche Schäden vom Erdbeben 2010, Schießereien, Cholerarisiko, hohe Kriminalitätsrate)
- Irak (Sprengfallen, Bombenanschläge, Entführungen, Überfälle)
- Jemen (politische Unruhen, gewaltsame Auseinandersetzungen zwischen rivalisierenden Parteien)
- Kongo (gewaltsame Unruhen zwischen Militär und Rebellen, umfassender Impfschutz notwendig)
- Libyen (Im ganzen Land kann es zu Kapfhandlungen einschliesslich Luftangriffen kommen)
- Pakistan (Entführungen, Terroranschläge, hohe Straßenkriminalität, gewaltsame Ausschreitungen)

- Somalia (Entführungen, Mordanschläge, Terrorismus, allgemeine Kriminalität)
- Syrien (Gewaltsame Auseinandersetzungen zwischen Armee und Demonstranten)

GEBURT

Wie wird eine Frau schwanger?

Frauen sind nur um die Zeit ihres Eisprungs fruchtbar. Der Eisprung (Ovulation) findet nur einmal innerhalb eines weiblichen Zyklus statt. Normalerweise etwa zwölf bis 16 Tage vor der nächsten Monatsblutung. Bei einem regelmäßigen 28-Tage-Zyklus (gerechnet vom ersten Menstruationstag bis zum Tag vor der nächsten Blutung) liegt er also ziemlich genau in der Mitte. Mit zunehmendem Alter (ab 30–35 Jahren) steigt die Anzahl der Zyklen ohne Eisprung.
Beim Eisprung löst sich ein Ei aus einem der Eierstöcke und wandert über den Eileiter innerhalb von sechs Tagen zur Gebärmutter. Das Ei kann allerdings nur in den ersten zwölf bis 24 Stunden nach dem Eisprung im Eileiter von einem Spermium befruchtet werden. Dass eine Frau nicht nur einen Tag nach dem Eisprung empfangen kann, sondern auch länger, liegt an der Lebensdauer der Spermien im weiblichen Körper. Diese sind dort bis zu drei Tage fruchtbar. Bei optimalen Bedingungen können sie sogar bis zu sieben Tage in der Gebärmutter überleben und von dort in den Eileiter steigen, um mit der

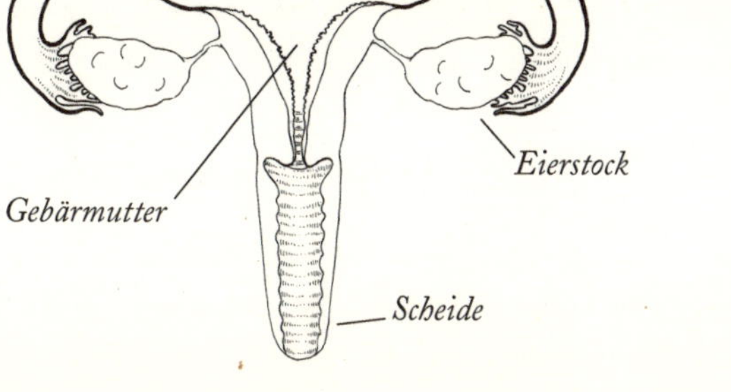

Eizelle zu verschmelzen. Grund für die lange Überlebensdauer der Spermien ist der konservierende Zervixschleim, den der weibliche Körper um die Zeit des Eisprungs produziert. Er schützt die Samenzellen und nährt sie sogar. So ergibt sich eine Spanne von acht Tagen, an denen eine Frau schwanger werden kann. Wurde das Ei befruchtet, kann es sich am Ende seiner Wanderung in der Gebärmutter einnisten. Ist dies nicht der Fall, kommt es zur Monatsblutung, bei der das Ei zusammen mit der obersten Schicht der Gebärmutterschleimhaut abgestoßen wird.

Übrigens: *Bei akutem Kinderwunsch ist es von Vorteil, wenn sich zur Zeit des Eisprungs bereits Samen im Körper der Frau befinden. Das bedeutet: Die günstigste Zeit, ein Kind zu zeugen, ist ein bis zwei Tage vor dem Eisprung!*
Häufiger Sex verringert die Anzahl der Spermien im Ejakulat und verschlechtert die Qualität des Erbguts.

Den Eisprung erkennen

Einige Frauen berichten von sogenannten Mittelschmerzen. Diese können in der Mitte des Zyklus auftreten und äußern sich meist durch ein einseitiges Ziehen im Unterbauch. Dieser Schmerz wird einer Bauchfellreizung durch den sogenannten Follikelsprung zugeschrieben und macht so den Eisprung für die Frau spürbar. Je dünnflüssiger, dehnbarer und eiweißartiger der Zervixschleim ist, desto fruchtbarer sind Sie.

Messen der Basaltemperatur

Etwa zwei Tage nach dem Eisprung erhöht sich durch die Bildung des Geschlechtshormons Gestagen die körperspezifische Normaltemperatur um etwa 0,4 bis 0,6 °C. Kurz vor

Beginn der Monatsblutung sinkt die Temperatur dann wieder auf die individuelle Normaltemperatur. Bleibt die Temperatur während eines Zyklus immer gleich niedrig, kann man einen Eisprung nahezu ausschließen.
Die Temperatur misst man täglich vor dem Aufstehen, immer zur selben Uhrzeit, mit demselben Thermometer an derselben Körperstelle. Die Messergebnisse trägt man in eine entsprechende Tabelle ein. Aufzeichnungen über mehrere Zyklen lassen dann Vorhersagen über den wahrscheinlichen Zeitpunkt des nächsten Eisprungs zu und dienen somit auch als natürliches Verhütungsmittel.

Übrigens: Die Zahl unerfüllter Kinderwünsche unter deutschen Paaren steigt immer mehr an. Man schätzt, dass heute circa 20 Prozent aller zeugungswilligen Paare davon betroffen sind. Das liegt zum einen daran, dass berufsbedingt Frauen mit Kinderwunsch immer älter werden. Zum anderen nimmt die Qualität der Samen von Männern in Industrieländern, bedingt durch Umweltgifte, stetig ab.

Unfruchtbarkeit

Ursachen für Unfruchtbarkeit bei Frauen und Männern können hormonelle Störungen sein, die zum Beispiel durch eine Fehlfunktion des Stammhirns oder der Schilddrüse hervorgerufen werden können. Oder es liegen organische Schäden vor. Bei Frauen kann sich durch eine Unterleibsentzündung beispielsweise der Eileiter verschlossen haben. Männer wiederum können durch eine Hodenentzündung, die häufig mit der Kinderkrankheit Mumps einhergeht, zeugungsunfähig geworden sein. Oft sind es jedoch psychische Ursachen, die eine Schwangerschaft verhindern.
Unerfüllter Kinderwunsch kann Stress auslösen, der sich wie-

derum auf die Produktion der Geschlechtshormone auswirkt und so die Fruchtbarkeit der Geschlechtspartner negativ beeinflusst. Rein statistisch betrachtet, liegt die Ursache für unerfüllten Kinderwunsch genauso häufig bei Frauen wie bei Männern. 50 Prozent aller Frauen, die sich nach fehlgeschlagenen künstlichen Befruchtungen damit abgefunden haben, keine Kinder zu bekommen, werden danach aus »heiterem Himmel« schwanger.

Am 25. Juli 1978 sorgte die Geburt von Louise Brown weltweit für Aufsehen. Sie war das erste Kind, das als Resultat einer künstlichen Befruchtung geboren wurde. Sogenannte In-vitro-Fertilisations-Verfahren sind heute weit verbreitet und gesellschaftlich akzeptiert. Zwischen 1978 und dem Jahr 2006 kamen drei Millionen Kinder nach einer Befruchtung im Reagenzglas zur Welt.
Auffallend ist allerdings, dass seit der Reduzierung der Kostenübernahme durch die gesetzlichen Krankenkassen in Deutschland die Geburtenrate der künstlich gezeugten Kinder deutlich zurückgegangen ist.

Die gängigsten Methoden der künstlichen Befruchtung in Deutschland

Die Insemination bietet sich an, wenn die Menge und die Qualität des Spermas eingeschränkt sind. Dazu werden die beweglichsten Samen aus dem Ejakulat herausgefiltert, aufbereitet und zum Eisprung der Frau in die Gebärmutter injiziert.

Bis zu 90 000 In-vitro-Fertilisations-Behandlungszyklen (IVF) werden in Deutschland jährlich durchgeführt. Die Methode kommt vor allem bei Fehlbildungen und Störungen der weiblichen Geschlechtsorgane zum Einsatz. Durch eine vorausgehende Hormonstimulation reifen in den Eierstöcken mehrere befruchtungsfähige Eizellen heran, die der Frau nach dem Eisprung entnommen werden. Im Reagenzglas werden sie mit den Samenzellen des Partners zusammengebracht, wobei die Zellen selbständig miteinander verschmelzen. Etwa 45 Stunden später werden bis zu drei befruchtete Eizellen in die Gebärmutter der Frau eingesetzt.

Die intracytoplasmatische Spermieninjektion (ICSI) erfolgt im Grunde wie eine In-vitro-Fertilisation. Nur befruchten sich hier die beiden Zellen nicht selbständig, sondern die Samenzelle wird unter dem Mikroskop direkt in die Eizelle gespritzt. Eine Technik, die übrigens aus purem Zufall entstanden ist, als einem belgischen Forscher sein Laborinstrument aus der Hand glitt. Diese Maßnahme ermöglicht die Befruchtung einer Eizelle mit Samen von minderer Qualität, die unter normalen Umständen nicht in der Lage wären, in die Eizelle einzudringen, und verhilft so auch Männern mit Samenwegsverschluss zur Vaterschaft.

Durchschnittlich liegt die Schwangerschaftsquote pro IVF-Zyklus bei etwa 20 bis 25 Prozent, bei der ICSI-Methode sogar bei 20 bis 30 Prozent. Die Gesetzeslage zur künstlichen Befruchtung ist in Deutschland besonders streng geregelt. In Großbritannien und anderen Staaten können Embryonen vor der Verpflanzung auf genetische Schäden hin untersucht werden. Außerdem sind Leihmutterschaften hierzulande ebenso wenig erlaubt wie das Spenden von Eizellen und das Einfrieren und Weiterkultivieren von Zweizellern. Befruchtungen von Eizellen mit dem Samen eines Fremdspenders sind nur unter bestimmten Voraussetzungen möglich.

Kosten: Eine künstliche Befruchtung kostet zwischen 1500 und 5000 Euro. Wenn der erste Versuch nicht erfolgreich war, wiederholen viele Paare die Prozedur bis zur seelischen oder finanziellen Erschöpfung.

Kostenübernahme bei künstlicher Befruchtung

Während die Krankenkasse früher die Kosten für vier künstliche Befruchtungsversuche zu 100 Prozent übernommen hat, werden seit dem 01. Januar 2004 von den gesetzlichen Krankenkassen nur noch 50 Prozent der genehmigten Behandlungskosten für höchstens drei Versuche bezahlt. Dabei müssen die folgenden Voraussetzungen erfüllt sein:

- Beide Partner müssen verheiratet und über 25 Jahre alt sein.
- Die Frau darf nicht älter als 40, der Mann nicht älter als 50 Jahre sein.
- Maßnahmen wie hormonelle Stimulation oder Fruchtbarkeitsoperationen waren ohne Erfolg, nicht zumutbar oder aussichtslos.
- Die verwendeten Ei- und Samenzellen stammen von den Eheleuten.
- Beide Partner sind gegen Röteln geimpft und nicht HIV-infiziert.

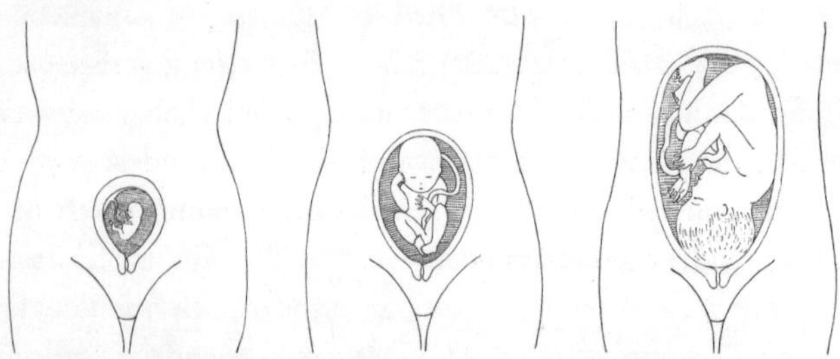

12. Woche *20. Woche* *36. Woche*

Anzeichen der einsetzenden Geburt

- Ein sicheres Zeichen ist das Abgehen des blutigen Schleimpfropfs, der den Muttermund während der Schwangerschaft schützend verschließt und damit das Eindringen von Keimen verhindert.
- Bei einem vorzeitigen Blasensprung geht tröpfchenweise bis schwallartig klares Fruchtwasser ab.
- Geburtswehen machen sich durch Ziehen in Bauch oder Rücken bemerkbar und ähneln zunächst Menstruationskrämpfen. Sie kehren in regelmäßigen Abständen wieder, dauern immer länger und nehmen an Intensität zu. Wenn sie über eine Stunde lang alle zehn Minuten wiederkehren, ist dies ein eindeutiges Indiz für den Beginn der Geburt.
- Häufiger Stuhldrang kann ebenfalls ein Hinweis sein, da die Wehen die Darmtätigkeit anregen.

Bei leichten Wehen in der Nacht empfiehlt es sich, ruhig weiterzuschlafen und zu entspannen, um möglichst viel Kraft für die bevorstehende Geburt zu schöpfen. Erst wenn die Wehen in zehnminütigem Abstand auftreten, sollten Sie sich auf den Weg in die Geburtsklinik machen.

Eine gute Entspannungsmöglichkeit bei leichten Wehen bietet ein warmes Bad. So können Sie auch feststellen, ob es sich bei Ihren Wehen bereits um Eröffnungswehen handelt, die den Muttermund öffnen. Diese Wehen würden sich im warmen Wasser eindeutig verstärken.

Die Geburt beginnt

Jede Geburt ist ein einmaliges Erlebnis, das sehr individuell wahrgenommen werden kann. Wenn keine größeren Komplikationen auftreten, verläuft sie jedoch immer in drei Phasen:

1. *Die Eröffnungsphase:* Sie ist die längste Phase innerhalb des Geburtsprozesses und dauert durchschnittlich sechs bis zwölf Stunden. Beginnend mit Wehen in fünfzehnminütigem Abstand, steigern sich zunehmend Frequenz und Intensität der Kontraktionen. Unter äußerst schmerzhaften Wehen, in Abständen von ein bis drei Minuten, öffnet sich der Muttermund schließlich vollständig auf etwa zehn Zentimeter. Der Kopf des Kindes liegt dann in der Scheide.
2. *Die Austreibungsphase:* Wehen ohne wirklich wahrnehmbare Pausen machen die Austreibungsphase zum anstrengendsten Teil der Geburt. Sie dauert etwa 20 bis 60 Minuten. Die Wehen sind dabei viermal stärker als in der Eröffnungsphase. Der Kopf des Kindes dreht sich in den Geburtskanal und drückt dort auf den Darm. Dies löst bei der Gebärenden einen reflektorischen Pressdrang aus. Mit den sogenannten Presswehen wird das Kind immer näher zum Ausgang geschoben. Wenn das Köpfchen durch den Scheidenausgang gedrückt wird, ist der Damm, das Gewebe zwischen Scheide und After, aufs äußerste gedehnt. Die Hebamme wird versuchen, den Damm von außen mit der Hand zu stützen, um ein unkontrolliertes Einreißen zu verhindern. Wenn der Kopf endlich aus dem Mutterleib gepresst ist, folgt der Körper des Babys nach. Das Kind ist geboren, und sobald es zu atmen beginnt, wird es abgenabelt und der Mutter auf den Bauch gelegt.
3. *Die Nachgeburtsphase:* Kurze Zeit nach der Entbindung setzen die Nachgeburtswehen ein. Durch die Gebär-

mutterkontraktionen löst sich der Mutterkuchen von der Gebärmutterwand. Zusammen mit den Eihäuten und einem großen Schwall Blut wird er ausgeschieden und von der Hebamme auf seine Vollständigkeit überprüft – bleibt nämlich ein Rest davon in der Gebärmutter, kann es zu schweren Komplikationen kommen.

Übrigens: *Wenn Babys schreien, werden oft Blähungen dafür verantwortlich gemacht, die auf die Ernährung der stillenden Mutter zurückgeführt werden. Frischgebackene Mütter fühlen sich schuldig, meiden Zwiebeln, Knoblauch und Blähendes: eine Selbstkasteiung, die nach neuesten Erkenntnissen nicht notwendig ist. Gase, die bei der Verdauung von blähenden Nahrungsmitteln entstehen, gelangen nicht in die Muttermilch.*

FITNESS

Eine Kalorie legt die Menge an Wärme fest, die bei normalem atmosphärischem Druck benötigt wird, um ein Gramm Wasser von 14,5 °C auf 15,5 °C zu erwärmen. Am 1. Januar 1978 wurde die Einheit Kalorie (lat. calor = Wärme) durch die Einheit Joule ersetzt. Die Brennwerte von Nahrungsmitteln werden, trotz dieser Neudefinition des Einheitsmaßes, bis heute in Kilokalorien (kcal) angegeben. Umgangssprachlich spricht man daher von Kalorien, auch wenn eigentlich Kilokalorien gemeint sind.

Umrechnungsformel
kcal = kJ × 0,2388
kJ = kcal × 4,1868

Kalorienverbrauch

Wer sich viel bewegt und wer viel wiegt, verbraucht mehr Kalorien. Die Werte in der Tabelle geben den Kalorienverbrauch für verschiedene Tätigkeiten in Kilokalorien an. Sie sind jeweils für eine Ausübungsdauer von 15 Minuten berechnet.

Tätigkeit	*55–64 kg*	*65–74 kg*
Bügeln	25	32
Betten machen	31	36
Kochen	31	38
Mit den Kindern spielen	42	49
Putzen/Staubsaugen	51	60
Rasenmähen	92	111
Treppensteigen	112	132

Tätigkeit	*55–64 kg*	*65–74 kg*
Sex	136	150
Radfahren, 10 km/h	51	63
Yoga	52	60
Aerobic	80	96
Aqua-Fitness	110	129
Joggen, langsam	113	132
Schwimmen, Brust	134	158

Im Vergleich dazu:
100 g Vollmilchschokolade haben circa 530 kcal. Um die aufgenommenen Kalorien zu verbrennen, könnten Sie der Tabelle nach circa eine Stunde langsam joggen, 2,5 Stunden spazieren gehen, staubsaugen oder putzen, viermal Sex haben oder lieber gleich auf die Schokolade verzichten. Grundsätzlich verbrennt ein sportlich aktiver Mensch, selbst beim Sitzen auf dem Sofa, mehr Kalorien als ein Mensch, der sich grundsätzlich wenig bewegt.

Laufen

Joggen ist eine der beliebtesten Sportarten. Etwa zehn Millionen Menschen joggen alleine in Deutschland regelmäßig. Beim Joggen werden besonders viele Kalorien verbrannt. Joggen ist kostengünstig und überall ohne größeren Organisationsaufwand durchführbar. Lediglich gute Laufschuhe sind eine empfehlenswerte Anfangsinvestition.

Untrainierte beginnen das Lauftraining mit einem gleichmäßigen Wechsel aus ein bis zwei Minuten Gehen und langsamem Joggen. Starten Sie mit lockerem Gehen, um die Muskeln warm zu machen. Insgesamt sollte die gesamte Laufzeit bei Anfängern nur zehn bis 20 Minuten betragen. Mit zunehmender Kondition steigern Sie die Laufphase dann um jeweils eine Minute, lassen die Gehpausen dabei aber unverändert bei maximal zwei Minuten. Versuchen Sie, ganz langsam eine Laufzeit von 30 bis 45 Minuten durchzuhalten. Dabei spielt die Psyche eine entscheidende Rolle. Laufen Sie anfänglich immer dieselbe Strecke. Das ermöglicht es Ihnen, schnell zu erkennen, wie sich Ihre Kondition bereits nach kurzer Zeit steigert. Dieser Fortschritt tritt in der Regel bereits nach wenigen Tagen ein und motiviert. Versuchen Sie, mindestens zweimal in der Woche zu trainieren. Setzen Sie sich Ziele: »Heute schaffe ich es, bis zur großen Eiche durchzulaufen!« Arbeiten Sie erst an der Laufdistanz, erhöhen Sie später Ihre Laufgeschwindigkeit. Nach jedem Laufen sollten Sie zur Normalisierung der Atemfrequenz locker gehen und Ihr Training mit Dehnungsübungen abschließen. Dabei sollten Sie ein leichtes Ziehen verspüren, auf keinen Fall sollten die Übungen aber schmerzvoll sein. Die Dehnung fördert die Durchblutung und unterstützt so die Regeneration der beanspruchten Muskeln. Dadurch werden Sie mit der Zeit immer beweglicher und sind weniger anfällig für Verletzungen.

Das richtige Tempo ist für ein effektives Ausdauertraining entscheidend. Die meisten Anfänger laufen zu schnell, sie ermüden rasch und neigen dann schnell dazu aufzugeben. Laufen Sie immer in einer Geschwindigkeit, bei der Sie sich problemlos unterhalten könnten.

Nordic Walking

Nordic Walking wurde 1997 in Finnland als Trainingsmethode für Langläufer und Biathleten während der Sommermonate eingeführt. Eigentlich für Spitzenathleten entwickelt, wird das gelenkschonende Ganzkörpertraining hierzulande besonders untrainierten, älteren und übergewichtigen Menschen empfohlen.
Alle Ambitionierten sollten unbedingt einen Einführungskurs absolvieren, denn mit der richtigen Technik werden beim Nordic Walking insgesamt 600 Muskeln beansprucht. Der richtige Stockeinsatz verteilt dabei den Druck auf den ganzen Körper, schont so die Gelenke und bringt im Gegensatz zum Joggen oder Gehen gleichzeitig noch die Muskeln des Brust- und Schulterbereichs in Bewegung. Durch einen dynamischen Stockeinsatz werden, im Vergleich zum normalen Gehen, um 25 Prozent mehr Kalorien verbrannt.

Schwimmen

Schwimmen gehört wie Jogging, Gehen, Radfahren und Skilanglauf zu den Entspannungssportarten, die sich durch ständig wiederholende, gleichförmige Bewegungen auszeichnen.
Dabei ist Unterwassergymnastik eine sinnvolle Ergänzung Ihres Schwimmbadbesuchs, um sich rundum fit zu machen. Dafür sollten Sie bis zur Brust im Wasser stehen und etwa fünf Minuten durchs Becken schreiten, um sich aufzuwärmen.

Bewegen Sie dabei Ihre gestreckten Arme im Gegenrhythmus unter Wasser mit. Fahren Sie dann mit individueller Beingymnastik fort. Solange Sie auf eine gerade Rückenhaltung achten, können Sie dabei wenig falsch machen. Die Beine können gestreckt oder angewinkelt in alle Richtungen gegen den Wasserwiderstand bewegt werden.
Alleine um die Körpertemperatur zu halten, verbraucht der Körper im kühlen Wasser schon mehr Kalorien als bei normaler Gymnastik. Durch den Widerstand des Wassers werden die Muskeln zudem besonders effektiv und gelenkschonend trainiert, und die Verletzungsgefahr ist äußerst gering. Der Wasserdruck wirkt zudem wie eine Massage. Da sich durch die Auftriebskraft das Gewicht des Körpers um 60 Prozent verringert, bietet sich Unterwassergymnastik ganz besonders für Menschen mit Gewichtsproblemen an.

Fit im Büro – einfache Übungen am Arbeitsplatz

Halswirbelsäule

Nehmen Sie eine aufrechte Sitzposition mit geradem Rücken ein und legen Sie Ihre Handflächen entspannt auf die Oberschenkel. Die Füße stehen dabei flach auf dem Boden.
Mit dem Einatmen drehen Sie den Kopf langsam nach rechts oben. Mit dem Ausatmen dreht der Kopf nach vorne, und das Kinn legt sich auf die Brust. Dann wenden Sie den Kopf langsam nach links oben. Dies wiederholen Sie im alternierenden Wechsel achtmal.

Schultergürtel und Brustwirbel

In derselben Sitzposition lassen Sie achtmal die Schultern nach hinten und achtmal nach vorne kreisen.
Ziehen Sie dann die Schultern mit dem Einatmen bis zu den

Ohren hoch, halten Sie die Position für eine Sekunde und lassen Sie die Schultern mit dem Ausatmen fallen. Wiederholen Sie auch diese Übung achtmal.

Oberer Rücken, Arme und Hände

Setzen Sie sich auf die Stuhlkante und strecken Sie Ihre Arme zur Decke – achten Sie dabei auf einen geraden Rücken. Greifen Sie im Wechsel etwa 20-mal mit den Händen in die Luft. Werden Sie dabei immer größer.

Unterer Rücken

Bleiben Sie an der Stuhlkante sitzen und ziehen Sie ein Bein zu sich heran. Versuchen Sie, das umklammerte Bein gegen den Widerstand auszustrecken. Halten Sie diese Position für 20 Sekunden und atmen Sie dabei tief ein und aus. Im unteren Rücken spüren Sie dabei eine leichte Dehnung.

Beine

Bleiben Sie in der Sitzposition und lassen Sie die Arme entspannt nach unten hängen. Heben Sie bei geradem Rücken die Beine im Wechsel circa 20-mal an.

Bauch

In der bereits bekannten Sitzposition, mit geradem Rücken, heben Sie ein Bein an. Drücken Sie mit dem Handballen des Gegenarms gegen die Innenseite des angehobenen Oberschenkels. Halten Sie den Druck bei gleichmäßigem Atmen etwa zehn Sekunden aufrecht und wiederholen Sie die Übung mit der anderen Seite.

Warum Frauen schneller frieren als Männer

- Zur Arterhaltung hat die Natur es eingerichtet, dass bei Frauen vor allem der Unterleib warm gehalten wird. Bei Kälte wird daher als Erstes Füßen und Händen die dafür benötigte Wärme entzogen.
- Die Oberhaut von Männern ist um 15 Prozent dicker.
- Um Wärme zu produzieren, braucht der menschliche Körper Vitamin E. Der weibliche Körper kann davon weniger speichern als der männliche. (Vitamin E ist vor allem in Nüssen und Ölen enthalten.)
- Hormone der Schilddrüse regulieren unter anderem den Stoffwechsel. Bei einer Schilddrüsenunterfunktion, von der Frauen häufiger betroffen sind als Männer, ist die Wärmeproduktion eingeschränkt.
- Wärme wird von Muskeln produziert. Männer verfügen durchschnittlich über 15 Prozent mehr Muskelmasse und dadurch über einen besser funktionierenden Stoffwechsel.
- Viele Frauen leiden an niedrigem Blutdruck. Gliedmaßen, die schwach durchblutet sind, frieren schneller.
- Der allgemeine Schlankheitswahn hat die Frauen um ihre wärmeisolierende Fettschicht gebracht.

Schlaf

Schlafen dient nicht nur der Entspannung, denn bei diesem hochaktiven Prozess wird auch jede Menge Kalorien verbraucht. Wissenschaftler fanden heraus, dass zwischen Fettleibigkeit und Schlafverhalten ein auffälliger Zusammenhang besteht. Kinder, die wenig Schlaf bekommen, neigen zu Übergewicht. Dabei kommt es nicht nur auf die Schlafdauer an, auch der Zeitpunkt des Zubettgehens ist entscheidend. Das lässt sich mit der körpereigenen Cortisol-Produktion erklären,

die einem Tag-Nacht-Rhythmus unterliegt und von den natürlichen Lichtverhältnissen gesteuert wird. Im Schlaf wird das appetithemmende Hormon ausgeschüttet, das uns bis zu zwölf Stunden ohne Nahrungsaufnahme auskommen lässt. Wird die natürliche Produktion durch Schlafmangel oder Nachtaktivität zeitlich verschoben, kann dies zu einer Gewichtszunahme führen.
Schlafen macht außerdem schlau! Unser Gehirn arbeitet bisweilen im Schlaf intensiver als am Tag. Wissen wird im Tiefschlaf abgespeichert, motorische Bewegungsabläufe, wie zum Beispiel rückwärts einparken, werden verarbeitet, wodurch sich zudem die Gedächtnisleistung verbessert.

Schnarchen
Die Hälfte aller Menschen in Deutschland schnarcht. Die meisten davon sind übergewichtig, wodurch die Atmungsfunktionen weiter verschlechtert werden.
Das Schnarchgeräusch entsteht, wenn die schlaffe Muskulatur im Rachenraum in Schwingungen versetzt wird. Dies passiert vor allem beim Schlafen in Rückenlage, wenn das Gaumensegel nach hinten fällt. Die Lautstärke des Schnarchgeräuschs kann mit bis zu 90 Dezibel die Lautstärke eines vorbeifahrenden Lastwagens erreichen. Der Rekord liegt bei 120 Dezibel, was einem Presslufthammer gleichkommt. Meist liegt die Geräuschbelastung jedoch um 30 Dezibel und ist mit dem leisen Brummen eines Kühlschranks vergleichbar. Aber wer schläft schon gerne neben einem Kühlschrank?
Alkohol vermindert die Muskelspannung. Schnarcher sollten deshalb drei Stunden vor dem Schlafen keinen Alkohol mehr zu sich nehmen.
Im Amerikanischen Unabhängigkeitskrieg nähte man schnarchende Kameraden mit ihrem Uniformrücken an einer Kanonenkugel fest, um sie daran zu hindern, in Rückenlage zu

schlafen. Noch heute gibt es Nachahmer dieser Methode, die in ihrer Verzweiflung ihrem schnarchenden Partner Tennisbälle, Sandsäcke oder Styroporstücke am Schlafanzugrücken anbringen.
Andere zwingen ihren schnarchenden Partner dazu, die Kinnlade mit einem Riemen festzuzurren oder mit Schnuller oder einer Beißschiene die Lage der Zunge zu fixieren. Es gilt aber: Kopf hoch! Wer in Sitzposition schlafen kann, sollte diese Möglichkeit nutzen und den Bettrahmen um circa 30 Grad aufstellen. So können die Luftwege frei gehalten und kann das Schnarchen verhindert werden.

Richtiges Tragen und Heben

Achten Sie beim Bücken auf einen geraden Rücken. Dadurch vermeiden Sie eine einseitige Verformung der Bandscheiben und viele weitere schmerzhafte Rückenbeschwerden.
Beugen Sie sich zum Aufnehmen und Absetzen der Last nicht nach vorne, sondern gehen Sie mit geradem Rücken in die Knie.

Heben Sie die Last nie ruckartig an, sondern richten Sie Ihren Körper langsam mit gerader Rückenhaltung auf.
Halten Sie die Last dabei so nahe am Körper wie möglich.
Setzen Sie die Last nie mit verdrehtem Oberkörper neben sich

ab, sondern wie in der Aufnahmeposition vor dem Körper, und achten Sie dabei auf einen geraden Rücken.
Nach einer Empfehlung des Bundesministers für Arbeit und Soziales sollten Frauen, die gelegentlich Lasten heben, generell nicht schwerer als 15 Kilo tragen. Die zumutbare Last ist auf zehn Kilo reduziert, wenn Frauen häufiger etwas heben müssen. Bei Männern variiert die zumutbare Last, je nach Alter, zwischen 20 und 55 Kilogramm.

Richtige Sitzhaltung

Nützen Sie die Sitzfläche und Ihre Stuhllehne komplett aus.
Die Höhe des Stuhls sollte so gewählt sein, dass die Unterarme waagerecht auf dem Schreibtisch liegen und die Oberschenkel ebenfalls waagerecht sind.

Sauna

- Die erste Sauna (finnisch für Schwitzstube) in Deutschland gab es 1924 in Potsdam; damals waren nur hohe Militärs zugelassen. 1932 öffnete in Berlin eine Sauna für die Öffentlichkeit ihre Pforten.
- Körperliche Anstrengungen bewirken eine Erhöhung der Körpertemperatur durch Aktivität von innen. In der Sauna kommt die Wärme von außen, die Temperatur wird passiv erhöht: Wenn sie auf 40 bis 41 °C steigt, spricht man von Heilfieber. Um den Körper zu kühlen, laufen die Schweißdrüsen auf Hochtouren und sondern mit dem Schweiß auch Schlacken und Giftstoffe ab. Während eines Saunabesuchs sondert die Haut zwischen 250 und 1000 ml Flüssigkeit ab.

- Saunieren stärkt Kreislauf, Immunsystem, vegetatives Nervensystem und Bindegewebe, lindert Verstopfung, Migräne, Rheuma-, Gicht- und Arthrosebeschwerden, fördert die Durchblutung und die Gesundheit der Haut, tötet Viren, Bakterien, Parasiten und Pilze ab.

ESOTERIK UND ASTROLOGIE

Esoterik

Esoterik (von altgriechisch εσωτερικός, esōterikós »innerlich, zum inneren Kreis gehörend«) war ursprünglich eine philosophische Lehre, die ausschließlich einem ausgewählten Personenkreis zugänglich war: Überwiegend Mitglieder adeliger Kreise, die lesen und schreiben konnten, organisierten sich bereits im frühen Mittelalter in Bünden. Dort wurde Geheimwissen aus Kabbala und Gnosis sowie über Alchemie, Numerologie und Astrologie ausgetauscht und weitergegeben.

Der Begriff Esoterik wurde mit der Zeit immer weiter gefasst. Während der sogenannten New-Age- und Hippie-Bewegung kam es zu einer regelrechten Esoterikwelle. Seit den späten siebziger Jahren des 20. Jahrhunderts subsumiert der Begriff ein breites Spektrum unterschiedlicher okkultistischer, magischer, spiritueller und religiöser Lehren. Für die Esoterik befindet sich der Mensch auf einem spirituellen Erkenntnisweg, den er auf der Suche nach höherem Wissen beschreitet. Jede Erfahrung, ob gut oder schlecht, wird somit zum Ausdruck seines Wachsens auf dem Weg zur Erkenntnis.
Entscheidend bleibt der »nach innen gerichtete« Blick: denn alle Antworten sind im Inneren eines Menschen zu finden – das Außen ist lediglich ein Abbild des eigenen Inneren. Gott wird als eine Art Schwingung verstanden, die alles durchdringt und ein Teil von sich sein lässt – egal, ob Mensch, Tier, Pflanze oder Mineral.

Bei der Behandlung von Krankheiten geht es in der Esoterik weniger um die Symptome als um die Ursachen, die für ein Ungleichgewicht oder eine Blockade im Energiehaushalt eines Körpers sorgen. Löst man die Hemmung auf, kann der Mensch genesen. Auf diesem Grundsatz basiert jede alternativ-therapeutische Behandlung, so auch Bachblütentherapie, Kinesiologie, Channeling, Reiki, Aura, Soma, Reinkarnationstherapie, Feng-Shui, I Ging, Radiästhesie, Edelsteintherapie und Familienaufstellung. Eine medizinische Heilwirkung ist in Fachkreisen noch immer heftig umstritten.

Astrologie

Die Astrologie (griechisch αστρολογία, astrologia »Sternenkunde«) deutet die Stellung bestimmter Himmelskörper innerhalb des Sonnensystems und benennt deren Auswirkungen für das Leben des Einzelnen. Der Wahrheitsgehalt astrologischer Aussagen ist zwar selbst unter Astrologen umstritten, die Tradition beruht aber zweifellos auf einem historisch gewachsenen Erfahrungswissen.

Übrigens: 55 Prozent der deutschen Frauen und 38 Prozent der Männer geben an, Horoskope zu lesen und ihnen einen zumindest begrenzten Wahrheitsgehalt beizumessen. 31 Prozent der Frauen und 21 Prozent der Männer geben an, schon einmal einen wichtigen oder hilfreichen Hinweis durch ein Horoskop erhalten zu haben.

Tierkreiszeichen und ihre Regenten

Regenten sind zugeordnete Planeten, die die Eigenschaften eines Tierkreiszeichens mitbestimmen:

Frühling

21. März bis 20. April: Widder (Aries, nach dem Widder, dessen Goldenes Vlies Jason und die Argonauten suchten), Mars , Feuer

21. April bis 20. Mai: Stier (Taurus, nach dem Stier, dessen Gestalt Zeus annahm, um Europa zu entführen), Venus, Erde
21. Mai bis 21. Juni: Zwillinge (Gemini, nach den Zwillingen Kastor und Polydeukes), Merkur, Luft

Sommer
22. Juni bis 22. Juli: Krebs (Cancer, nach dem Krebs, der Herakles angriff, als dieser mit dem Nemeischen Löwen kämpfte), Mond, Wasser
23. Juli bis 23. August: Löwe (Leo, nach dem Nemeischen Löwen, der von Herakles getötet wurde), Sonne, Feuer
24. August bis 23. September: Jungfrau (Virgo, nach der jungfräulichen Göttin der Gerechtigkeit, Astraia, Tochter des Zeus,) Merkur, Erde

Herbst
24. September bis 23. Oktober: Waage (Libra, nach den Waagschalen der Gerechtigkeit der Astraia), Venus, Luft
24. Oktober bis 22. November: Skorpion (Scorpius, nach dem Skorpion, der ausgesandt wurde, den Jäger Orion zu töten), Mars/Pluto, Wasser
23. November bis 21. Dezember: Schütze (Sagittarius, nach dem bogenschwingenden Kentauren Chiron), Jupiter, Feuer

Winter
22. Dezember bis 20. Januar: Steinbock (Capricornus, nach der Ziege, die Zeus säugte), Saturn, Erde
21. Januar bis 19. Februar: Wassermann (Aquarius, nach dem Wasserträger Ganymedes, Mundschenk der olympischen Götter), Uranus, Luft
20. Februar bis 20. März: Fische (Pisces, nach den beiden Fischen, die Aphrodite und ihrem Sohn Eros halfen, dem Ungeheuer Typhon zu entkommen), Neptun, Wasser

Übrigens: Die genauen Daten variieren von Jahr zu Jahr.

Aszendent

Der Aszendent (lat. »das Aufsteigende«) bezeichnet das Tierkreiszeichen, das parallel zu Zeitpunkt und Ort der Geburt am östlichen Horizont aufgeht. Der Aszendent markiert die Spitze des ersten Hauses und damit den Anfang des astrologischen Häuserkreises. Er ist einer der wichtigsten Faktoren im Horoskop, denn er bestimmt, wie das Wesen eines Menschen auf seine Mitwelt wirkt. Er beeinflusst sein Verhalten und seine unmittelbare Reaktion auf seine Umwelt.

Tarot

Woher das Wort »Tarot« stammt, ist nicht genau geklärt. Es könnte sich von dem hebräischen »ta rosch« (Königsweg), von »tora« (Gesetz) oder von dem alten ungarischen Zigeunerwort »taru« herleiten. Es könnte auch ein Anagramm des lateinischen »rota« (»Rad« und Symbol für den ewigen Kreislauf von Leben und Tod) sein.

Das Tarot tauchte in Europa im 14. Jahrhundert auf und kommt wahrscheinlich aus der islamischen Welt. Es waren vor allem Gnostiker, die im Tarot eine Gegenbewegung zur starren christlichen Lehre verstanden. In geheimen Kartenmacherwerkstätten verfassten sie persische, ägyptische und indische Lehren, woraus schließlich unterschiedlichste Tarot-Ausführungen entstanden.

Das Tarot soll der Selbsterkennung, Sinnfindung und Weissagung dienen. Es geht dabei weniger um das Vorhersagen zukünftiger Ereignisse als vielmehr darum, verborgenes Wissen zu erlangen und dem Menschen Anleitung auf den verschiedenen Stationen seines Lebens zu geben.

Ein Tarotdeck hat meistens 78 Karten. Die Zahl 78 ist die Summe der Zahlen 1 bis 12. Die 12 steht für Vollständigkeit, die 78 für »Das große Ganze«.
Das Deck besteht aus 22 Bildkarten der großen Arkana und 56 Farbkarten der kleinen Arkana. Die 22 Bildkarten entsprechen dem hebräischen Alphabet und haben eine numerologische und kabbalistische Bedeutung. Die vier Farben der kleinen Arkana sind: Kelche, Schwerter, Scheiben und Stäbe, die für Klerus, Adel, Kaufmannsgilde und Bauernschaft stehen. Jede Farbe hat Zahlkarten von eins bis zehn, zudem vier Hofkarten: König, Königin, Page und Ritter.

Die inzwischen am weitesten verbreitete Interpretation der großen Arkana ist die der archetypischen Heldenreise:

Der Narr *Der Magier*

1. **Der Narr:** verfügt über Sorglosigkeit, Leichtigkeit, Lebendigkeit, Lebenslust, Leichtsinn. Wenn Entscheidungen zu treffen sind, steht der Narr sich durch seine Unvernunft selbst im Weg.
2. **Der Magier:** besitzt schöpferische, kreative Energie. Er ist

in der Lage, Ideen in Wirklichkeit umzusetzen. Der starke Wille des Magiers behält jedoch nicht immer seine Kraft, und es kann zu einem problematischen Realitätsverlust kommen.

3. **Die Hohepriesterin:** handelt intuitiv und hat einen umfassenden, klaren Blick für die verschiedenen Facetten einer Situation. Bei aller Weisheit kann es aber auch zu emotionaler Unausgeglichenheit kommen.

4. **Die Herrscherin:** besitzt seelische Kraft und Stärke, Selbstvertrauen und Verantwortungsbewusstsein, inneren Reichtum, Fruchtbarkeit, Durchsetzungskraft. Ihre Fähigkeit, Schutz zu geben, kann durch Phasen häuslichen Unfriedens jedoch stark eingeschränkt werden.

5. **Der Herrscher:** zeichnet sich aus durch Kraft und Stärke, Selbstbeherrschung, Willensstärke, Stabilität und Wissen. Unreife und gescheiterte Ambitionen können die Macht des Herrschers schwächen.

6. **Der Hohepriester:** hat Güte, Gnade, Religiosität, Verbindung zu höheren Mächten und ist ein erfahrener Ratgeber und Lehrer. Der Hohepriester ist aber auch nicht davor gefeit, einen schlechten Rat zu erteilen.

7. **Die Liebenden:** glänzen durch ihre Innigkeit, Harmonie, die wahre Liebe, ihre starke Verbundenheit, Leidenschaft und Anziehungskraft. Zaudern, Zögern und moralische Verfehlungen können aber auch ihre Liebe bedrohen.

8. **Der Wagen:** ist auf der Suche nach dem rechten Weg, steht für das Ausruhen nach dem Erfolg, Triumph, Sieg. Aber das Überwinden der Stagnation kann auch in Rücksichtslosigkeit und Arroganz umschlagen.

9. **Die Gerechtigkeit:** steht für Fairness, Verantwortungsbewusstsein, Gerechtigkeit, Richterspruch. Ein Fehlurteil oder Parteilichkeit kann die Gerechtigkeit schwächen.

10. **Der Eremit:** sucht nach einem eigenen Lebensweg, er lebt in Isolation, Resignation, Abgeschiedenheit, Weisheit, Ein-

samkeit und Reifezeit. Zu intensive Kontemplation kann zur Ablehnung eines wertvollen Rates führen.

11. **Das Schicksalsrad:** Das Leben geht weiter und weiter, Schicksal, Wechsel, Auflösung, Erkenntnisprozess, einschneidende Veränderungen. Es kann eine Wendung hin zum Schlechten geben.

12. **Die Kraft:** gibt körperliche und geistige Kraft, Stärke, Mut und Selbstvertrauen. Es kann zu einer Schwächung kommen.

13. **Der Gehängte:** übt sich in Verzicht, zieht sich aus dem aktiven Leben zurück, steht für Ruhe, Unterwerfung, Überdenken der eigenen Situation und Erkenntnis, gedankliche Bindung. Es ist nicht leicht, die innere Balance zu halten; ein Gefühl der Zerrissenheit kann sich einstellen.

14. **Der Tod:** bringt tiefgreifende Veränderungen, löst alte Bindungen. Die Veränderungen sind der Macht des Zufalls ausgeliefert.

Die Herrscherin

Die Welt

15. **Der Ausgleich:** bedeutet, im Fluss zu sein; Geduld und Gleichklang der Energien, Ausgewogenheit, Abwägen der Prioritäten. Fortschritte gehen nicht immer zügig voran.

16. **Der Teufel:** steht für Abhängigkeit und unbekannte Kräfte. Starrheit und Negatives überwiegen, Versuchung droht. Die Gier nach Macht und Einfluss muss im Zaum gehalten werden.

17. **Der Turm:** drastische Veränderungen nahen. Der Zusammenbruch des Egos, alte Systeme stürzen ein, Auseinandersetzung und innere Unruhe markieren stürmische Zeiten. Eine Katastrophe kann unnötiges Leid verursachen.
18. **Der Stern:** ermöglicht Offenheit und Klarheit der Gefühle. Die Bereitschaft zur Aufnahme kosmischer Energien, zur Erfüllung und Hoffnung besteht. Die Chance auf eine Horizonterweiterung kann sich in Engstirnigkeit und Starrsinn umkehren.
19. **Der Mond:** Gefühle erwachen, Grenzen werden überschritten. Er symbolisiert intuitives Verständnis, kontinuierlichen Wandel. Gefahr der Zerrissenheit.
20. **Die Sonne:** zeigt die Wertschätzung des inneren Kindes an, die große Offenheit, Reinheit, Zufriedenheit, Selbstbestätigung und Selbstliebe gelingt. Ein Scheitern an den eigenen Ansprüchen wirkt besonders schmerzhaft.
21. **Das Gericht:** bedeutet Auferstehung, Neubeginn, die Sensibilität für innere und äußere Botschaften, den Beginn einer neuen Phase, das Ende von Leidenszeiten steht bevor. Neubeginn und Problembewältigung müssen gegen erlittene Enttäuschungen durch verpasste Chancen verteidigt werden.
22. **Die Welt:** markiert die Entfaltung der Persönlichkeit, das Erreichen eines Ziels und starke Selbsterkenntnis. Erfüllung und innere Freiheit verhelfen zu einem freieren Selbstausdruck. Erfolg kann Starrheit und Trägheit nach sich ziehen.

Legesysteme

Fragestellung und Legesystem können Sie im Prinzip selbst bestimmen – wichtig ist nur, sich zu Beginn über die Frage im Klaren zu sein, deren Antwort Sie deuten wollen. Man kann nur eine einzige Karte ziehen und interpretieren oder mehrere hintereinander. Wichtig dabei ist, dass Sie vorher festlegen, welche Reihenfolge die gezogenen Karten haben sollen und welche Bedeutung ihnen jeweils beigemessen werden soll. So kann man etwa drei Karten ziehen und vorher bestimmen: Karte 1 sagt etwas aus über die Vergangenheit, Karte 2 über die Gegenwart, Karte 3 über die Zukunft.

Eine häufig angewandte Legemethode ist das Keltische Kreuz:

Karte 1: Ausgangssituation – Darum geht es
Karte 2: Einflüsse – Das kommt hinzu
Karte 3: Unbewusstes, Emotionales – Das wird verspürt
Karte 4: Vergangenheit – Das hat dorthin geführt
Karte 5: Bewusstes, Rationales – Das wird erkannt
Karte 6: Zukunft – So geht es weiter
Karte 7: Das Selbst – So sieht es der Fragesteller
Karte 8: Umgebung – So sehen es die anderen
Karte 9: Ängste und Hoffnungen – Das befürchtet oder erwartet der Fragesteller
Karte 10: Ergebnis – Dorthin führt es

Kabbala

Die Kabbala (hebräisch für »Überlieferung«) ist eine mystische Geheimlehre des Judentums. Sie hat ihren Ursprung in der Thora, dem Hauptteil der heiligen Schrift des Judentums, ist jedoch auch als Gegenreaktion zum stark ausgeprägten Formalismus der talmudischen Zeit zu verstehen. Es gibt verschiedene Schriften und Schulen der kabbalistischen Überlieferung, aber keine allgemeingültige Lehre.
Im Mittelpunkt der Kabbala steht das Ringen um eine unmittelbare Beziehung zu Gott. Gott, der grenzenlos und ewig ist, hat sich den Menschen als Mittlerwesen geschaffen, um durch die zehn geistigen Kräfte seine göttliche Allmacht wirken zu lassen. Diese zehn Kräfte, die Sephiroth, die göttlichen

Urkräfte, ragen in der Form des kabbalistischen Weltenbaums in alle Ebenen des Seins.

Kether (Krone)
Chochmah (Weisheit)
Binah (Verstand)
Chesed (Liebe)
Gewurah (Macht)
Tiphereth (Schönheit)
Nezach (Beständigkeit)
Hod (Pracht)
Jesod (Grundstein)
Malchuth (Herrschaft)

Der Mensch, der selbst als ein Universum im Kleinen verstanden wird, ist in ein göttliches Universalsystem eingebunden und wird vom Göttlichen geprägt. Er kann es aber seinerseits auch beeinflussen, etwa durch Wortmagie, bei der sich das Aussprechen von Bezeichnungen unmittelbar auf das Bezeichnete auswirkt.
Indem der Kabbalist sich in einen ekstatischen Zustand versetzt, erfährt er die Loslösung des Ich vom eigenen Körper und das Aufgehen in All-Einheit. Im Mittelalter wurde in der Kabbalistik viel mit Zahlen- und Buchstabendeutung gearbeitet. So wurde zum Beispiel das Paradies als ein Garten mit sieben Bäumen beschrieben, von denen jeder 16 Wurzeln und 490 Zweige habe: 7, 16, 490. Der Baum verbindet Himmel (Zweige) und Erde (Wurzeln) über seinen Stamm. 16 ist 4 mal 4 und steht damit als ein Quadrat für einen geschützten Innen- und Seelenraum, das Allerheiligste, das Unbewusste. Gleichzeitig ist die 4 die Zahl der Erde und damit der Erdverhaftung. Die 7 steht für Vollkommenheit. 490 ist ein Quadrat aus 7 mal 7 (= 49), gesteigert, indem man die 49 mal 10 genommen hat.

Der siebenfache Weltenbaum ragt nach oben in den Raum des Heiligen Geistes und fußt zugleich im Seelenraum des Unbewussten.

Feng-Shui

Feng-Shui (chin. »Wind und Wasser«) ist ein jahrtausendealtes chinesisches System zur Harmonisierung von Gebäuden und Wohnräumen. Die spirituelle Entwicklung und Gesundheit des menschlichen Geistes sollen dadurch gefördert werden. Feng-Shui beruht unter anderem auf dem Yin-und-Yang-Prinzip: Wo Energie fließen soll, bedarf es einer Antriebskraft. Im Feng-Shui entsteht diese Antriebskraft durch die gegensätzlichen Pole Yin und Yang, die miteinander in enger Wechselwirkung stehen: Der Tag folgt auf die Nacht, der Mond weicht der Sonne. Alle Energien der Erde sind entweder Yin oder Yang zugeordnet. Wenn im Feng-Shui von Gleichgewicht die Rede ist, ist damit die Ausgewogenheit der Yin- und der Yang-Energie gemeint.

Manifestationen von Yin und Yang:

Yin	*Yang*
weiblich	männlich
Schatten	Licht
Mond	Sonne
passiv	aktiv
Winter	Sommer
kalt	warm
unten	oben
Tal	Berg
traurig	heiter
absteigend	aufsteigend
traditionell	innovativ

Einrichten nach Feng-Shui

- Fenster sollten nicht einer Tür gegenüber plaziert sein, da die Energie sonst direkt durch den Raum fließt und ihn auf der anderen Seite wieder verlässt.
- Räume sollten generell nicht zu viele Türen und Fenster haben, da die glücklichen Energien sonst zu rasch entweichen.
- Es bringt Harmonie und Ruhe, wenn Eingangstüren entsprechend ihrer Himmelrichtung rot (Süden, Südwesten, Nordosten), blau (Norden, Osten, Südosten), weiß (Westen, Nordwesten, Norden) oder grün (Osten, Südosten, Süden) gestrichen werden.
- Möbel, Rahmen und Lampen für die Wohnungseinrichtung sollten regelmäßige, ruhige Formen haben (rechteckig und quadratisch), nicht aber unruhige (dreieckig oder spitzwinklig).
- Ihr Bett sollte in der Ecke stehen, die der Tür zum Schlafzimmer schräg gegenüberliegt. Ansonsten liegen Sie ungünstig auf einer Energiebahn.
- Energien wandern von einem Raum zum anderen. Vermeiden Sie daher, dass eine Schlafzimmertür direkt gegenüber von Bad oder Küche liegt, da das Schlafzimmer sonst negativen Energien ausgesetzt ist.
- Paravents als Raumteiler haben sich als ideale Hilfsmittel für das Lenken von Energien im Raum erwiesen. Wenn beispielsweise ein Arbeitsplatz im Schlafzimmer sein muss, sollte er durch einen Paravent außer Sicht des Bettes gebracht werden.
- Über dem Bett, vor allem am Kopfende, sollten keine Regale, schweren Bilder oder gar Kronleuchter sein, da sie atmosphärisch Druck auf den Schlafenden ausüben. Auf Spiegeltüren sollten Sie im Schlafzimmer möglichst ganz verzichten, da Spiegel selbst die geringste Lichtquelle reflektieren und verstärken und so für einen unruhigen Schlaf sorgen.

- Spiegel strahlen Kraft aus, denn sie verstärken das, was sie reflektieren. Hängen Sie einen Spiegel aber nie an eine Wand, die der Tür gegenüberliegt. Der Spiegel würde die hereinfließende Energie zurückwerfen und so das Kreisen der Energie verhindern.
- Es bringt gute Energie, wenn Sie eine Stereoanlage an der Westwand des Wohnzimmers aufstellen.
- Wenn Sie täglich mindestens zehn Minuten laute Musik in Ihrer Wohnung spielen, werden die Zimmer gereinigt, da so alte Energien vertrieben werden.
- Plazieren Sie links von der Eingangstür, in die Nordecke oder Südostecke des Raumes, einen kleinen Springbrunnen: das sorgt für glückliche Energien.
- Halbedelsteine im Treppenbereich helfen Energien in die oberen Stockwerke zu tragen.
- Klangspiele halten den Energiefluss auf, sollten also nicht im Eingangs- oder Durchgangsbereich aufgehängt werden.
- Die Sitz- und Blickrichtung der Toilette sollte nicht auf derselben Linie wie der Herd oder das Bett liegen, trotz der dazwischenliegenden Wände.
- Es ist der inneren Ruhe förderlich, wenn große Fenster zum Teil mit Vorhängen verhängt werden und wenn auf der Fensterbank Kiesel- und Halbedelsteine liegen. So kann das Chi, die positive Kraft, nicht entweichen und sammelt sich im Raum.
- Hängen Sie Ihre Wäsche nur tagsüber auf, und nehmen Sie sie vor Einbruch der Dunkelheit ab, da sie sonst falsche Energien in sich aufnimmt.
- Wer seine Beziehung beleben will, sollte Einrichtungsgegenstände und Bezugsstoffe vorwiegend in Rottönen wählen und Kerzen aufstellen, und zwar bevorzugt an der Südwest- und an der Nordostseite eines Raumes.
- Selbst für Form- und Farbgestaltung von Visitenkarten,

Briefpapier, Flyern und ganzen Firmenkampagnen gibt es Feng-Shui-Beratung. So sollte ein Logo nach Feng-Shui viel Rot enthalten, da Rot die Farbe der Kommunikation ist. Weitere Farben richten sich nach dem jeweiligen Metier der Firma – so steht etwa Call-Centern ein frisches Grün gut zu Gesicht.

Übrigens: Die kommerziellen Angebote treiben auch seltsame Blüten: Angeblich tachyonisierter Stardust (mit Urenergie von Teilchen angereichert, die schneller als Licht sind) wird zum Einrühren in Wandfarbe angeboten, so dass negative Raumfrequenzen in harmonische Energie umgewandelt werden. Man kann damit auch Linoleum grundieren oder in Öl malen. Ebenso harmonisierend wirken tachyonisierte Kristallanhänger sowie mit Tachyon-Energiezellen versehene Augenmasken und Ohrstöpsel. Die Zellen gibt es sogar in einem Täschchen, das man ans Hundehalsband knüpfen kann. Eine weitere Feng-Shui-Empfehlung sind Kakaobohnenstückchen, denn sie sättigen Geist und Körper. Auch ein Kilo Himalaja-Badesalz hat weitreichende Kräfte. In 100 Liter Badewasser aufgelöst, vermittelt es das Gefühl, im Wasser zu schweben. Darüber hinaus stimmt es den Körper basisch und entgiftet die Haut.

SCHRIFTSTELLERINNEN

»Solange man selber spricht, erfährt man nichts.«

Marie von Ebner-Eschenbach, 1830–1916

Hildegard von Bingen (1098–1179)

Sie wurde Benediktinernonne, weil sie als zehntes Kind ihrer Eltern für ein Klosterleben bestimmt war. Die ungewöhnlich charismatische Frau wurde Äbtissin und eine berühmte Mystikerin, die sich mit Musik, Medizin, Kosmologie, Religion und Ethik befasste. Ihren heilkundlichen Schriften liegt stets der ganzheitliche medizinische Aspekt von Körper, Geist und Seele zugrunde. Sie werden bis heute befolgt. Im Jahr 1584 wurde sie offiziell heiliggesprochen.
Zitat: »Der Mensch sollte alle seine Werke zunächst einmal in seinem Herzen erwägen, bevor er sie ausführt.«

Jane Austen (1775–1817)

Die Pfarrerstochter blieb zeit ihres Lebens unverheiratet, um sich keinem Ehemann und keiner Ehekonvention unterwerfen zu müssen. Sie kommentierte aber in zahlreichen anonym (»by a Lady«) veröffentlichten Romanen (»Verstand und Gefühl«, 1809, »Emma«, 1816) das Leben junger unverheirateter Oberschichtfrauen.
Zitat: »Es ist eine allgemein anerkannte Wahrheit, dass ein Junggeselle im Besitz eines schönen Vermögens nichts dringender braucht als eine Frau.« (»Stolz und Vorurteil«)

Bettine (auch Bettina) von Arnim (1785–1859)

Die Schwester von Clemens Brentano gilt als bedeutende Vertreterin der deutschen Romantik. Nach 20 Jahren Ehe und sieben Kindern engagierte sie sich sozial und politisch und schrieb 1840 den Hauptteil ihres Werkes »Die Günderode«.
Zitat: »Sehnsucht und Ahnung liegen einander, eins treibt das andere hervor.«

Annette von Droste-Hülshoff (1797–1848)

Die bedeutende deutsche Dichterin aus altem westfälischem Adel ging ihrer schriftstellerischen Arbeit mit großer Leidenschaft nach und korrespondierte mit einflussreichen Denkern ihrer Zeit, lehnte sich jedoch nie gegen die traditionellen Erwartungen ihrer Familie auf. Ihre Ballade »Der Knabe im Moor« (1842) und ihre Novelle »Die Judenbuche« (1842) wurden weltberühmt.
Zitat: »Wenn die Kinder klein sind, treten sie uns in den Schoß, und wenn sie groß sind, ins Herz.«

Mary Wollstonecraft Shelley (1797–1851)

Mit 16 Jahren brannte sie mit dem Schriftsteller Percy Bysshe Shelley in die Schweiz durch. Im Sommer 1816 langweilte sie sich gemeinsam mit Lord Byron am Genfer See und schrieb zum Zeitvertreib Schauergeschichten. Mary brachte »Frankenstein oder Der moderne Prometheus« zu Papier, die längst weltberühmte und vielfach adaptierte Geschichte von der fatalen künstlichen Erschaffung eines Menschen.
Zitat: »Zwar werde ich meine Gedanken zu Papier bringen, aber das ist ein unzulängliches Medium für die Mitteilung von Gefühlen.«

Charlotte Brontë (1816–1855)

Die Pfarrerstochter aus Yorkshire fand für ihren Roman über ihre unerfüllte Liebe zu einem verheirateten Kollegen (»The Professor«) zu Lebzeiten keinen Verleger. Erst mit »Jane Eyre« (ein Klassiker des viktorianischen Zeitalters über eine junge Gouvernante, 1848) wurde sie bekannt und war in den literarischen Zirkeln Londons sehr gefragt. 1855 starb sie an Tuberkulose; 1857 würdigte ihre Freundin, die Schriftstellerin Elizabeth Gaskell, sie posthum mit einer Biographie.
Zitat: »Sie fragen mich, ob ich nicht auch der Meinung sei, dass Männer wunderliche Wesen sind. Dieser Meinung bin ich in der Tat, und der Gedanke ist mir schon oft gekommen.«

Emily Brontë (1818–1848)

Die jüngere Schwester von Charlotte Brontë soll dem schroffen, starrsinnigen, eigenbrötlerischen und bis heute umstrittenen Helden Heathcliff ihres weltberühmten Romans »Sturmhöhe« (1847) sehr ähnlich gewesen sein. Als sie an einer Lungenentzündung erkrankte, lehnte sie medizinische Hilfe ab; sie wollte der Natur ihren Lauf lassen.
Zitat: »Stolze Menschen schaffen sich selbst die schlimmsten Sorgen.« (»Sturmhöhe«)

Anne Brontë (1820–1849)

Die jüngere Schwester von Charlotte und Emily schrieb zwei Romane mit autobiographischen Zügen: »Agnes Grey« (1847) und »Wildfell Hall« (1848). Wegen ihrer selbstbewussten Frauen und selbstgerechten Männerfiguren wurde sie von den meisten Kritikern ihrer Zeit geschmäht, von manchen regelrecht gehasst, und viele Leserinnen fürchteten sich geradezu

vor der Lektüre ihrer realistischen, gewagten Schilderungen. Auch Anne starb an Tuberkulose.
Zitat: »Wer Vollkommenheit verlangt, wird sie niemals finden.« (»Agnes Grey«)

George Eliot (1819–1880)

Die Schriftstellerin Mary Ann Evans lebte in London in wilder Ehe mit einem verheirateten Intellektuellen zusammen. 1859 veröffentlichte sie unter Pseudonym ihren ersten Roman, »Adam Bede«, weitere Romane (»Die Mühle am Floss«, 1860, »Middlemarch«, 1871) fanden so große Anerkennung, dass die Londoner Gesellschaft sie wieder willkommen hieß, nachdem sie von ihrer wahren Identität erfahren hatte.
Zitat: »Selig der Mann, der nichts zu sagen hat und davon absieht, diese Tatsache durch Worte zu beweisen.«

Selma Lagerlöf (1858–1940)

Die Erschafferin von »Die wunderbare Reise des kleinen Nils Holgersson mit den Wildgänsen« (1907) war die erste Frau, die den Literaturnobelpreis bekam (1909). Sie engagierte sich 1911 auf einem internationalen Frauenkongress, wo sie sehr ausdrücklich das Frauenwahlrecht einforderte. Um 1933 gehörte sie darüber hinaus einem Komitee zur Rettung jüdischer Flüchtlinge an und war in ihrer Gemeinde in der Armenfürsorge aktiv.
Zitat: »Wenn ich in einem Buch eine Lieblingsfigur sterben lassen musste, bin ich sehr oft in Tränen ausgebrochen. Ich habe dann meist ein Stück Brot mit Gänseschmalz gegessen, um darüber hinwegzukommen.«

Else Lasker-Schüler (1869–1945)

1932 hatte sie noch den Kleist-Preis erhalten, im April 1933 sah sie sich bereits wegen ihres jüdischen Glaubens tätlichen Angriffen ausgesetzt und floh nach Zürich. 1938 wurde ihr die deutsche Staatsbürgerschaft aberkannt. 1939 reiste sie nach Israel, wo sie 1945 starb.
Zitat: »Immer muss ich, wie der Sturm will, bin ein Meer ohne Strand.«

Gertrude Stein (1874–1946)

Sie begab sich 1903 nach Paris, wo sie rasch zur schriftstellerischen Avantgarde gehörte und mit den noch unbekannten Künstlern Renoir, Gauguin, Monet und Cézanne verkehrte. 1906 lernte sie Picasso kennen, dessen Porträt von ihr heute im Metropolitan Museum of Art in New York hängt. Nach dem Ersten Weltkrieg prägte sie den Begriff der »Lost Generation« und diskutierte in ihrem Pariser Künstlersalon mit Ernest Hemingway, F. Scott Fitzgerald, Thornton Wilder und etlichen anderen großen Literaten. Stein experimentierte mit Sprache, um die Abstraktion, die in der Malerei möglich ist, mit Worten umzusetzen. Ihre Lebenspartnerin war ab 1908 Alice B. Toklas, die sie bei ihrer Arbeit unterstützte, für sie kochte, ihr zuhörte und als Herausgeberin fungierte.
Zitat: »Eine Rose ist eine Rose ist eine Rose ist eine Rose.«

Virginia Woolf (1882–1941)

Der Essay »Ein eigenes Zimmer« (1929), in dem sie beschreibt, wie wenig Gelegenheit Frauen im Lauf der vergangenen Jahrhunderte hatten, selbst Literatur zu produzieren, wurde zur Pflichtlektüre der Frauenbewegung. Woolf entzieht sich jeder

Einordnung in vorhandene Raster; sie hatte eine jahrelange Liebesbeziehung zur Schriftstellerin Vita Sackville-West und schuf faszinierende, androgyne Frauengestalten in ihren Romanen, etwa »Mrs. Dalloway« (1925) und »Orlando« (1929); sie liebte ihren Ehemann Leonard und litt seit ihrer frühen Kindheit an einer manisch-depressiven Erkrankung. Sie war eine tragische Gestalt und intellektuelle Leitfigur. 1941 beging sie Suizid.
Zitat: »Frauen waren jahrhundertelang ein Vergrößerungsspiegel, der es den Männern ermöglichte, sich selbst in doppelter Lebensgröße zu sehen.« (»Ein eigenes Zimmer«)

Agatha Christie (1890–1976)

Eigentlich hatte die berühmteste Krimiautorin der Welt Musikerin werden wollen, aber der Erste Weltkrieg unterbrach ihr Studium in Paris. Stattdessen arbeitete sie als Krankenschwester und Apothekerin, wodurch sie ein breites Wissen über Gifte erwarb. 1921 erschien ihr erster Krimi (»Das fehlende Glied in der Kette«), 1926 wurde sie mit »Alibi« weltberühmt. Die Welt verdankt ihr Hercule Poirot und Miss Marple. Ihre Bücher sind weltweit sagenhafte zwei Milliarden Mal verkauft worden.
Zitat: »Nichts ist beglückender, als den Menschen zu finden, den man den Rest seines Lebens ärgern kann.«

Nelly Sachs (1891–1970)

1940 floh die Lyrikerin buchstäblich im letzten Moment mit ihrer Mutter vor den Nazis nach Schweden. In der Nachkriegszeit begann sie, mit einer ganz eigenen, herb-zarten Sprache das Grauen des Holocaust zu verarbeiten. Die Gedichtbände »In den Wohnungen des Todes« und »Sternenverdunkelung«

erschienen 1947 und 1949. 1966 erhielt sie den Literaturnobelpreis.
Zitat: »Wer im Dunkeln sitzt, zündet sich einen Traum an.«

Pearl S. Buck (1892–1973)

Die Tochter eines Missionars verbrachte einen Teil ihrer Kindheit in China. Diese Erlebnisse hatten starke Einflüsse auf ihr Werk. Für »Die gute Erde« (1931), die Schilderung des bäuerlichen Lebens in China, und »Die Frau des Missionars« (1936) erhielt sie 1938 den Literaturnobelpreis.
Zitat: »Kinder, die man nicht liebt, werden Erwachsene, die nicht lieben.«

Enid Blyton (1897–1968)

Eine der bekanntesten, produktivsten und mit über 400 Millionen verkauften Büchern auch eine der international erfolgreichsten Jugendbuchautorinnen (»Die Insel der Abenteuer«, 1944, »Hanni und Nanni sind immer dagegen«, 1965). Sie schrieb Hunderte von Büchern und Tausende von Geschichten, allein im Jahr 1957 brachte sie 37 Bücher heraus. Das Mädchen George aus der Reihe »Fünf Freunde« trägt ausgeprägte autobiographische Züge.
Zitat: »Kritik von Leuten über zwölf interessiert mich überhaupt nicht.«

Anna Seghers (1900–1983)

Für ihren Erstling »Aufstand der Fischer von St. Barbara« (1928) erhielt die Tochter aus jüdisch-orthodoxem Hause den Kleist-Preis. Nachdem sie von der Gestapo bereits einmal verhaftet worden war, floh sie in die Schweiz, dann nach Paris

und schließlich nach Mexiko-Stadt. In Deutschland fiel ihr Werk der Bücherverbrennung zum Opfer. 1942 erschien ihr berühmtester Roman, »Das siebte Kreuz«. 1947 kehrte Seghers nach Deutschland zurück, zunächst nach West-, 1950 nach Ostberlin, wo sie bis zu ihrem Tod lebte.
Zitat: »Wir fühlten alle, wie tief und furchtbar die äußeren Mächte in den Menschen hineingreifen können, bis in sein Innerstes, aber wir fühlten auch, dass es im Innersten etwas gab, was unangreifbar war und unverletzbar.« (»Das siebte Kreuz«)

Astrid Lindgren (1907–2002)

Die bekannteste Kinderbuchautorin der Welt dachte sich die meisten Figuren am Bett ihrer Tochter Karin aus: Zunächst Pippi Langstrumpf im Jahr 1941, es folgten Michel aus Lönneberga, Ronja Räubertochter, Kalle Blomquist, Madita, Lotta, die Brüder Löwenherz und viele andere. Zeit ihres Lebens setzte sie sich für Menschenrechte und besonders für die Rechte der Kinder ein.
Zitat: »Man kann in ein Kind nichts hineinprügeln, aber vieles herausstreicheln.«

Simone de Beauvoir (1908–1986)

Die Tochter aus gutem Hause lehnte sich schon früh gegen die starren und tyrannischen Regeln des Pariser Bürgertums auf. 1929 lernte sie während des Studiums an der Sorbonne ihren Lebensgefährten Jean-Paul Sartre kennen, mit dem sie eine offene Beziehung führte. Ihr Essay »Das andere Geschlecht« (1949) war ein Welterfolg und festigte ihren Ruf als Säule einer neuen Frauenbewegung, die zum Feminismus nach 1968 führte.

Zitat: »Charme ist das, was manche Leute haben, bis sie beginnen, sich darauf zu verlassen.«

Doris Lessing (*1919)

Nach einer unglücklichen Kindheit in Südrhodesien (heute Simbabwe) setzte sie sich zunächst mit dem trostlosen Leben in den britischen Kolonien in Afrika auseinander. Später befasste sie sich intensiv mit Psychologie und Kommunismus sowie mit islamischer Mystik. Als ihr Hauptwerk gilt »Das goldene Notizbuch« (1962). 2007 wurde ihr der Literaturnobelpreis verliehen.
Zitat: »Schreiben ist mein Beruf und meine Gewohnheit. Ich glaube, wir werden als etwas geboren, als Maler, als Schriftsteller, und ich kann mir nicht vorstellen, ohne Schreiben zu leben.«

Patricia Highsmith (1921–1995)

Die mürrische, die Einsamkeit liebende US-amerikanische Schriftstellerin war zeit ihres Lebens unruhig in der Welt umhergezogen. Sie ist die Meisterin der psychologisch tiefgründigen Kriminalromane und bis heute als Literatin unterschätzt. Am bekanntesten wurde ihre Figur Tom Ripley, der sie zwischen 1955 und 1991 fünf Romane widmete.
Zitat: »Zum Schreiben drängt mich nicht das Gewissen, sondern nur die Unzufriedenheit mit der Welt – deshalb bin ich Schriftstellerin.«

Nadine Gordimer (*1923)

Nachdem sie bereits mehrere Erzählungen und Romane (»Fremdling unter Fremden«, 1958) veröffentlicht hatte, setzte sich die südafrikanische Schriftstellerin öffentlich gegen

Apartheid und für Meinungsfreiheit ein, weswegen sie mehrfach mit einem Publikationsverbot belegt wurde. 1991 bekam sie den Literaturnobelpreis.
Zitat: »Es wäre das größte Unglück für mein Land, für Afrika, für die Welt, wenn der Hass eines Tages die Vernunft ersticken sollte.«

Ingeborg Bachmann (1926–1973)

Duch eine Lesung bei der berühmten »Gruppe 47« wurde die Österreicherin schlagartig zu einer umschwärmten Diva der Intellektuellen, mit einer seltsam einnehmenden, leisen, mädchenhaften Stimme, die vielen den Zugang zu ihrem Werk erst zu ermöglichen schien. Sie veröffentlichte Lyrik (»Die gestundete Zeit«, 1953, »Anrufung des Großen Bären«, 1957) und Prosa (»Malina«, 1971). 1973 starb sie, inzwischen schwer tablettenabhängig, nach einem mit einer brennenden Zigarette selbst verschuldeten Brandunfall in ihrer Wohnung in Rom.
Zitat: »Hätten wir das Wort, hätten wir die Sprache, wir bräuchten die Waffen nicht.«

Toni Morrison (*1931)

Als Verlagslektorin für Random House in New York trug sie entscheidend zur Etablierung der afroamerikanischen Literatur bei. Mittlerweile gehört sie selbst zu deren bedeutendsten Vertreterinnen. Ihr erster Publikumserfolg war der Roman »Solomons Lied« (1977), die Geschichte einer afroamerikanischen Familie. 1993 erhielt sie den Literaturnobelpreis für ihr Gesamtwerk.
Zitat: »Wenn du dich emporschwingen willst, musst du den ganzen Mist, der dich nach unten zieht, zurücklassen.«

Elfriede Jelinek (*1946)

»Ich verspüre eigentlich mehr Verzweiflung als Freude«, erklärte die in Österreich stark umstrittene Skandalautorin (»Die Klavierspielerin«, 1983), nachdem sie den Literaturnobelpreis 2004 bekommen hatte. Die von der konservativen österreichischen Kulturbevölkerung als Nestbeschmutzerin angeklagte Autorin legte sich selbst für ihre eigenen Stücke ein Veröffentlichungsverbot für Österreich auf.
Zitat: »Ja, die Natur mit ihren Nackenschlägen. Wenn man nicht genug geübt hat, ihrer Witterung zu entspringen, dann sind Autos mit Blaulicht hinter einem her.« (»Die Kinder der Toten«)

Cornelia Funke (*1958)

Mit den »Wilden Hühnern« ging es Anfang der neunziger Jahre los. Inzwischen ist sie die erfolgreichste Jugendbuchautorin Deutschlands. Im Jahr 2002 wurde ihr Fantasy-Roman »Herr der Diebe« (2000) in den USA ein Bestseller. Das Buch wurde in 23 Sprachen übersetzt. Mit der Tintenwelt-Trilogie (2003–2007) war sie ebenfalls sehr erfolgreich. 2005 zog sie nach Los Angeles, weil sie sich dort fast jeden Tag im Freien aufhalten kann und Wildnis und Großstadt nah beieinander liegen. Das *Time Magazine* führte sie 2005 auf der Liste der 100 weltweit einflussreichsten Persönlichkeiten.
Zitat: »Ein Buch ist eine Gelegenheit, sich mit dem auseinanderzusetzen, was uns allen Angst macht, und in die Dunkelheit hineinzugehen – ohne Gefahr für Leib und Leben.«

Joanne K. Rowling (*1965)

Sie war alleinerziehende Mutter einer kleinen Tochter und lebte von Sozialhilfe, als sie 1993 intensiv am ersten von sieben geplanten Harry-Potter-Bänden arbeitete – zum Teil in Cafés, weil die im Gegensatz zu ihrer Wohnung geheizt waren. 1997 kam das Buch mit einer mickrigen Startauflage von 500 Exemplaren heraus. Der Siegeszug begann, als drei Tage später die Rechte für 100 000 Dollar in die USA verkauft wurden. Inzwischen ist Harry Potter in 60 Sprachen, selbst ins Altgriechische, übersetzt worden; um die 350 Millionen Bücher wurden weltweit verkauft.

Zitat: »Es verlangt einiges an Mut, sich seinen Feinden entgegenzustellen, doch genauso viel, den eigenen Freunden in den Weg zu treten.« (»Harry Potter und der Stein der Weisen«)

GESUNDHEIT

Häufigste Gründe stationärer Krankenhausaufenthalte in Deutschland (bei insgesamt 17 Millionen Patienten):

Frauen:	
Herzinsuffizienz	170 000 Erkrankte
Brustdrüsenkrebs	147 000 Erkrankte
Gallensteine	137 000 Erkrankte
Männer:	
Psychische und Verhaltensstörungen durch Alkohol	223 000 Erkrankte
Angina pectoris	187 000 Erkrankte
Herzinsuffizienz	147 000 Erkrankte

Durchschnittsalter

In Deutschland werden Frauen derzeit durchschnittlich 81 Jahre alt. Männer erlangen dagegen nur ein Alter von knapp 75 Jahren. Die Gründe dafür sind vielfältig – als Hauptursachen gelten jedoch neben biologischen Unterschieden auch soziale und umweltbedingte Faktoren. Fest steht allerdings, dass Männer ungesünder und sorgloser leben als Frauen. Sie trinken mehr Alkohol, nehmen fetthaltigere Nahrung zu sich, rauchen häufiger und mehr, sie gehen seltener zum Arzt und nützen die Angebote zu Vorsorgeuntersuchungen deutlich weniger als Frauen.

Todesursachen

Die meisten deutschen Männer und Frauen im Jahr 2003 starben an Kreislaufschwäche.

Medizinisches Wissen

Das medizinische Wissen verdoppelt sich alle fünf Jahre. Trotz des technischen Fortschritts bleibt die Zahl nicht oder falsch erkannter Krankheiten seit Jahrzehnten konstant bei etwa zehn Prozent. In Deutschland sterben jährlich mehr Menschen durch ärztliches Versagen als im Straßenverkehr. Fachleute machen dafür unter anderem den Rückgang von Obduktionen verantwortlich, der wiederum auf die Einführung der Einverständniserklärung von Angehörigen zurückzuführen ist. Ohne eine Obduktion erhalten die Ärzte keine Rückmeldungen über ihre Fehlbehandlungen und falsch gestellte Diagnosen. Von diesen Erkenntnissen könnten jedoch zukünftige Patienten profitieren. Dass Menschen heute so alt werden wie in keiner Generation zuvor, ist hauptsächlich ein Verdienst der Hygiene.

»Ist ein Arzt anwesend?«

Rein statistisch müsste sich in jedem vollbesetzten Passagierflugzeug ein Arzt unter den Fluggästen befinden.

Schluckauf

Sie können langsam Zucker auf der Zunge zergehen lassen, an sieben Glatzköpfe denken, sich erschrecken lassen oder einfach laut singen, um den Schluckauf loszuwerden – aber wirklich schnell und zuverlässig hilft nur folgende Methode:
Halten Sie circa 0,2 Liter Wasser in einem Glas oder in einer Trinkflasche bereit. Der Betroffene muss nun die Zeigefinger in seine Ohren stecken und den Gehörgang richtig dicht verschließen. Lassen Sie dann den vom Schluckauf Geplagten so lange wie möglich aus dem Trinkgefäß trinken. Klären Sie ihn

vorher darüber auf, während des Trinkens nicht durch die Nase zu atmen. Danach ist der Schluckauf weg.
Sind Sie selbst betroffen und kein Helfer zur Stelle, der Ihnen das Trinkgefäß anhalten kann, ist eine Möglichkeit, die Flüssigkeit aus einem vor Ihnen abgestellten Gefäß durch einen Strohhalm anzusaugen, eine andere, vom Wasserhahn zu trinken. Besser funktioniert es jedoch zu zweit. Anscheinend ist es schlechter, nach vorne gebeugt zu trinken. Deshalb halten ganz ausgefuchste Einzelkämpfer den Trinkstutzen einer Trinkflasche fest zwischen den Zähnen und kippen die Flasche dann nahezu senkrecht nach oben, um mit zugehaltenen Ohren trinken zu können. Dabei darf die Flasche nicht zu schwer sein. Am besten funktioniert es mit einer Plastikflasche, die nur mit den erforderlichen 0,2 Litern Wasser befüllt ist.

Erste Hilfe

Die stabile Seitenlage hat zum Ziel, einer bewusstlosen Person das selbständige Atmen zu erleichtern und aufrechtzuerhalten. Durch die Seitenlage werden die Lungen entlastet, und es wird verhindert, dass die Person an Erbrochenem, Blut oder der eigenen Zunge erstickt. Zu viele lebensgefährliche Fehler von Erste-Hilfe-Laien und zu viele Fälle von unterlassener Hilfeleistung haben den Europäischen Wiederbelebungsrat (ERC) dazu veranlasst, im Jahr 2005 neue, vereinfachte Richtlinien zur Ersten Hilfe herauszugeben. Unter anderem die vereinfachte Variante der stabilen Seitenlage. Durch reduzierte Anwendungsschritte sollen die Maßnahmen für Ersthelfer einfacher werden, damit sie auch in der Anspannung der Notfallsituation leichter durchzuführen sind.

Gehen Sie so vor:

- Strecken Sie die Beine der bewusstlosen Person aus.

- Knien Sie sich seitlich daneben.
- Legen Sie den nahen Arm abgewinkelt nach oben.
- Greifen Sie das Handgelenk des fernen Arms.
- Legen Sie die Handfläche des Bewusstlosen an dessen Wange auf der Ihnen zugewandten Seite.
- Halten Sie die Hand in dieser Position fest.
- Fassen Sie den fernen Oberschenkel, und beugen Sie das Bein.
- Rollen Sie den Betroffenen vorsichtig zu Ihrer Seite.
- Den Oberschenkel des nun oben liegende Beines richten Sie im rechten Winkel zur Hüfte aus.
- Überstrecken Sie nun den Hals, damit die Atemwege nicht blockiert sind.
- Öffnen Sie leicht den Mund des Bewusstlosen, damit gegebenenfalls Blut oder Erbrochenes ablaufen kann.
- Richten Sie die an der Wange liegende Hand so aus, dass der Hals überstreckt bleibt und der Mund den tiefsten Punkt bildet.

In der stabilen Seitenlage müssen Sie auch immer wieder die Atmung kontrollieren!

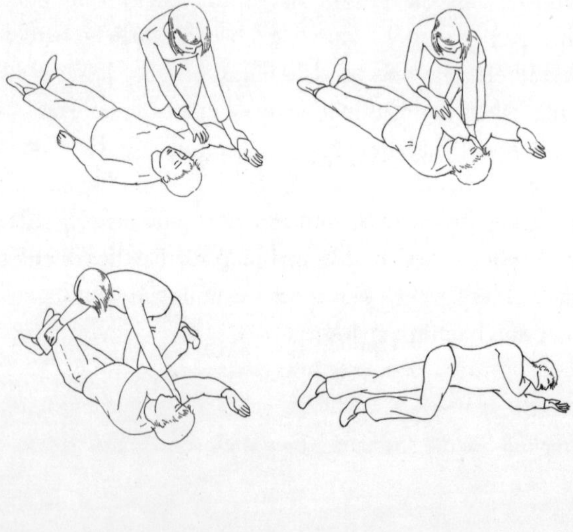

Wiederbelebung

Auch die Herz-Lungenwiederbelebung (CPR) wurde vom ERC vereinfacht, damit Laien sich nicht scheuen, sofort Erste-Hilfe-Maßnahmen zu ergreifen, denn hier zählt jede Sekunde! Wenn der Patient nicht reagiert und nicht atmet, beginnen Sie sofort mit der Herzmassage. Führen Sie 30 Kompressionen immer im Wechsel mit zwei Beatmungen durch, bis der Rettungswagen eintrifft. Diese Wiederbelebungsmaßnahme ist auch bei Kindern anwendbar.

- Knien Sie sich neben den Patienten und legen Sie Ihre Handballen in der Mitte seines Brustkorbs übereinander.
- Drücken Sie 30-mal mit gestreckten Armen kurz und kräftig etwa 5 cm tief.
- Es folgen zwei Atemspenden von Mund zu Mund von über einer Sekunde Länge, die vorzugsweise von einem zweiten Helfer ausgeführt werden. Die Nase des Patienten wird dabei mit Zeigefinger und Daumen zugehalten.
- Fahren Sie dann wieder mit 30 Kompressionen fort.

Wer bei sich oder anderen einen Herzinfarkt vermutet, sollte unbedingt die 112 wählen.

Wundversorgung

Wenn das Blut aus einer Wunde spritzt oder pulsiert: Decken Sie die Stelle sauber ab (z.B. mit Verbandmaterial oder einem sauberen Handtuch), legen Sie dann einen Druckverband an, indem Sie eine verpackte Verbandrolle, ein zusammengerolltes Handtuch, eine Packung Tempotücher, eine Packung Feuchtwischtücher, eine zusammengerollte Damenbinde oder Windel auf die abgedeckte Wunde legen und fest umwickeln oder mit einem weiteren (Hand-)Tuch festknoten. Wichtig ist, dass Druck auf die Wunde ausgeübt wird; der Druck darf aber nicht so stark sein, dass er die Durchblutung unterbricht. Der Puls sollte jenseits des Verbandes noch tastbar sein, ansonsten lockern Sie den Verband etwas. Binden Sie ein Körperteil nicht ab! Dadurch kann empfindliches Gewebe zerstört werden, und durch die Stauung können schädliche Stoffwechselprodukte entstehen, die vom Blut nicht abtransportiert werden können. Entfernen Sie Schmuckstücke: Ringe, Armbänder, Uhren und Ähnliches an einem anschwellenden Körperglied können die Blutzirkulation gefährlich beeinträchtigen.

Wundheilung

Wunden heilen nicht besser durch Abtrocknen an der Luft. Der natürlich entstehende Wundschorf schützt zwar vor dem möglichen Eindringen von Keimen, trocknet aber die Wundflüssigkeit aus. In ihr befinden sich die für den Heilungsprozess notwendigen Enzyme, Hormone und Wachstumsfaktoren, die den Zellen dann nicht mehr zur Verfügung stehen. Spezielle Gelpflaster halten die Wunde feucht und beschleunigen die Wundheilung um bis zu 50 Prozent.

Brustkrebs

Brustkrebs (Mammakarzinom) ist die häufigste Krebserkrankung bei Frauen. Viele Frauen haben Angst davor, denn die Statistik zeigt, dass jede zehnte Frau im Laufe ihres Lebens von der Krankheit betroffen ist. Allerdings bei einer durchschnittlichen Lebenserwartung von 81 Jahren. Innerhalb Europas unterscheidet sich die Wahrscheinlichkeitsrate, an Brustkrebs zu erkranken, von Nation zu Nation. Belgische Frauen tragen das höchste Risiko. Baltische und südeuropäische Frauen erkranken deutlich seltener an Brustkrebs. Deutschland liegt hinsichtlich dieser Statistik im Mittelfeld. Bei afrikanischen und asiatischen Völkern tritt die Krankheit wiederum wesentlich seltener auf als bei Europäerinnen, US-Amerikanerinnen oder Australierinnen.

Die Anfälligkeit ist nicht genetisch erklärbar. Sie hängt vielmehr mit den Umwelteinflüssen und Lebensgewohnheiten der jeweiligen Nation zusammen. Denn wenn zum Beispiel Asiaten nach Amerika auswandern, passt sich innerhalb von ein bis zwei Generationen die Erkrankungshäufigkeit der Frauen an die Quote der neuen Heimat an. Seit 2003 hat die Zahl der Brustkrebsfälle bei Frauen zwischen 50 und 70 Jahren in vielen europäischen Ländern abgenommen. Einige Wissenschaftler führen diese positive Entwicklung auf das Brust-Screening-Programm der EU zurück. Andere machen die Reduzierung von Hormonbehandlungen während der Wechseljahre für den Positivtrend verantwortlich.

Seit Anfang 2008 ist in Deutschland das qualitätsgesicherte Brustkrebs-Screening nahezu flächendeckend eingeführt. Zehn Millionen Frauen zwischen 50 und 69 Jahren werden alle zwei Jahre persönlich dazu eingeladen, eine Mammographie zur Krebsvorsorge vornehmen zu lassen. Wie im Jahr 2002 vom Bundestag beschlossen, wird die Untersuchung nach den strengen Qualitätsvorschriften der »Europäischen Leitlinien« durchgeführt. Diese legen nicht nur den technischen Standard der Geräte fest, sondern auch die Anforderungen an die Ausbildung und Erfahrungen der Radiologen. Die Gesundheitsministerin erhofft sich durch dieses medizinische Angebot eine Reduzierung der Brustkrebs-Sterberate um 20 bis 30 Prozent. Denn laut wissenschaftlichen Erhebungen sterben von 1000 Frauen, die nicht an einem Screening teilnehmen, in einem Zeitraum von zehn Jahren acht Frauen an Brustkrebs. Mit Screening sterben im selben Zeitraum sechs Frauen. Rein rechnerisch ergibt dieses magere Ergebnis die eindrückliche prozentuale Verbesserung von 25 Prozent. Durch das Screening-Programm rechnet man mit 30 Prozent mehr Brustkrebsdiagnosen.

Gerade Vorstufen von Brustkrebs sind meistens nicht ertastbar. Sie lassen sich nur über die Mammographie erkennen. Allerdings lässt sich nach dem heutigen medizinischen Wissensstand nur schwer beurteilen, ob sich diese Vorstufen dann tatsächlich zu lebensbedrohlichem Krebs entwickeln. Dadurch kommt es verstärkt zu Überdiagnosen und Übertherapien. Studien zufolge wird jede vierte Frau, die beim Screening teilnimmt, einmal in den zehn Jahren durch eine Fehldiagnose in Unruhe versetzt. Auf der anderen Seite bleiben auch trotz Mammographie aus verschiedenen Gründen einige Geschwüre unentdeckt. Gerade bösartige Tumoren sind meist schnell wachsend. Sie können auch während der zweijährigen Screening-Pause entstehen.

Jüngeren Frauen, die nicht genetisch vorbelastet sind, rät man von Mammographien zur reinen Vorsorge ab. Das Brustgewebe von jungen Frauen ist sehr dicht und für Röntgenstrahlen schwer zu durchdringen. Um eine aussagekräftige Bildqualität zu erreichen, die Fehldiagnosen ausschließt, muss die Strahlendosis wesentlich höher sein als bei älteren Frauen mit geringerer Brustgewebedichte.

Selbstkontrolle

Veränderungen der Brust während eines monatlichen Zyklus sind normal. Um ungewöhnliche Auffälligkeiten sicher zu erkennen, sollten Sie möglichst gut mit Ihrem Körper vertraut sein. Kontrollieren Sie deswegen Ihre Brüste regelmäßig. Suchen Sie dabei aber nicht krampfhaft nach Krebs! Falls Sie einen Knoten ertasten, denken Sie daran, dass sich neun von zehn Knoten als harmlos erweisen!

Mögliche Auffälligkeiten:

- Veränderungen der Brustwarze in Größe, Kontur und Position
- Verhärtungen, Knoten, Falten oder Hauteinziehungen der Brust
- Adern, die stärker als gewöhnlich auf Ihrer Brust hervortreten
- Entzündungen oder Hautausschläge, Hautveränderungen, Orangenhaut
- Absonderungen der Brustwarze
- plötzlich auftretende und nicht mehr abklingende Rötungen der Brust
- ungewöhnliche Empfindungen – vor allem, wenn sie nur in einer Brust auftreten

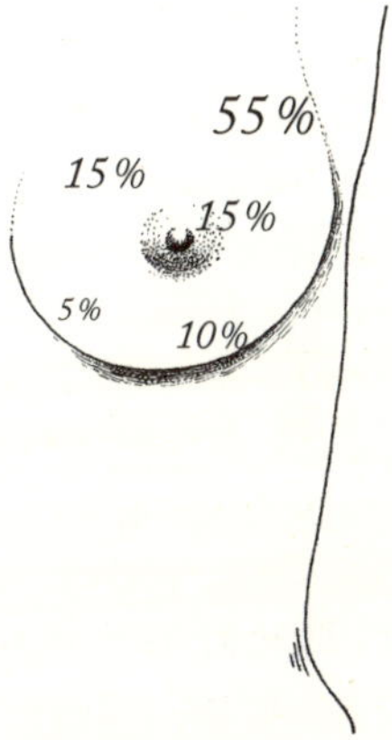

Häufigkeitsverteilung von Brustkrebs

Risikofaktoren, die den nicht erblichen Brustkrebs begünstigen:

- die Einnahme von Östrogen nach den Wechseljahren
- Kinderlosigkeit
- erste Schwangerschaft nach dem 30. Lebensjahr
- eine fleisch- und fettreiche Ernährung
- starkes Übergewicht (besonders nach den Wechseljahren)
- Konsum von mehr als 20 g Alkohol pro Tag (ca. 0,2 Liter Wein)
- Rauchen

Gebärmutterhalskrebs

Gebärmutterhalskrebs ist nach Brustkrebs die zweithäufigste krebsbedingte Todesursache bei Frauen zwischen 15 und 44 Jahren. Gebärmutterhalskrebs ist nicht erblich. Er kann sich durch eine Infektion mit dem Papillomvirus entwickeln. Von diesem Virus existieren über 100 verschiedene Arten. Man schätzt, dass 70 Prozent aller Menschen im Laufe ihres Lebens mit dem stark verbreiteten Virus in Kontakt kommen. Dies geschieht nicht nur über Geschlechtsverkehr, Genitalkontakte reichen bereits aus. Die meisten Mädchen infizieren sich im Alter von 16 bis 25 Jahren. In 90 von 100 Fällen wird der Körper allerdings von selbst mit dem Virus fertig. Einige wenige Arten können, teilweise erst Jahrzehnte nach der Infizierung, Gebärmutterhalskrebs auslösen.

In Deutschland liegt die Wahrscheinlichkeit, an Gebärmutterhalskrebs zu erkranken, bei einem Prozent. Frauen und junge Mädchen sollten regelmäßig die kostenfreie Krebsvorsorge beim Gynäkologen nutzen. Denn durch die einfache Maßnahme eines Abstrichs kann der Krebs frühzeitig erkannt und erfolgreich behandelt werden.

Seit 2007 gibt es auch eine Impfung, die vor der Ansteckung mit den Papillomviren 16 und 18 schützt. Diese beiden Virustypen sind zu 70 Prozent die Auslöser eines Karzinoms bei betroffenen Frauen. Die Impfung wirkt jedoch nur vorbeugend und wird deswegen nur Mädchen von zwölf bis 17 Jahren vor dem ersten Sexualkontakt empfohlen und lässt dann immer noch ein Risiko von 30 Prozent offen, dass der potenzielle Krebs durch die Infektion mit einer anderen Unterart des Virus ausgelöst werden könnte.

Vaginale Pilzinfektionen

Stark verbreitet und zumeist harmlos sind vaginale Pilzinfektionen. Diese können unter anderem durch Geschlechtsverkehr übertragen werden. Sie können aber bei einer geschwächten Körperabwehr, zum Beispiel nach der Einnahme eines Antibiotikums, von selbst entstehen. Auch wenn es die Pharmaindustrie nicht hören möchte: Die stark juckende Infektion kann mit etwas Naturjoghurt prima bekämpft werden. Führen Sie einen mit Naturjoghurt bestrichenen Tampon in die Vagina ein. Die im Joghurt enthaltene Milchsäure dient dem Aufbau der geschwächten Scheidenflora und hilft dem Körper so, mit der Infektion selbst fertig zu werden. Der Tampon sollte nach etwa Stunden wieder entfernt werden. Nach etwa drei Behandlungstagen sollte sich Ihr normales Körpergefühl wieder eingestellen. Um sich nicht gleich erneut zu infizieren, ist es wichtig, die benützten Schlüpfer bei über 40 °C zu waschen.

Im Internet findet man Einträge von Frauen, die von erfolgreichen vaginalen Pilzbehandlungen mit eingeführten Knoblauchzehen berichten. Tatsächlich schützt das für den typischen Knoblauchgeruch verantwortliche Allicin vor Bakterien und Pilzen. Das wussten bereits die alten Ägypter. Träufelt man zum Beispiel aus der Knoblauchzehe gepressten Saft auf einen Fußpilz, kann dieser erfolgreich bekämpft werden.

Kleine Hausapotheke

Schwellungen durch Insektenstiche können Sie mit Hilfe einer Aspirintablette lindern. Zerdrücken Sie die Tablette mit ein paar Tropfen Wasser, und geben Sie den Brei auf die betroffene Stelle. Die in Aspirin enthaltene Acetylsalicylsäure wird von der Haut an der stark durchbluteten Stelle des Stichs aufgenommen. Bereits nach kurzer Zeit tritt eine schmerzstillende und entzündungshemmende Wirkung ein.

Auch ein zerriebenes Spitzwegerichblatt vom Wegesrand kann auf die Schnelle Linderung bringen.

Schokolade als Schmerzmittel

Beim Genuss von Schokolade laufen, begünstigt durch den hohen Zuckergehalt, einige komplexe biochemische Reaktionen in unserem Körper ab. Die in der Schokolade enthaltene Aminosäure Tryptophan wird dabei im Gehirn in das Glückshormon Serotonin umgewandelt. Der erhöhte Serotoninspiegel in unserem Körper wirkt sich dann positiv auf unser Schmerzempfinden aus. Der Zustand lässt jedoch nach spätestens anderthalb Stunden nach. Auch Lächeln hat diesen Effekt. Durch die Anspannung der Gesichtsmuskeln wird der Blutfluss eingeschränkt und dadurch unser Gehirn angeregt, die Glückshormone auszuschütten.

Übergewicht

Übergewicht wird in Deutschland immer mehr zum Thema. Rund 70 Prozent der Männer und 50 Prozent der Frauen sind übergewichtig. Jeder fünfte Deutsche gilt als fettsüchtig. Besonders bedenklich ist, dass bereits jedes sechste Kind in Deutschland an Übergewicht leidet. Mit der Körpermassenzahl (BMI) lässt sich schnell bestimmen, ob das Körpergewicht einer Person deren Körpergröße entspricht.

Der BMI (Body-Mass-Index) berechnet sich aus:
Masse (in kg) / Größe^2 (in Metern).

BMI-Tabelle für Frauen:

BMI <18,5	Untergewicht
BMI 19–25	Normalgewicht
BMI 25–30	Präadipositas (Übergewicht)
BMI 30–35	Adipositas (Fettsucht) Grad I
BMI 35–40	Adipositas Grad II
BMI >40	Schwere Adipositas Grad III

Bei der Bewertung des BMI ist das Alter zu berücksichtigen:

Alter	*BMI-Normalwert*
19 bis 24 Jahre	19–24
25 bis 34 Jahre	20–25
35 bis 44 Jahre	21–26
45 bis 54 Jahre	22–27
55 bis 64 Jahre	23–28
über 65 Jahre	24–29

Barbie

Barbie ist in jedem Mädchenzimmer im Durchschnitt siebenmal vorhanden! Sie hat einen Bekanntheitsgrad von annähernd 100 Prozent. Die überschlanke Puppe verkauft sich heute hauptsächlich über ihr Mode-, Frisur- und Make-up-Zubehör. Ihre Körpermaße verursachen bei vielen Mädchen, die häufig mit ihr spielen, einen nachweislichen Mangel an

Selbstbewusstsein und eine Unzufriedenheit, da sie sich mit den übertriebenen Proportionen der Puppe vergleichen. Dabei wurde die Puppe von Ruth Handler Ende der fünfziger Jahre als erwachsenes Gegenstück zur Babypuppe entworfen, mit der die Mädchen auf die traditionelle Mutterrolle vorbereitet werden sollten. Die erste Barbie trug nur einen Badeanzug, um dem spielenden Kind Kreativitätsfreiraum zu lassen. 1961 kam eine Barbie mit Robe und Doktorhut auf den Markt. Diese hohen Ambitionen der Puppe setzten sich jedoch nicht fort. Das mag an Barbies ganz und gar unwahrscheinlichen Proportionen liegen: umgerechnet 99–46–84 bei einer Größe von um die zwei Meter! Das klingt nicht gesund, und tatsächlich: Ärzte haben festgestellt, dass Barbie – wäre sie denn lebendig – bereits in jungen Jahren Knie- und Hüftgelenksprobleme drohen würden, zudem wäre sie von Arthrose, Hohlkreuz und Bandscheibenvorfällen geplagt. Ihre schmale Taille bietet den Organen nicht ausreichend Raum, die Folge wären Funktionsstörungen und Kurzatmigkeit, da die Lunge sich kaum richtig ausdehnen könnte. Barbie ist außerdem so dünn, dass ihr Körper nur unzureichend in der Lage wäre, Geschlechtshormone und Fettgewebe zu bilden, um die Regel und den Eisprung zu produzieren. Barbie wäre somit unfruchtbar und sehr früh anfällig für Osteoporose.

Übrigens: Das »Barbie-Syndrom« ist die Bezeichnung für eine psychische Krankheit, die sich darin ausdrückt, dass Frauen unbedingt wie die Puppe aussehen wollen. Cindy Jackson, Jahrgang 1955, die sich selbst als lebende Puppe bezeichnet, hält mit 47 Schönheitsoperationen den Weltrekord.

Hustensaft selbst machen

- 1 Esslöffel Honig, Saft einer Zitrone, 1 Eiweiß und 1 Esslöffel Olivenöl gründlich mischen. Alle 1,5 bis 2 Stunden einen Teelöffel davon einnehmen.
- Gewaschene und abgetropfte Fichtentriebe und Zucker in ein großes Einweckglas schichten, einen Schuss Schnaps darübergeben und verschließen. Etwa acht Wochen an ein Südfenster stellen. Den entstandenen Sirup durch ein Sieb gießen und dreimal täglich einen Teelöffel davon einnehmen.
- Zwei Zwiebeln fein hacken und zusammen mit 100 Gramm braunem Zucker, 1 Esslöffel getrocknetem Salbei, 1 Esslöffel getrocknetem Thymian und 250 Millilitern Wasser eine Viertelstunde köcheln. Dann durch ein Sieb in eine Flasche abgießen. Drei bis fünf Esslöffel täglich einnehmen. Der Saft ist im Kühlschrank eine gute Woche haltbar.

Übrigens: Beim Schneuzen wird das Schnupfensekret mit unglaublicher Geschwindigkeit in die Nebenhöhlen gepresst, und die Gefahr, neben der Erkältung auch noch an einer Nebenhöhlenentzündung zu erkranken, erhöht sich. Zieht man hingegen das Sekret hoch, wird es aus den Nebenhöhlen gesaugt und kann dort nicht verkeimen. Das ist wesentlich gesünder, aber leider nicht ganz gesellschaftsfähig. Ärzte empfehlen, das Hochziehgeräusch hinter einem vorgehaltenen Taschentuch als satten Abschneuzer zu tarnen.

GÄRTEN UND GÄRTNERINNEN

Im Laufe der menschlichen Kulturgeschichte haben Gärten eine Verwandlung durchlaufen, die von der agrarischen Nutzung bis hin zur kunstvollen Gestaltung grüner Kleinlandschaften reicht. Gärten sind daher ein wichtiger Aspekt der künstlerischen, religiösen, spirituellen und therapeutischen Freizeitgestaltung und Entspannung.

In Ägypten hat sich inzwischen die Wüste das Terrain zurückerobert, aber zu Blütezeiten der alten Ägypter standen sattgrüne Gärten rund um Pyramiden und Tempelanlagen, die durch abgeleitetes Nilwasser bewässert wurden. Die alten Inder hatten gepflegte Gärten, in denen es pro Pflanzenart eine eigene Parzelle gab, und die alten Chinesen legten ihre Gärten gemäß den Prinzipien des Zen-Buddhismus an. Japanische Teegärten waren sorgfältig komponierte Refugien der Ruhe und Kontemplation, die alten Römer hingegen schufen Lustgärten. Die Hängenden Gärten der Semiramis in Babylon am Euphrat, im heutigen Irak, zählen zu den sieben Weltwundern der Antike.

Die ersten botanischen Gärten in Europa gab es ab 1544 in Pisa, Padua, Florenz und Bologna. Deutschland zog ab 1580 mit Leipzig, Jena und Heidelberg nach. 1597 hatte die Mode auch Frankreich erreicht. Die größten botanischen Gärten sind inzwischen der Missouri Botanical Garden (St. Louis, USA), die Royal Botanic Gardens (London, England) und der Botanische Garten Berlin.
In den Niederlanden boomt seit dem 16. Jahrhundert der Handel mit Blumenzwiebeln, Pflanzensamen und Zierbaumsetzlingen.

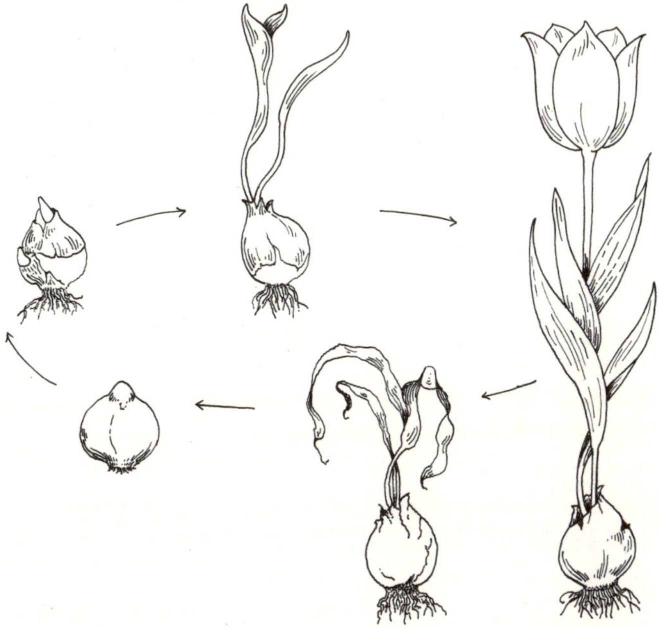

Im viktorianischen England war es Mode, höchst seltene Pflanzen in seinem Garten zu züchten oder möglichst fremde, ferne Pflanzen aus Asien, Australien oder Südamerika in sogenannten Themengärten zu kultivieren. Sehr beliebt war es, Büsche und Bäume – Buchsbaum und Eibe eigneten sich dazu besonders – in kunstvolle Formen zu schneiden. Zur selben Zeit entstand eine Gegenbewegung, die den ungezähmten, üppigen Wuchs einfacher Bauerngärten mit vornehmlich heimischen Pflanzen förderte.

Das Gärtnern und die Landschaftsgestaltung waren jahrhundertelang Männerdomänen. 1904 gründete Frances Wolseley die Glynde School for Lady Gardeners, und fortan konnten junge Frauen in züchtigen Knickerbockern das Metier des Gärtnerns erobern.

»Willst du für eine Stunde glücklich sein, so betrinke dich. Willst du für drei Tage glücklich sein, so heirate. Willst du für acht Tage glücklich sein, so schlachte ein Schwein und gib ein Festessen. Willst du aber ein Leben lang glücklich sein, so schaffe dir einen Garten.«

Aus China

Berühmte Gärtnerinnen

Vita Sackville-West (1892–1962, England): Sissinghurst Castle
Gertrude Jekyll (1843–1932, England): Hestercombe Gardens
Penelope Hobhouse (*1929, Irland): britische Ikone der Hobbygärtner
Margery Fish (1893–1966, England): Erschafferin des Cottagegartens
Rosemary Verey (1918–2001): Barnsley House
Maria Luise Kreuter (*1937, Deutschland): Biogärtnerin und Heilpflanzenspezialistin
Beth Chatto (*1923, England): Spezialistin für schwierige Standorte

Sissinghurst-Rose

EDLE STEINE

Die bekanntesten Schmuck- und Edelsteine

Name	*Mohshärte (= Ritzhärte)*	*Farbe*
Achat	6,5–7	bunt
Alexandrit	8,5	grün, rot, rotbraun
Amethyst	7	violett
Aquamarin	7,5–8	blau
Bergkristall	7	farblos
Bernstein	2–2,5	gelb, braun
Diamant	10	farblos, gelb, blau, braun, grün, rosa, rot
Granat	6,5–7,5	gelb, grün, rot, blau, braunschwarz, violett
Hämatit	5,5–6,5	schwarz, metallgrau
Heliotrop	6–7	dunkelgrün mit Rotsprenkeln
Jade	6,5–7	grün, weiß, gelb
Jaspis	6,5–7	bunt gesprenkelt
Karneol	7	bräunlich, hautfarben
Koralle	3–4	rot, lachs, rosa, weiß, schwarz
Lapislazuli	5–6	dunkelblau
Malachit	3,5–4	grün
Mondstein	6–6,5	weißlich, bläulich, gelblich grau
Onyx	6–7	bläulich, glasig, gelblich, grünlich, rötlich
Opal	5,5–6	weiß, rot, grün

Name	*Mohshärte (= Ritzhärte)*	*Farbe*
Perle/Perlmutt	2,5–4	weiß
Peridot	6,5–7	lindgrün, gelbgrün, oliv, braungrün, hellgrün
Rosenquarz	7	rosa
Rubin	9	rot
Saphir	9	blau, blaugrün, gelb
Sardonyx	6,5–7	weiß, hellblau, rot, braun, schwarz
Smaragd	7,5–8	grüngelb, grünblau
Topas	8	farblos, gelb, hellblau
Türkis	5–6	blau, grünblau
Turmalin	7–7,5	grün, rot, gelbbraun, blau, schwarz, rosa
Zirkon	6,5–7,5	braunrot, farblos
Zitrin	7	hellgelb, goldbraun

Seit Jahrtausenden ordnen ursprüngliche Kulturen bestimmte Steine einem bestimmten Lebensbereich zu. Schon aus den Zeiten der Babylonier, Phönizier, alten Griechen und Ägypter gibt es Überlieferungen dazu.

Kalendermonate und Edelsteine:

Januar	Granat
Februar	Amethyst
März	Aquamarin, Jaspis, Heliotrop
April	Diamant
Mai	Smaragd
Juni	Mondstein, Alexandrit, Perle
Juli	Rubin

August	Peridot, Sardonyx, Achat
September	Saphir
Oktober	Opal, Turmalin
November	Topas, Zitrin
Dezember	Türkis, Zirkon

Tierkreiszeichen und Edelsteine:

Steinbock	Rubin
Wassermann	Granat
Fische	Amethyst
Widder	Jaspis
Stier	Saphir
Zwilling	Achat
Krebs	Smaragd
Löwe	Onyx
Jungfrau	Karneol
Waage	Peridot
Skorpion	Aquamarin
Schütze	Topas

Eigenschaften und Edelsteine:

Weisheit	Saphir
Reinheit	Rubin
Tugend	Smaragd
Freundschaft	Topas
Trost	Quarz
Liebe, Treue	Diamant
Ehrlichkeit	Amethyst
Seelenruhe	Bergkristall

Der Diamant

- Er ist das härteste bekannte Mineral. Ein Diamant kann nur mit einem Diamanten geschliffen werden.
- Die ersten Diamanten wurden wahrscheinlich im Indien des vierten Jahrtausends vor Christus entdeckt. Den Steinen wurde bereits damals eine magische Wirkung nachgesagt.
- Die größten Vorkommen finden sich in Südafrika, Namibia, Botswana, der Republik Kongo, Sierra Leone, Russland, Kanada und Australien. Pro Jahr werden etwa 20 Tonnen Naturdiamanten zutage gefördert. Das deckt nur etwa 20 Prozent des Weltbedarfs, der substitutiv durch synthetisch erzeugte Diamanten gedeckt wird.
- Forscher gehen davon aus, dass in der Milchstraße Kohlenstoff-Planeten existieren, die womöglich kilometerdicke Diamantschichten haben.

Die Qualität eines Diamanten wird nach den vier Cs bewertet:
1. *caratweight* (Masse in Karat, ct): Ein Karat entspricht 0,2 Gramm. Das entspricht dem Gewicht eines Johannisbrotbaumkerns, der in der Antike als Wägeeinheit für Diamanten gebraucht wurde.
2. *clarity* (Reinheit): Rangfolge der Reinheitsgrade in acht Stufen
3. *colour* (Farbe): Fachleute unterscheiden elf Farbklassen – das ungeübte Auge nimmt die Nuancen nicht wahr.
4. *cut* (Schliff): Der Schliff entscheidet über das Funkeln des Diamanten, er verleiht ihm Leben. Ein sehr guter Schliff sorgt für hervorragende Brillanz und optimale, ebenmäßige Proportionen der Facetten.

Inzwischen spricht man von einem fünften C: *conflict* (Konflikt, Krieg): Da sie klein und wertstabil sind, werden sogenannte Blutdiamanten zur Finanzierung von Bürgerkriegen und Waffenhandel etwa in Westafrika eingesetzt. Sie werden von lokalen Arbeitern geschürft, die unter erbärmlichen Arbeitsbedingungen und ohne adäquate Entlohnung in schlecht gesicherten Minen tätig sind. Es werden deswegen zunehmend ein Herkunftsnachweis und eine Sicherung durch Identifikationsnummern gefordert.

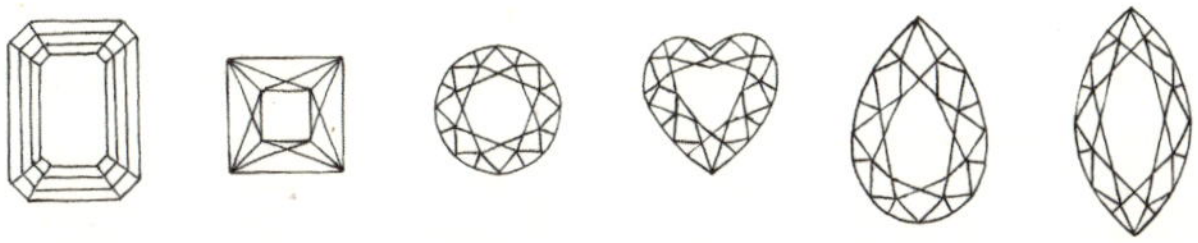

Smaragdschliff · *Prinzess* · *Brillantschliff* · *Herz* · *Tropfen* · *Navette*

Berühmte Diamanten

Cullinan: 3106 Karat Rohgewicht, 1905 in Südafrika gefunden. Der größte je gefundene Rohdiamant wurde in über 100 Steine gespalten, von denen die neun größten Splitter das Zepter, die Krone und andere Stücke der britischen Kronjuwelen schmücken.

Großmogul: 797 Karat Rohgewicht, 1650 in Indien entdeckt. Ist ein bläulich schimmernder Diamant, der zu den Insignien des Großmoguls gehörte. Er war angeblich zu einer spitzkegeligen Rose geschliffen worden und gilt seit der Eroberung Delhis 1739 als verschollen.

Koh-i-Noor: 186 Karat Rohgewicht, um 3000 v. Chr. in Persien gefunden. Ist der älteste bekannte Diamant und wird im Londoner Tower verwahrt, als Teil der britischen Kronjuwelen.

Hope-Diamant: 44,6 Karat Rohgewicht, Fundort Indien. Der berühmte blaue Diamant wurde um 1642 von einem Franzosen gefunden, gelangte in den Besitz der französischen Könige und wurde 1830 von dem Engländer Henry Philip Hope für 18000 Pfund erstanden. Er ist seit 1958 als Schenkung im Besitz des Smithsonian Institution, Washington, D.C., und hat einen Wert von ca. 250 Millionen Dollar.

Grüner Dresdner Diamant: 41 Karat Rohgewicht, um 1722 in Indien entdeckt. Der grünliche Stein liegt im Grünen Gewölbe der Stadt Dresden.

Heilkraft der Steine

Steinen wird eine umfassende Heilkraft nachgesagt, die über die Haut auf die inneren Organe übergeht und dabei auch auf die emotionale Befindlichkeit und den Geist wirkt. Um 1150 beschrieb Hildegard von Bingen das »Strahlen« und die »Kräfte von Edelsteinen«. Ein wissenschaftlicher Nachweis wurde bislang nicht erbracht; auf der Basis seiner Entstehungsweise, seiner inneren Struktur, seines Mineralstoffgehalts und seiner Farbe hat sich jedoch für jeden Stein ein Bild entwickelt, das seine Wirkung auf Körper, Geist und Seele des Menschen skizziert.

Achat gegen Kopfschmerzen, Durchblutungsstörungen, Infektionen und Spannungen. Schwangerschaftsschutzstein für Mutter und Kind.

Amethyst bei Insektenstichen schmerzlindernde, abschwellende Wirkung, fördert Konzentration, Vitalität und Lebensfreude.

Bergkristall bei Fieber, Schwellungen, Herzbeschwerden und Schmerzen, fördert positive Energie.

Bernstein bei Atembeschwerden, Hautrötungen, Herzbeschwerden und Rheuma, fördert Lebensfreude und Wohlbefinden.

Granat Stein der Ehe; gegen Herzbeschwerden, Kopfschmerzen und Durchblutungsstörungen, fördert die Gedächtnisleistung, spendet Energie.

Jade unterstützt Drüsenfunktionen und Empfängnisbereitschaft, gegen Rötungen und Schwellungen; wirkt beruhigend.

Jaspis bei Stoffwechselbeschwerden und Gallenproblemen, unterstützt Empfängnisbereitschaft, fördert die Durchsetzungskraft.

Lapislazuli gilt als Schutzstein; bei Atembeschwerden, Stoffwechselbeschwerden, hohem Blutdruck, Schwellungen; wirkt Depressionen entgegen.

Mondstein gilt als Frauenstein; positive Wirkung auf Befindlichkeit während Menstruation, Klimakterium, Sexualität, Schwangerschaft, Geburt; stärkt das Immunsystem.

Onyx bei Schwellungen, stärkt das Immunsystem und das Herz, fördert Zufriedenheit.

Perle/Perlmutt bei Kopfschmerzen und Migräne, Allergien und innerer Anspannung.

Rosenquarz gegen schädliche Erd- und Wasserstrahlen, fördert das Einfühlungsvermögen und Empfindsamkeit in der Partnerschaft, lindernd bei Schwindel und Kopfschmerzen.

Turmalin stärkt die Muskulatur; bei Gallenproblemen, Gefühlen von Neid und Eifersucht.

Zitrin bei Verdauungsbeschwerden, Stress und Depressionen, fördert Konzentration und Durchsetzungskraft.

PARFUM

Die berühmtesten Parfums und ihre Geschichten

Chanel – No. 5, seit 1921

Ist der Klassiker schlechthin und das meistverkaufte Parfum weltweit. In einem nüchternen Flakon präsentierte Gabrielle, auch besser bekannt als Coco Chanel, die üppige, sehr weibliche und komplexe Kreation, die das Wesen der Weiblichkeit widerspiegeln sollte: Vetiver, ein aromatisches Süßgras, und Sandelholz bilden eine samtige Grundlage, vor der sich Jasmin, Mairosen und Ylang-Ylang, ein immergrüner Baum, entfalten.

Guerlain – Shalimar, seit 1925

Guerlain brachte den sinnlichen Duft auf den Markt, um der Faszination für den Orient mit einer Mischung aus Vanille, Bergamotte, Jasmin und Zitrone Respekt zu zollen. Den unverwechselbaren Flakon mit seiner geschwungenen, an einen tanzenden Derwisch erinnernden Form, präsentierte Guerlain auf der Weltausstellung in Paris 1925.

Jean Patou – Joy, seit 1929

Henry Alméras kreierte den luxuriösen Duft zu Zeiten der Weltwirtschaftskrise, ein geradezu trotziges Gegenprodukt, das nach Chanel No. 5 das meistverkaufte Parfum weltweit ist. Für 30 ml werden unter anderem etwa 25 Dutzend Mairosen und rund 10 000 Jasminblüten gebraucht.

Dior – Miss Dior, seit 1947

Christian Dior kreierte den blumigen Duft mit Moschusnote, um die Frauen dieser Welt nicht nur durch Mode und Make-up, sondern auch durch Parfum in »exquisite Weiblichkeit« zu hüllen.

Givenchy – L'Interdit, seit 1953

Den eleganten und doch spielerischen Duft ließ Hubert de Givenchy für Audrey Hepburn kreieren. Die Schauspielerin war so angetan von dem Parfum, dass sie die weitere Vermarktung jahrelang unterband. Schließlich setzte sich Givenchy darüber hinweg und nannte das Parfum nach dieser Episode *L'Interdit*, das Verbotene.

Hermès – Calèche, seit 1961

Seit Jahrzehnten verkörpert der Duft mit seiner klassischen Blumen- und Holznote den Stil und die Tradition des traditionellen Pariser Modehauses.

Yves Saint Laurent – Opium, seit 1977

Der opulent-würzige Duft wurde im berühmt-berüchtigten Studio 54 in New York der Weltöffentlichkeit vorgestellt und steht für das, wofür die Besucher des Nachtclubs bekannt waren: laszive Sinnlichkeit, fast ohne Grenzen.

Dior – Poison, seit 1985

Der schwere, sinnliche Duft, geschaffen von Edouard Flechier, wurde so populär, dass in den Folgejahren immer wieder neue Poison-Varianten kreiert wurden: Hypnotic Poison (1985), Tendre Poison (1994), Pure Poison (2004), Pure Poison Elixir (2006), Midnight Poison (2007).

Lancôme – Trésor, seit 1990

Der blumig-orientalische Duft wird in der Werbung stets von einer bekannten Persönlichkeit beworben. 2007 war es die britische Schauspielerin Kate Winslet; und ihren Job hatte auch schon Isabella Rossellini.

Bulgari – Pour Femme, seit 1992
Der sinnliche und doch frische Duft verdankt seine Vielseitigkeit einer ungewöhnlichen Kombination aus Rosenholz, Ylang-Ylang, Orangenblüten, Mimosen, Bergamotte und Moschus.

Geschichte des Parfums

Gerüche beeinflussen Beziehungen: Dass eine Frau den Geruch eines Mannes als angenehm empfindet, ist eine Grundvoraussetzung dafür, ihn als Partner zu wählen. Für Frauen sind Gerüche eng mit Emotionen und dem Gefühl von Nähe verbunden. Wissenschaftler haben herausgefunden, dass dieser Umstand seinen Ursprung in der Urzeit hat: Während Männer für die Jagd und den Kampf gute Augen und rasche Reflexe brauchten, kam es bei Frauen darauf an, Pflanzen und andere Nahrungsmittel auf Bekömmlichkeit hin zu beschnüffeln. Auch der Gesundheitszustand des Nachwuchses wurde über den Geruch geprüft. Ebenfalls über den Geruch haben Frauen vor Tausenden von Jahren unwillkürlich Hinweise darauf erhalten, ob sie es mit einem gesunden Mann mit einem guten Immunsystem zu tun hatten – und er also ein potenzieller Vater von gesunden Nachkommen war. Tschechische Forscher haben allerdings festgestellt, dass Männer den Geruch einer Frau rund um den Eisprung, also in der fruchtbaren Phase, am attraktivsten finden, während der Menstruationsphase sind sie für den Mann hingegen ohne olfaktorischen Reiz. Mit Parfums versucht der neuzeitliche Mensch sein Gegenüber zu reizen und über eventuelle Missgerüche hinwegzutäuschen. Noch heute ist der Geruchssinn bei Frauen besser ausgeprägt als bei Männern.

Düfte lösen bei Menschen weit mehr Erinnerungen und Emotionen aus als andere Sinneseindrücke. Kaum jemand kann so anziehend wirken wie jemand, der gut riecht – und kaum jemand kann so abstoßend sein wie jemand, dessen Geruch uns unangenehm ist. Und so ist es nur konsequent, dass der Mensch schon früh das Parfum erfunden und bis heute immer weiterentwickelt hat.

Schon die alten Ägypter vor 5000 Jahren verbrannten zum Wohlgefallen der Götter Pflanzenessenzen, Baumharze und Myrrhe. Die Frauen, die es sich leisten konnten, ließen sich Salben aus Rosmarin, Zitrone und Anis oder wenigstens aus Minze und Thymian anmischen.
Seinen Namen bekam das Parfum von dem lateinischen Ausdruck *per fumum*, »durch den Rauch«, der für das Verbrennen von Duftstoffen und Aromen zu Ehren einer Gottheit stand.

Im Orient begannen die ersten Parfümeure damit, Duftextrakte und Essenzen zu gewinnen. Als europäische Seefahrer die ganze Welt befuhren, konnten Dufthölzer, Blüten und Gewürze über alle Kontinente hinweg getauscht und neu kombiniert werden.

In Europa entwarfen Parfümeure Düfte auf der Basis von Moschus und Zibet – dem Sekret aus den Analdrüsen der Zibetkatze. Deren Geruch ist beinahe unerträglich intensiv, damals jedoch diente er dazu, den infernalischen Gestank der ungewaschenen Körper in all den toiletten- und kanalisationsfreien Gebäuden zu überdecken.

Die Handschuhmacher übertünchten mit speziellen Lederparfums den unangenehmen Geruch, der den Häuten nach der Gerberei anhaftete.

Mit den Fortschritten in der alltäglichen Körperhygiene wurden die Parfums schnell leichter und frischer. Die Menschen überschütteten sich nicht mehr förmlich mit stark duftenden Mischungen, sondern verwendeten die Parfums dezenter. Im 19. Jahrhundert wurde das Luxusgut Parfum nach und nach auch einfacheren Bevölkerungsschichten zugänglich, umso mehr, als um 1900 die ersten synthetischen Ersatzstoffe entwickelt wurden, die zum Teil die mit Gold aufgewogenen Blumenöle ersetzten.

Der Korse François Coty (1874–1934) gilt als Pionier der modernen Parfumwirtschaft. Er mischte als Erster nach einer genauen Systematik synthetische und natürliche Substanzen. Er kreierte nicht nur 1904 La Rose Jacqueminot und 1905 L'Origan, sondern beauftragte auch den Glaskünstler René Lalique, eigens für seine Parfumkreationen zugeschnittene Flakons zu erschaffen. Damit war die bis heute untrennbare Verbindung zwischen Duft und Flakon geboren, die wohl maßgeblich zum Erfolg der Parfümeure beigetragen hat.

Duftstoffherstellung mit natürlichen Rohstoffen
Enfleurage

enfleurage froid

- Frisch geerntete Blüten werden auf gereinigtes, geruchsneutrales Schweine- und Rinderschmalz gelegt.
- Nach einigen Stunden hat das Fett die Duftstoffe der Blüten aufgenommen. Der Vorgang wird mehrfach wiederholt.
- Wenn das tierische Fett vom Blütenduft gesättigt ist, wird es mit Alkohol ausgewaschen. Das Ergebnis ist hochreines Blütenöl, essence absolue d'enfleurage.
- Dies ist mit gut 2000 Jahren die älteste Methode der Duftstoffgewinnung und sehr aufwendig und teuer.
- Nur noch im französischen Grasse gewinnt man mit dieser Methode Jasmin- und Tuberosenduftessenzen.

enfleurage chaud / Mazeration

- Gereinigtes, geruchsneutrales Schweine- und Rinderschmalz wird auf mindestens 60, höchstens 80 °C erhitzt.
- Die Blüten, am besten solche, deren Duft sich erst über 80 °C verflüchtigt, zum Beispiel Rosen- und Orangenblüten, werden in das heiße Fett geschüttet und über mehrere Stunden ausgekocht.
- Die Blüten werden anschließend herausgesiebt und neue Blüten in das heiße Fett geschüttet.
- Wenn das Fett vom Duft der Blüten gesättigt ist, löst man den Duft mit Alkohol.
- Das Ergebnis ist auch hier hochreines Blütenöl, essence absolue d'enfleurage.

Destillation

- Die Blüten, Hölzer oder Kräuter werden mit Wasser in einem Kessel erhitzt.
- Die Duftstoffe steigen im heißen Wasserdampf auf und werden als Kondensat aufgefangen.

- Über eine Spezialabdeckung des Kessels, den Alambik, wird das Kondensat aufgefangen.
- Das Kondensat, das aus Wasser und ätherischen Ölen besteht, läuft beim Abkühlungsprozess in eine Florentiner Flasche, in der sich die beiden Bestandteile voneinander trennen.
- Das gewonnene ätherische Öl ist klar und rein: ein huile essentielle.

Extraktion

- Häufigste Methode der Gewinnung von Duftstoffen.
- Den Blüten wird der Duftstoff entzogen, indem ein Lösungsmittel, beispielsweise Äther, mehrmals durch den in Trommeln oder auf Gittern gelagerten Blütenrohstoff gepumpt wird.
- Da bei relativ niedrigen Temperaturen gearbeitet wird, werden bei der Prozedur nur wenige Riechstoffe zerstört.
- Das Lösungsmittel nimmt die ätherischen Öle sowie eventuell vorhandene Farbstoffe und Wachse aus dem Rohstoff auf.
- Wenn das Lösungsmittel gesättigt ist, wird es destilliert. Übrig bleibt das Konkret, die essence concrète.
- Das Konkret wird mit Alkohol gewaschen, und es entsteht die essence absolue, absolut reines Blütenöl.

Expression

- Methode des Aufbrechens und Auspressens.
- Besonders schonendes Verfahren ohne Hitze, überwiegend zur Gewinnung von empfindlichen ätherischen und Zitrusölen.
- Das austretende Öl wird einfach aufgefangen.

KÜNSTLERINNEN

Camille Claudel (französische Bildhauerin, 1864–1943)

Sie war bereits als Kind besessen von Steinen und Felsen. Camille hatte ihren Durchbruch im Alter von 24 Jahren, als sie in Paris die erotische Paarskulptur »Sakuntala/Die Hingabe« ausstellte, die ihre eigene Beziehung zu dem über 20 Jahre älteren Künstler Auguste Rodin symbolisierte, mit dem sie in Paris zusammenlebte und -arbeitete. Vielen galt sie fortan als Genie. Um 1892 bekam sie aber schwere Alkoholprobleme und litt unter Wahnvorstellungen, bis sie 1913 auf Veranlassung ihrer Mutter in die Psychiatrie eingewiesen wurde, wo sie bis zu ihrem Tod blieb, ohne auch nur ein einziges Mal von ihrer Mutter besucht zu werden.

Frida Kahlo (mexikanische Malerin, 1907–1954)

Als Achtzehnjährige wurde sie bei einem Busunfall schwer verletzt und musste monatelang liegen. Eingepfercht in ein Stahlkorsett, begann sie, sich die quälend langsam verstreichende Zeit mit Malen zu vertreiben. 1926 entstand ihr erstes Selbstporträt: »Selbstbildnis mit Samtkleid«. Durch die Malerei wurde es ihr möglich, ihren seelischen und körperlichen Schmerzen Ausdruck zu verleihen. Als sie 1953 endlich die lange ersehnte Einzelausstellung in ihrer Heimat bekam, war sie bereits ans Bett gefesselt – in dem sie sich daraufhin zur Eröffnung tragen ließ. Ein Jahr später starb sie an einer Lungenembolie. Ihr Selbstbildnis »Roots« wurde 2006 für 5,6 Millionen US-Dollar versteigert.

Tamara de Lempicka (polnische Malerin, 1898–1980)

1916 floh sie während der Oktoberrevolution nach Paris. Sie nahm ihr in Sankt Petersburg begonnenes Kunststudium wieder auf und avancierte bereits 1925 auf der ersten Pariser Art-déco-Ausstellung zum Star: Publikum wie Kritiker waren begeistert von ihren zugleich kühlen und sinnlichen Bildern, wie etwa »Selbstporträt im grünen Bugatti«. Und so inszenierte sie sich selbst denn auch als Diva, schwelgte im Luxus, hatte Affären, suchte die bessere Gesellschaft und ließ sich 1928 scheiden. 1933 heiratet sie einen ungarischen Baron. Ab 1935 litt sie an schweren Depressionen, ab 1939 ließ ihre Schaffenskraft nach. Mit den Werken ihrer kreativen Periode zwischen 1925 und 1939 ging sie als Erschafferin eines neuen, kühlen und mondänen Frauentyps in die Geschichte ein, aktiv und dominant und von unnahbarer Erotik.

Niki de Saint Phalle (französische Bildhauerin und Malerin, 1930–2002)

Sie wurde in Paris geboren, wuchs in New York auf, besuchte eine streng katholische Klosterschule, heiratete achtzehnjährig und bekam zwei Kinder. Anfang der fünfziger Jahre erlitt sie einen psychischen Zusammenbruch – sie war von ihrem Vater missbraucht worden – und begann in der Nervenklinik ihre Alpträume in Bilder zu verwandeln. 1955 lernte sie den Schweizer Künstler Jean Tinguely kennen, mit dem sie fortan eng zusammenarbeitete und -lebte. Für Furore sorgten 1961 ihre »Schießbilder«: weiße Objekte, behängt mit Farbbeuteln, die beschossen wurden und deren Inhalt sich daraufhin über das Objekt ergoss. »Ich schoss auf Papa, alle Männer, bedeutende Männer, dicke Männer, meinen Bruder, die Gesellschaft, die Kirche, den Konvent, die Schule, meine Familie, meine Mutter«, erklärte die Künstlerin. Die erste Nana, die erste der riesigen, üppigen, knallbunt-erotischen und enorm provokanten Frauenfiguren, stellte sie 1964 in Paris aus. Eine 1966 in Stockholm präsentierte Nana lag am Boden, war 27 Meter lang und durch die Vagina begehbar. Der Siegeszug der Nanas hatte begonnen. Mit ihrer Parole »Alle Macht den Nanas« unterstützte sie die Frauenbewegung, und die Nanas wurden deren überlebensgroßes, poppiges, selbstbewusstes Symbol. Eines ihrer spektakulärsten Werke ist der Tarotgarten in der Toskana, wo sie in 15 Jahren mit Tinguely ein Areal voller begehbarer, bunter, mit Mosaiken geschmückter Plastiken schuf, die sogar bewohnbar waren. 1994, drei Jahre nach Tinguelys Tod, zog sie sich in das milde Klima Kaliforniens zurück, da ihre Lunge durch Polyesterdämpfe geschädigt war. 2002 starb sie an einem Lungenemphysem.

Maria Sybilla Merian (deutsche Malerin und Forscherin, 1647–1717)

Die wunderbare Verwandlung der Raupen und deren sonderbare Blumennahrung hatten es der Frankfurterin angetan, sie sammelte alle Arten, die sie finden konnte, und fertigte daraufhin Zeichnungen der Insekten und Pflanzen an. In der Freien Reichsstadt Nürnberg, wohin sie gezogen war, gestattete es die Malerordnung aber nur den Männern, mit Ölfarben auf Leinwand zu malen, Sybilla musste sich auf Pergament, Aquarelle, Deckfarben und Kupferstiche beschränken. Ihre meisterhaft kolorierten Kupferstiche waren zwar lediglich als Vorlage für Stickereien gedacht, fielen aber bereits durch ihre hohe Kunstfertigkeit auf. Nach der Trennung von ihrem Mann erhielt sie Zugang zur exotischen Schmetterlingssammlung des Gouverneurs von Surinam auf Schloss Waltha in Westfriesland.

Zudem studierte sie Naturalienkabinette und Orangerien, notierte ihre Forschungsergebnisse akribisch und knüpfte schließlich Kontakte, die ihr eine Reise nach Surinam möglich machten. Dort führte sie im schwer zugänglichen Urwald unter extremen Bedingungen zwei Jahre lang Einteilungen in Tag- und Nachtfalter durch und vergab noch heute gebräuchliche Pflanzennamen, die sich an den Bezeichnungen der Indianer orientierten. Es entstanden kunstvoll komponierte Bildtafeln und graphische Meisterwerke. Merian gilt als Wegbereiterin der modernen Insektenforschung (Entomologie).

Gabriele Münter (deutsche Malerin, 1877–1962)

An der kleinen, modernen Kunstschule Phalanx lernte sie Wassily Kandinsky kennen, der ihr Geliebter wurde und mit dem sie zusammenlebte, obwohl er noch mit einer anderen Frau verheiratet war. Nach einem Aufenthalt in Paris war sie tief beeindruckt von Henri Matisses Fauves-Werken. Daraufhin entstand zwischen 1906 und 1908 ein Großteil von Münters graphischem Werk, zahlreiche Skizzen, Holz- und Linolschnitte. Sie wandte sich vom Impressionismus ab und dem Expressionismus zu. 1909 kaufte sie ein Haus in Murnau am Staffelsee, wo sie mit Kandinsky intensiven Kontakt zur Münchner Avantgarde pflegte, darunter Alexej Jawlensky, Franz Marc, August Macke und Alfred Kubin. Sie entwickelte einen ganz eigenen Malstil, der von starken Konturen, kräftigen Formen und leuchtenden Farbflächen geprägt war. 1911 gehörte sie zu den Gründern der Künstlergruppe Blauer Reiter und erlebte ihren Durchbruch als Malerin. Der Erste Weltkrieg sprengte den Kunstkreis: Kandinsky kehrte nach Russland zurück; 1915 zog Münter nach Skandinavien, um ihrem Geliebten näher zu sein. Sie harrte dort bis 1920 vergeblich aus und erfuhr erst Jahre später, dass er bereits 1917 eine andere

Frau geheiratet hatte. Sie zeichnete Frauenporträts, malte Blumenstilleben und abstrakte Anordnungen, kam aber nicht wieder zu alter Schaffenskraft. Als die Nazis sie 1937 mit einem Ausstellungsverbot belegten, zog sie sich komplett zurück. Erst 1949 trat sie wieder an die Öffentlichkeit für eine Ausstellung des Blauen Reiters im Münchner Haus der Kunst. Es folgten zahlreiche Einzelausstellungen und weltweite Beachtung. 1955 nahm sie an der Documenta 1 in Kassel teil. Ihr Haus in Murnau ist heute ein Museum.

Käthe Kollwitz (deutsche Malerin und Bildhauerin, 1867–1945)

Sie unterrichtete an der Berliner Künstlerinnenschule und arbeitete intensiv an Lithographien und Kupferstichen, wurde aber erst bekannt durch ihre Teilnahme an der »Großen Berliner Kunstausstellung« 1898, wo sechs Blätter ihrer Radierfolge »Ein Weberaufstand« zu sehen waren. Viele bewunderten sie für ihren Mut und ihr künstlerisches Können, andere, darunter Kaiser Wilhelm II., empfanden Kollwitz' Bilder als »Rinnsteinkunst«, als Angriff auf die Gesellschaftsordnung. 1910 begann Kollwitz mit der Bildhauerei. Nachdem ihr zweiter Sohn Peter 1914 im Alter von 18 Jahren in Flandern gefallen war, begann sie sich mit den Themen Pazifismus und Sozialismus zu beschäftigen. Als 1919 Karl Liebknecht ermordet wurde, widmete sie ihm einen Holzschnitt. Im gleichen Jahr wurde sie als erste Frau Mitglied der Preußischen Akademie der Künste und übernahm die Leitung der Meisterklasse für Graphik. 1933 wurde sie zum Austritt aus der Akademie gezwungen, da sie einen Appell zum Aufbau einer Arbeiterfront gegen den Nationalsozialismus unterschrieben hatte. Ab 1936 durften ihre Werke nicht mehr ausgestellt werden. Sie führte fortan ein zurückgezogenes Leben.

Georgia O'Keefe
(US-amerikanische Malerin, 1887–1986)

Eine Freundin zeigte dem berühmten New Yorker Galeristen und Künstler Alfred Stieglitz einige Schwarz-Weiß-Zeichnungen O'Keefes, und Stieglitz war fasziniert von der delikaten Strichführung und stellte sie in seiner renommierten Galerie 291 aus. Damit gelang O'Keefe der Durchbruch. Sie entwickelte in den folgenden Jahren ihren Stil weiter, malte und zeichnete, vor allem florale und abstrakte Motive. 1917 arrangierte Stieglitz O'Keefes erste Einzelausstellung, und kurz darauf wurden sie ein Paar. Blumen, Städte und Wüsten waren O'Keefes Motive, später auch sonnengebleichte Knochen und Felsen. O'Keefe war jahrzehntelang Mitglied der National Woman's Party, einer Organisation, die durch ihre Informationsveranstaltungen, Demonstrationen und Proteste maßgeblich dazu beitrug, dass Frauen in den USA ab 1920 wählen durften. O'Keefe war die erste Frau, die eine Retrospektive im New Yorker Museum of Modern Art (1945) bekam.

WECHSELJAHRE

Die Phase der hormonellen Umstellung rund um die Menopause nennt man Klimakterium oder Wechseljahre. Sie kann bereits nach einigen Monaten durchlaufen sein, aber auch mehrere Jahre andauern. Vergleichbar mit der Pubertät stellt das Klimakterium einen natürlichen Abschnitt im Leben einer Frau dar, der sehr individuell durchlebt werden kann. Im Normalfall bedarf es jedoch keiner medizinischen Behandlung. Verhütung ist trotz der geringen Fruchtbarkeit während des Wechsels notwendig. Erst zwölf Monate nach der letzten Blutung kann eine Schwangerschaft ausgeschlossen werden.

Beruhigend ist, dass viele Frauen die hormonelle Umstellung nicht so dramatisch wahrnehmen, wie von jüngeren Frauen angenommen wird. Die Hälfte aller Frauen durchlebt nach eigenen Angaben das Klimakterium beschwerdefrei bzw. stören sich nicht an den körperlichen Veränderungen. Die am häufigsten auftretenden Beschwerden sind Hitzewallungen und Schweißausbrüche mit einhergehenden Schlafstörungen. Es wird empfohlen, sich in Zwiebeltechnik zu kleiden, um bei spontanen Schweißausbrüchen sofort etwas ausziehen zu können, und mit zwei dünnen Bettdecken statt mit einer dicken zu schlafen. Trainieren Sie zudem Ihren Kreislauf mit morgendlichen Wechselduschen, meiden Sie schwarzen Tee, Kaffee, Alkohol und Nikotin und bewegen Sie sich regelmäßig. Bei den ersten Anzeichen einer beginnenden Hitzewallung können Sie kaltes Wasser über Ihre Handgelenke laufen lassen, um die Welle im Ansatz zu unterdrücken.

Östrogene würden den Hitzewallungen am besten entgegenwirken. Allerdings ist man, außer in speziellen Sonderfällen, von Hormonersatzbehandlungen in den letzten Jahren eher abgekommen. Wissenschaftliche Untersuchungen ergaben, dass die positiven Auswirkungen der Behandlung von schwerwiegenderen Nebeneffekten überlagert werden können. Die Hormonzufuhr erhöht zum Beispiel die Thrombosegefahr oder das Risiko, an Brust- bzw. Eierstockkrebs zu erkranken. Selbst die vom Östrogenmangel hervorgerufene Knochendichtekrankheit Osteoporose wird wegen der möglichen Risiken nicht mehr hormonell behandelt. Zur Vorbeugung von Osteoporose wird eine kalziumreiche Ernährung empfohlen. Viel Bewegung und 30 Minuten Sonne am Tag, zur Vitamin-D-Bildung, erhalten die Knochenstabilität.

Während der Wechseljahre treten depressive Erkrankungen nicht häufiger auf als in anderen Lebensphasen. Im Übrigen sind Depressionen ebenso wenig hormonell beeinflusst wie die Fähigkeit, sexuelle Lust zu empfinden. Die Abnahme des sexuellen Verlangens im Alter hängt laut wissenschaftlichen Erkenntnissen mehr mit der Dauer der Beziehung als mit der Umstellung der Hormone zusammen.
Tatsächlich wirkt sich der Östrogenrückgang jedoch auf die genitalen Schleimhäute aus. Sie werden dünner und trocknen stärker aus. Regelmäßige sexuelle Erregung hält die Schleimhäute elastischer und feuchter. Gleitgel beim Sex schützt vor Schmerzen und Reizungen.

»Nicht Jahre machen das Leben aus, sondern Augenblicke.«
Friederike Weichselbaumer, *österreichische Lyrikerin*

Auch beim Mann ändert sich der Hormonhaushalt in der Mitte des Lebens. Die Produktion von Testosteron reduziert sich deutlich. Anders als bei der Frau endet mit der Umstellung der Hormone die Zeugungsfähigkeit des Mannes nicht.

Diese bleibt bis ins hohe Alter erhalten. Die Verminderung des männlichen Sexualhormons Testosteron macht sich beim Mann nicht nur am Haarausfall bemerkbar. Es dauert länger, bis es zu einer Erektion und zum Orgasmus kommt. Diese sexuelle Veränderung wird von vielen Männern als Schmach erlebt, für die Sexualität zwischen Mann und Frau kann sie jedoch vollkommen neue Qualitäten bieten.

Wie der Wechsel in die neue Lebensphase erlebt wird, hängt stark davon ab, welches Ansehen das Älterwerden in der jeweiligen Gesellschaft genießt.

Die deutschen Frauen haben begonnen, die neuen Freiheiten dieser Lebensphase mehr zu schätzen. Durch die Selbständigkeit ihrer Kinder sind sie unabhängig und nutzen den gewonnenen Freiraum zur Verwirklichung eigener Bedürfnisse. Auch das Ende der Menstruation und der damit verbundenen Schmerzen sowie die neue Freiheit, sich nicht mehr mit Verhütungsmaßnahmen auseinandersetzen zu müssen, werden als Verbesserung der Lebensqualität empfunden. Nach den Wechseljahren fühlen sich 75 Prozent aller deutschen Frauen glücklicher und gesünder als vorher.

GEDÄCHTNIS

Lerntypen

Die Erfahrung zeigt, dass es verschiedene Möglichkeiten gibt, sich Sachverhalte einzuprägen und längerfristig abzuspeichern. Dabei spielt vor allem die Ausprägung unserer Sinnesorgane eine wesentliche Rolle.
Der visuelle Lerntyp lernt am leichtesten durch Lesen und Betrachten, der auditive durch intensives Zuhören, der motorische wiederum durch Begreifen der Materie. Einige Lernwissenschaftler unterscheiden zusätzlich noch den kommunikativen Lerntyp, der sich vor allem durch Diskussion und Austausch den Lerninhalt einprägen kann.

Schneller Lerntyptest
Die Augenstellung während des Nachdenkens kann den Lerntyp verraten. Stellen Sie Ihrem Probanden eine Frage, die zum Überlegen anregt, zum Beispiel: »Was hast du vor genau einer Woche zu Mittag gegessen?«
Der visuelle Lerntyp wird während des Grübelns tendenziell nach oben schauen, der auditive wird dagegen seine Augen zur Seite drehen, während der motorische Lerntyp seinen Blick eher nach unten richten wird. Der kommunikative wird Sie gebannt anstarren oder gleich laut zu denken beginnen.
Unabhängig davon, welchem Lerntyp Sie entsprechen, gilt, je mehr Sinne Sie beim Lernprozess einsetzen, desto mehr Verknüpfungen finden in Ihrem Gehirn statt. Sie können dadurch die Lerninhalte besser behalten, und entsprechend vielfältig sind Ihre Möglichkeiten, das Erlernte wieder in Ihr Gedächtnis zu rufen.
Beim Lernen von Vokabeln könnten Sie zum Beispiel nicht

nur ins Buch schauen, sondern die Wörter laut vor sich hin sagen und dabei auch noch auf und ab gehen. Stellen Sie sich Bilder zu jedem Wort vor, oder markieren Sie die Wörter in unterschiedlichen Farben. So regen Sie Ihre beiden Gehirnhälften zum Denken an.
Sie behalten durch nur Hören 20 Prozent des Gelernten und durch nur Sehen 30 Prozent. Durch Sehen und Hören zusammen behalten Sie 50 Prozent, durch eine Kombination von Sehen, Hören und Diskutieren 70 Prozent und durch Sehen, Hören, Diskutieren und Selbertun 90 Prozent des Lerninhalts.

Das Gehirn

Rein äußerlich wirken unsere beiden Gehirnhälften symmetrisch. Ihre Funktionen sind jedoch komplett verschieden.

Die linke Gehirnhälfte denkt analytisch und logisch. Sie ist verantwortlich für:

- Sprache, Lesen und Rechnen
- Logik und Vernunft
- Regeln und Gesetze
- Konzentration
- Einzelheiten
- Zeitempfinden
- Linearität

Die rechte Gehirnhälfte denkt kreativ und intuitiv. Sie ist verantwortlich für:

- Emotionen
- Sinneseindrücke
- Bild- und Körpersprache
- Kreativität, Kunst und Farbe
- Neugier
- spontane Ideen
- räumliches Denken
- Zusammenhänge

Die beiden Gehirnhälften arbeiten immer zusammen, und bei jedem Menschen ist eine davon stärker aktiv. Aber bei Linkshändern scheinen die Funktionen nicht so eindeutig auf eine Gehirnhälfte verteilt zu sein. Ähnliches beobachten Forscher auch bei Frauengehirnen.

Testen Sie, welche Gehirnhälfte bei Ihnen dominiert:
Reißen Sie ein fingernagelgroßes Loch in die Mitte eines Papierbogens.
Halten Sie den Papierbogen mit gestreckten Armen vor sich und fixieren Sie durch das Loch einen Gegenstand.
Ziehen Sie nun das Blatt Papier bis an Ihr Gesicht heran, ohne den Gegenstand dabei aus den Augen zu verlieren.

Wenn Sie am Ende das Guckloch vor Ihrem rechten Auge haben, ist Ihre linke Gehirnhälfte die aktivere. Bei Linksäuglern dominiert die rechte Gehirnhälfte. Bei Leuten mit Sehschwäche sollte der Test allerdings nicht überbewertet werden. Um möglichst große Denkleistungen zu erzielen, sollten Sie sich ohnehin bemühen, bewusst beide Gehirnhälften miteinander zu verknüpfen. Jeder Lernstoff sollte sowohl mit dem Verstand der linken Gehirnhälfte als auch mit der Phantasie und den Gefühlen der rechten Seite in Ihrem Gedächtnis verankert sein.

Die Forum-Romanum-Methode als Gedächtnisstütze

Dass man sich Wörter in Verknüpfung mit Bildern besser merken kann, wussten bereits die Senatoren des antiken Rom. Um sich die Argumentationsketten für ihre frei zu haltenden Reden im Senat besser einzuprägen, wandelten sie angeblich durch die Stadt und hängten ihre Stichworte an irgendwelche Brunnen und Säulen. Während ihrer Ansprache vor dem Senat schritten die Redner dann im Geiste ihre Wege durch Rom ab. Die einzelnen Stationen erinnerten sie dann an die Reihenfolge der Argumente ihres rhetorisch ausgefeilten Redeaufbaus.

Diese Methode ist auch bestens für Sie geeignet, wenn Sie sich auf die Schnelle mehrere Dinge merken müssen. Ob das nun die Posten Ihres Einkaufszettels oder einer To-do-Liste sind oder Aufträge vom Chef, spielt keine Rolle. Ihre persönlichen Merkplätze können Sie völlig frei wählen. Wichtig ist nur, dass Sie immer dieselben Stationen nehmen. Sie müssen ihnen vertraut und unveränderlich sein. Prägen Sie sich zum Beispiel markante Stationen Ihres Arbeitsweges ein: den Briefkasten, den Nachbarhund, den Zebrastreifen, den Gemüsestand … aber auch die Reihenfolge Ihrer verflossenen Liebhaber wäre möglich – ganz nach Belieben! Ordnen Sie diesen Merkplätzen nun die Dinge zu, die Sie nicht vergessen wollen. Das Bild kann dabei nicht merkwürdig genug sein. Je absurder das Bild gerät, desto einprägsamer ist es. Aus dem Briefkasten ragt eine Stange Lauch, der Nachbarhund hat Rotwein getrunken und torkelt volltrunken über den Hof, auf dem Zebrastreifen liegt ein überfahrenes Putenschnitzel, die Verkäuferin am Gemüsestand löffelt eine Dose Hundefutter aus.

Einprägen von Zahlen

Ordnen Sie zuerst den Zahlen 0 bis 9 Symbole zu, die für Sie logisch und einprägsam sind, beispielsweise:
0 = Ei
1 = Fahnenmast
2 = Brille
3 = Wassermann mit Dreizack
4 = Tisch
5 = Hand
6 = Würfel
7 = sieben Zwerge
8 = Achterbahn
9 = Elefant (Rüssel)
Der fiktiven Telefonnummer 089-3329710 ordnen Sie nun der Reihenfolge nach die entsprechenden Bilder zu und bilden daraus eine Geschichte. In unserem Beispiel könnte diese lauten: Ein Ei sitzt in der Achterbahn neben einem Elefanten. Zwei Wassermänner steigen zu. Der eine trägt eine Brille. Der Elefant sieht sieben Zwerge, die am Fahnenmast baumeln, und setzt sich vor Schreck auf das Ei.

Sie können sich die Telefonnummer natürlich auch anhand der Forum-Romanum-Methode einprägen, indem Sie die Bilder für die einzelnen Zahlen Ihren Merkstationen zuordnen:
Ein Ei matscht im Briefkasten, der Nachbarshund fährt in der Achterbahn, und auf dem Zebrastreifen liegt ein Elefant, zwei Wassermänner stehen im Gemüsestand.

Erstaunlicherweise merken sich viele Menschen eine Geschichte mit völlig unsinnigem Inhalt leichter als die Zahlenfolge alleine.

Positive und negative Emotionen, die in der rechten Gehirnhälfte verarbeitet werden, helfen Ihnen dabei, sich an Dinge zu erinnern, die Sie eigentlich nur mit rechts abspeichern würden. Für die Motivation sind positive Gefühle natürlich zuträglicher, aber auch Stress, der Sie an Unangenehmes erinnert, regt das Gehirn an. Ständig seine Gefühle unter Kontrolle zu halten schadet jedenfalls der Gedächtnisleistung. Das bestätigt eine amerikanische Studie: Probanden, die sich bewusst »cool« gaben, konnten sich schlechter an Erlebtes erinnern und Erfahrungswerte abrufen als Menschen, die Gefühle zulassen konnten.

Bei Linkshändern wird die dominante Hand von der kreativen, rechten Gehirnhälfte gesteuert. Tatsächlich arbeitet in kreativen Berufen ein höherer Prozentsatz an Linkshändern. Einige Forscher schreiben diesen Zusammenhang allerdings der bewusst gelebten Andersartigkeit zu.

Kaugummi und Konzentration

Während des Lernens und Arbeitens sollte man immer viel Wasser trinken, denn dünnflüssiges Blut kann mehr Sauerstoff zum Gehirn transportieren.
Auch Kaugummikauen fördert die Durchblutung im Kopf und steigert die Konzentrationsfähigkeit.
Im Schlaf wird Erlerntes vertieft, dazu gehören auch motorische Bewegungsabläufe. Deswegen ist es ratsam, vor dem Zubettgehen noch einmal den Lernstoff zu wiederholen.

Gehirnleistung im Alter

Wenn Sie Ihr Gehirn nicht trainieren, gehen Nervenverbindungen verloren, und die Gehirnleistung lässt nach. Stellen Sie sich vor allem neuen Herausforderungen, um geistig fit zu bleiben. Dabei reichen fünf Minuten am Tag aus. Das Abrufen von Erinnerungen und Erlerntem hilft Ihnen dabei nur unwesentlich, auch nicht das Lösen von Kreuzworträtseln. Lösen Sie lieber Rechenaufgaben, reimen Sie oder lernen Sie etwas auswendig.

Ungewohntes fordert Ihr Gehirn besonders: Streichen Sie Ihr Brot mit der linken Hand, führen Sie Tätigkeiten im Dunkeln aus oder lesen Sie die Zeitung über Kopf.

Klären Sie vorher lieber Ihr Umfeld über Ihr Trainingsprogramm auf, um nicht für verrückt erklärt zu werden.

Woher kommt das Wort »Eselsbrücke«?

Esel sind ideale Lasttiere und für ihre Geländegängigkeit bekannt. Allerdings können sie äußerst stur sein und sich beharrlich weigern, durch Wasser zu laufen. Daher war man oft gezwungen, für den Esel eine Brücke zu bauen, um mit ihm ans gewünschte Ziel zu kommen.

Entwicklung des Gehirns

Grundsätzlich ist unser Gehirn noch nicht ausgereift, wenn wir zur Welt kommen. In unseren ersten Lebensjahren verknüpfen sich dann 90 Prozent unserer Nervenzellen im Gehirn. Unsere persönlichen Erfahrungen spielen dabei eine wesentliche Rolle. Bis über die Pubertät hinaus strukturieren sich die Verbindungen immer wieder neu.

Frühförder-Hysterie

Kinder sind von Geburt an neugierig und lernfreudig. Trotzdem sind auch ihre Aufnahmekapazitäten begrenzt. Man sollte ihnen ausreichend Zeit geben, damit sie mit allen Sinnen

Neues begreifen können. Ein Kind kann nur das Wissen aufsaugen, für das es das altersgemäße Interesse aufbringen kann. Überforderung provoziert frustriertes Aufgeben des Kindes.

Legasthenie

Julie Logan, Wirtschaftsprofessorin an der City University London, fand in einer Studie heraus, dass auffallend viele Unternehmer Legastheniker sind. Der berühmteste unter ihnen ist wohl Bill Gates, aber auch der Gründer des erfolgreichen Medienkonzerns Virgin, Richard Branson, zählt mit dazu. Logan macht für diesen Sachverhalt verschiedenste Ursachen verantwortlich:

Trotz hoher Intelligenz scheitern viele Legastheniker in der Schule. Sie kompensieren ihre Schreib- und Leseschwäche, indem sie lernen, durch sensible Reden ihr Umfeld für sich einzunehmen. Die exzellenten Kommunikatoren erfreuen sich meist großer Beliebtheit und holen sich auf diesem Wege persönliche Bestätigung. Sie lernen schnell, wem sie vertrauen können. Ihre ausgeprägte soziale Kompetenz kommt ihnen dann als Führungskraft sehr zugute. Die schulischen Misserfolge stacheln sie an, ihre Intelligenz endlich unter Beweis stellen zu können. Da sie als kleines Rädchen innerhalb einer Firma nicht funktionieren, wählen sie den Alleingang als kreative Ideengeber und originelle Problemlöser. Dabei profitieren sie außerdem von ihren Erfahrungen, mit Unsicherheiten umzugehen und nach alternativen Lösungswegen zu suchen.

Diese Kompetenzen sind gerade auch für Politiker von großer Bedeutung. Deshalb ist es kein Wunder, dass sich immer wieder große Staatsmänner als Legastheniker outen.

Berühmte Legastheniker

Hans Christian Andersen *(dänischer Schriftsteller)*
Bill Gates *(amerikanischer Unternehmer)*
Agatha Christie *(britische Schriftstellerin)*
Franklin D. Roosevelt *(amerikanischer Präsident)*
Walt Disney *(amerikanischer Filmproduzent)*
Albert Einstein *(deutscher Physiker und Nobelpreisträger)*
Alfred Hitchcock *(britischer Filmregisseur)*
Thomas Alva Edison *(amerikanischer Erfinder)*
Bill Hewlett *(Mitgründer von Hewlett-Packard)*
John Irving *(amerikanischer Autor)*
Ingvar Kamprad *(schwedischer IKEA-Gründer)*
Nigel Kennedy *(britischer Geigenvirtuose)*
Ernest Hemingway *(amerikanischer Schriftsteller)*
Richard Branson *(britischer Unternehmer)*
Leonardo da Vinci *(italienischer Maler, Bildhauer, Architekt)*
John Lennon *(britischer Musiker)*
Robbie Williams *(britischer Musiker)*
Johannes Gutenberg *(deutscher Erfinder des Buchdrucks)*
François Mitterrand *(französischer Staatspräsident)*
Auguste Rodin *(französischer Bildhauer)*
Steven Spielberg *(amerikanischer Filmregisseur)*
Stephen Hawking *(britischer Astrophysiker)*
Charles Darwin *(britischer Naturforscher)*
Napoleon Bonaparte *(französischer Feldherr und Kaiser)*

Übrigens: Deutsche Legastheniker halten sich bedeckter als die aus anderen Ländern, da man Legasthenie in Deutschland zu Unrecht mit einem Makel assoziiert.

SPRACHE

Auf der Welt gibt es mehr als 6000 Sprachen. Die größte der rund 20 Sprachfamilien ist das Indogermanische mit etwa 2,5 Milliarden, die zweitgrößte Sprachfamilie ist das Sinotibetische mit etwa 1,3 Milliarden Muttersprachlern. Die älteste Sprache der Welt ist Sanskrit.

Die meistgesprochenen Sprachen der Welt:

1. Chinesisch (Mandarin): für 1 Milliarde Menschen Muttersprache und Amtssprache
2. Englisch: für 340 Millionen Muttersprache; für 1,3 Milliarden Amtssprache
3. Spanisch: für 250 Millionen Muttersprache; für 270 Millionen Amtssprache
4. Hindi: für 220 Millionen Muttersprache; für 700 Millionen Amtssprache
5. Arabisch: für 150 Millionen Muttersprache; für 170 Millionen Amtssprache
6. Bengali: für 150 Millionen Muttersprache und Amtssprache
7. Russisch: für 150 Millionen Muttersprache; für 270 Millionen Amtssprache
8. Portugiesisch: für 140 Millionen Muttersprache; für 170 Millionen Amtssprache
9. Japanisch: für 120 Millionen Muttersprache und Amtssprache
10. Französisch: für 110 Millionen Muttersprache; für 200 Millionen Amtssprache
11. Deutsch: für 100 Millionen Muttersprache und Amtssprache

Englische Wörter, die inzwischen im Duden stehen:

Breaken, Briefing, Business, Chatroom, Cranberry, Crashtest, Cutter, Encounter, Event, Ghostwriter, Give-away, Holding, Human Resources, Juice, Meeting, Performance, powern, pushen, Take-away, Thinktank.

Sanskrit-Lehnwörter im Deutschen:

Arier, Avatar, Dschungel, Guru, Ingwer, Orange, Kajal, Mandala, Mantra, Moschus, Nirwana, Swastika, Tantra, Yoga.

Jiddische Lehnwörter im Deutschen:

abzocken, angeschickert, ausbaldowern, Chuzpe, Gemauschel, Kaff, Kluft, meschugge, pleite, schäkern, Schlamassel, Stuss, Tacheles, Tinnef, verkohlen, Zoff.

Deutsche Wörter, die in der weiten Welt in andere Sprachen übernommen wurden:

Ahnentafel, Alpenglühen, Angst, Autobahn, Besserwisser, Bildungsroman, Blitzkrieg, Bratwurst, Dachshund, Doppelgänger, Eisberg, Gemütlichkeit, Götterdämmerung, Hausfrau, Hinterland, Jugendstil, Kaffeeklatsch, Kitsch, Kindergarten, Knödel, Koks, Leitmotiv, Poltergeist, Rucksack, Schadenfreude, Schmirgelpapier, Sturm und Drang, verboten, Waldsterben, Wanderlust, Weltschmerz, Wunderkind, Zeitgeist.

Die schönsten deutschen Wörter:

Habseligkeiten, Geborgenheit, lieben, Augenblick, Rhabarbermarmelade, Anmut, Blütenschimmer, Schlaraffenland, Frühlingserwachen, Wonneproppen, Gemütlichkeit, Wirrwarr, Augenstern, Fernweh, schlaftrunken, Purzelbaum, Himmelszelt, Regenbogenforelle, behutsam, Kinkerlitzchen, Wundertüte, Marzipankartoffel, Herbstzeitlose, Lichtung, Sommerwind, Pusteblume, Luftikus, Anstand.
(aus den Einsendungen zu dem internationalen Wettbewerb »Das schönste deutsche Wort« des Deutschen Sprachrats in Zusammenarbeit mit dem Goethe-Institut, 2004)

Libelle wurde »Das schönste Wort der Kinder«.

Die hässlichsten deutschen Wörter:

Gör, Krücke, Blagen, Brust, Fratze, Bestuhlung, Grützbeutel, Bockwurst, Presssack, Pickelhaube, vergrätzen, Petze, Glatzkopf, Mitesser, Quasselstrippe, Pestbeule, Warze

Übrigens: Eponyme sind Wörter, die auf einen Menschen zurückzuführen sind, zum Beispiel Bloody Mary, eine Mischung aus Tomatensaft und Wodka, benannt nach der englischen Tudor-Königin Maria I., die den Beinamen wegen ihrer blutigen Protestantenverfolgung im 16. Jahrhundert bekommen hatte.

Wörter und Unwörter

Die Gesellschaft für Deutsche Sprache kürt seit 1977 jedes Jahr das »Wort des Jahres«. Das sind »Wörter oder Phrasen, die die öffentliche Diskussion des betreffenden Jahres besonders bestimmt haben, die für wichtige Themen stehen oder sonst als charakteristisch erscheinen«. Seit 1991 gibt es auch das »Unwort des Jahres«. Hierbei handelt es sich um »Wörter und Formulierungen aus der öffentlichen Sprache, die sachlich grob unangemessen sind und möglicherweise sogar die Menschenwürde verletzen«.

	Wort des Jahres	*Unwort des Jahres*
2007	Klimakatastrophe	Herdprämie
2006	Fanmeile	freiwillige Ausreise
2005	Bundeskanzlerin	Entlassungsproduktivität
2004	Hartz IV	Humankapital
2003	das alte Europa	Tätervolk
2002	Teuro	Ich-AG
2001	der 11. September	Gotteskrieger
2000	Schwarzgeldaffäre	national befreite Zone
1999	Millennium	Kollateralschaden
1998	Rot-Grün	sozial verträgliches Frühableben
1997	Reformstau	Wohlstandsmüll
1996	Sparpaket	Rentnerschwemme
1995	Multimedia	Diätenanpassung
1994	Superwahljahr	Peanuts
1993	Sozialabbau	Überfremdung

Donald Duck und die alte Dame

Die Sprüche, die sie Donald Duck, den Panzerknacker und Daniel Düsentrieb in den Mund gelegt hat, sind Kult geworden: Erika Fuchs (*1906), die 2005 im Alter von 98 Jahren gestorben ist, wurde 1951 eher aus wirtschaftlicher Not denn aus Neigung Übersetzerin einiger US-Comics. Weil sie es so gut machte, wurde sie bald Chefredakteurin der »Micky Maus«, was sie bis 1988 blieb, und prägte wie nebenbei die deutsche Nachkriegssprache mit. »Grübel«, »seufz«, »schnorch« und »stöhn« boten ganz neue Verben-Impressionen. Klassiker wie Schiller interpretierte die promovierte Kunsthistorikerin immer wieder ein wenig um, etwa für Tick, Trick und Tracks Ausruf: »Wir wollen sein ein einig Volk von Brüdern, in keiner Not uns waschen und Gefahr!« Mit Sprachwitz und Humor erdachte sie so fulminante Ausbrüche wie Dagoberts: »Ich stehe hier, ein Herkules mit Fackeln! Sie sollen lodern, leuchten, knistern und auch knackeln!« Erika Fuchs hat sich nicht sehr eng an die zum Teil eher stupiden Originale gehalten und dadurch jeder Figur auf geistreiche Art eine ganz eigene Sprache gegeben – von wegen »Verdummungsliteratur«, wie Comics damals oft genannt wurden.

Wie das Gehirn Wörter wahrnimmt

Wuarm das mcigölh ist, wieß nniaemd gnaz gnaeu, aebr die Ttscaahe zläht: Die Sidtue enier eilsghencn Uisvintäret hat ebregen, dsas es nhict ehstcindened ist, in whcleer Rgihfeenole die Behcsabtun eenis Wtroes sheetn, eeinsntchded ist, dsas der estre und der lttzee Bbauhscte an der rceghtiin Pisitoon sheten. Der Rset knan Kurat und Rbeün sein, wer lseen knan, knan den Txet dnoench onhe Pbmrolee vsrhteeen. Usenr Gheirn lseit obenfafr nhict jdeen Behstuacbn eznieln, sdneron das Wrot als Gnaezs. Sheen Sie, bei Ienhn fornktiuniet es acuh!

Die häufigsten Nachnamen in Deutschland:

1. Müller, 2. Schmidt, 3. Schneider, 4. Fischer, 5. Meyer, 6. Weber, 7. Wagner, 8. Becker, 9. Schulz, 10. Hoffmann, 11. Schäfer, 12. Koch, 13. Bauer, 14. Richter, 15. Klein, 16. Schröder, 17. Wolf, 18. Neumann, 19. Schwarz, 20. Zimmermann

Die 10 häufigsten Mädchennamen in Deutschland

1900	1965	1980	2010
Anna	Sabine	Julia	Mia
Frieda	Petra	Katrin	Hanna/ Hannah
Martha	Claudia	Melanie	Lena
Maria	Susanne	Stefanie	Lea/Leah
Emma	Martina	Sandra	Emma
Marie	Andrea	Anja	Anna
Elisabeth	Anja	Nadine	Leonie/Leoni
Bertha	Birgit	Nicole	Lilly
Margarethe	Bettina	Christina	Emilie
Gertrud	Christine	Daniela	Lina

KAFFEEKLATSCH

320 Millionen Tassen Kaffee werden in Deutschland allein zum Frühstück getrunken. Kaffee ist hierzulande, noch vor Bier, das Volksgetränk Nummer eins. Jeder Bundesbürger trinkt im Jahr knapp 160 Liter Kaffee: zum Wachwerden, zum Entspannen in der Kaffeepause, als Abschluss eines feinen Essens oder zum geselligen Beisammensein bei Ratsch und Tratsch. Nicht umsonst wurde das deutsche Wort »Kaffeeklatsch« weltweit in zahlreiche Sprachen übernommen.

Die beste Nachricht ist jedoch: Das Genussmittel Kaffee ist gesund! Zwei voneinander unabhängige europäische Forschungsergebnisse zeigten, dass vor allem Frauen vom täglichen Kaffeegenuss profitieren. Offensichtlich wirkt sich das Koffein positiv auf die Aufmerksamkeit und das Lern- und Erinnerungsvermögen von Frauen aus. Ab einem Konsum von drei Tassen am Tag macht sich der erfreuliche Effekt besonders bei Damen im fortgeschrittenen Alter bemerkbar. Aber nicht nur das: Die gleiche tägliche Koffeindosis stärkt bei Kaffeetrinkerinnen die körpereigenen Schutzmechanismen gegen Darmkrebs, was wiederum eine japanische Gesundheitsstudie belegt. Warum der Kaffeegenuss gerade bei Frauen eine derart erfreuliche Wirkung hat, dafür hat die Wissenschaft allerdings bislang keine schlüssige Erklärung finden können.

Wissenswertes rund um den Kaffee

Die Entdeckung der Kaffeebohne und ihrer belebenden Wirkung ist sagenumwoben. Eine Legende, die in verschiedenen Varianten erzählt wird, handelt von afrikanischen Hirten, die im 9. Jahrhundert beobachtet haben sollen, dass die Ziegen ihrer Herde, die Kaffeekirschen aßen, bis in die Nacht hinein munter blökend umherhüpften, während die restlichen Ziegen schon längst selig schlummerten. Mönche eines in der Nähe gelegenen Klosters, die von der Begebenheit hörten, sollen daraufhin die rohen Kaffeekirschen probiert, aber wegen ihres bitteren Geschmacks sofort entsetzt ins Feuer ausgespuckt haben. Der feine Geruch, der daraufhin aus dem Feuer stieg, soll die Initialzündung für die Kaffeerösterei gewesen sein. Die belebende Wirkung des Kaffees ermöglichte den Mönchen angeblich, fortan auch die Nachtstunden zum Beten zu nutzen.

Als erwiesen gilt, dass das Kaffeetrinken im heutigen Äthiopien seinen Ursprung nahm und sich rasch über die arabischen Länder verbreitete. Erst in der Mitte des 17. Jahrhunderts wurde die heilige Delikatesse nach Europa geschmuggelt. Heute wächst die Kaffeepflanze in 50 Ländern rund um den Äquator. Hauptproduzenten sind Brasilien und Vietnam.

Nach Erdöl ist Kaffee weltweit das zweitwichtigste Handelsprodukt. Durch das Anlegen großer Kaffeeplantagen gehen wichtige Waldflächen verloren und damit der Lebensraum vieler Vögel, die sich ansonsten der natürlichen Insektenvernichtung annehmen würden. Dies verstärkt den Einsatz von Pestiziden in den Kaffeeplantagen und schadet der Kaffee- und Umweltqualität. Bei Bio-Kaffeebauern ist der Einsatz von Pestiziden untersagt. Ihr Anteil am Weltgeschäft bewegt sich allerdings nur bei 0,6 Prozent.

Kopi Luwak, die teuerste Kaffeesorte der Welt, kommt aus Südostasien. Der Kopi (Kaffee) ist nach dem Fleckenmusang Luwak, einer dort lebenden Schleichkatze, benannt, die gerne die roten Kaffeekirschen verspeist. Sie verdaut nur die

Schale der Frucht. Die Bohne wird, ohne größere Nebenprodukte, wieder ausgeschieden. Durch die Fermentation im Katzenverdauungstrakt werden der Bohne Bitterstoffe entzogen, und sie erhält dadurch ihr unvergleichliches, volles Aroma. Die ausgeschiedenen Bohnen werden von Einheimischen aufgesammelt und für teures Geld an Kaffeehändler verkauft.

640000 Dollar Schmerzensgeld bekam die Amerikanerin Stella Liebeck von der Fastfoodkette McDonald's zugesprochen, nachdem sie sich im Auto ihren Kaffeebecher zwischen die Beine geklemmt hatte und dabei heißen Kaffee verschüttete, der ihre Oberschenkel verbrühte.

Kaffeesatz ist wegen seines hohen Gehalts an Stickstoff und Mineralstoffen ein hervorragender Pflanzendünger. Wegen seiner körnigen Struktur kann Kaffeesatz aber auch wie Schmirgelseife verwendet werden. Der Ölanteil wirkt rückfettend und macht die Ersatzseife geschmeidig. Gesichtspeelings mit Kaffeesatz sind wirkungsvoll und belebend.

Das Granulat von Instantkaffee eignet sich hervorragend zur Aufnahme von unangenehmen Gerüchen im feuchten Milieu. Ein paar Esslöffel davon, auf einem Unterteller im Kühlschrank oder auf Küchenkrepp in einen miefenden Turnschuh gefüllt, können eine befreiende Wirkung haben.

Im Jahr 1850 entwickelte der Möbelhersteller Michael Thonet ein Verfahren, um Holz unter Wasserdampf zu biegen und in die gewünschte Form zu bringen. Sein berühmter Kaffeehausstuhl mit der geschwungenen Rückenlehne wurde seit der Einführung 1859 ca. 50 Millionen Mal verkauft. Der »Konsumstuhl Nr. 14« gilt bis heute als Stuhl aller Stühle. 1867 bekam die Firma der Gebrüder Thonet für diesen Entwurf bei der Weltausstellung in Paris eine Goldmedaille.

Kaffeeholz ist extrem hart. Selbst kräftigen Papageienschnäbeln gelingt es nicht, das Holz anzuknabbern. Deswegen wird es gerne für Vogelkäfigmobiliar verwendet.

Die Fußballdamen der deutschen Nationalmannschaft erhielten, nachdem sie 1989 den Europameistertitel holten, als Anerkennung vom DFB je ein Kaffeeservice als Prämie. Nach der Verteidigung des Titels, im Jahr 1991, forderten die Damen die passenden Kaffeelöffel dazu, was der DFB überhaupt nicht lustig fand.

Interessantes und Kurioses für den Kaffeeklatsch

- Spinnen, die mit einem Staubsauger eingesaugt werden, haben praktisch keine Chance zu überleben. Im Staubsaugerschlauch werden sie mit Geschwindigkeiten von bis zu 140 km/h mehrfach gegen die Schlauchwände geschleudert, und man nimmt an, dass sie bereits tot sind, wenn sie den Staubsaugerbeutel erreicht haben. Ganz winzige Spinnen könnten theoretisch mit viel Glück überleben und nach dem Saugen aus dem Beutel wieder zurück in die Freiheit krabbeln. Praktische Erfahrungswerte liegen Staubsaugerherstellern darüber jedoch nicht vor.
- Wenn sich ein Mann niemals rasieren würde, würde sein Bart im Laufe seines Lebens etwa neun Meter lang werden.
- Der österreichische Lungenfacharzt Friedrich Bischinger hält Nasebohren für notwendig, gesund und zu Unrecht für gesellschaftlich verpönt. Die mechanische Entfernung von Popeln befreie die Atemwege wesentlich effektiver, als es durch bloßes Abschneuzen möglich wäre. Aus medizinischer Sicht sei sogar

der Verzehr der Popel empfehlenswert. Die Bakterien, die in der Nase aus der Luft gefiltert wurden und in den Popeln gebunden sind, würden im Darm des Popelessers wie ein Medikament wirken und dessen Abwehrkräfte mobilisieren.

- 50 Prozent der Weltbevölkerung haben noch nie telefoniert.
- Marmeladenbrote landen immer auf der beschmierten Seite auf dem Fußboden, weil die Fallhöhe ab der Tischfläche nur für eine halbe Drehung ausreicht.
- In der Personenenzyklopädie Who's Who stehen einige frei erfundene Biographien mit Adressen von Mitarbeitern des Verlags. So kann kontrolliert werden, ob die Adressen der im Lexikon aufgeführten Persönlichkeiten für Werbezwecke missbraucht werden. Gegebenenfalls werden dann rechtliche Schritte gegen die Adressenhaie eingeleitet.
- Rein statistisch werden mehr Menschen durch Eselstritte getötet als durch Flugzeugabstürze.
- Russland hat weltweit den höchsten Parfumverbrauch.
- Das meistgesungene und bekannteste Lied der Welt ist »Happy Birthday to you«.
- Weinexperten empfehlen, schal gewordenen Sekt durch eine Rosine wiederzubeleben. Wirft man eine Rosine in die Sektflasche, entsteht durch den Zucker Kohlensäure. Der Geschmack des Sekts wird davon nicht beeinträchtigt.
- Küchenmesser kann man an den Rändern von Tonblumentöpfen scharf schleifen.
- Sellerie hat »negative« Kalorien. Beim Knabbern an einer Selleriestange werden mehr Kalorien verbraucht, als man durch den Sellerie selbst aufnimmt.
- Blondinen lähmen die Hirnaktivität von Männern. Männliche Probanden einer Intelligenzstudie schnitten deutlich schlechter ab, wenn ihnen vor Beginn des Tests Fotos von Blondinen gezeigt wurden. Abbildungen von dunkelhaarigen Frauen hatten keinen vergleichbaren Effekt.

- Fürs Blondieren werden in Deutschland 37 Millionen Euro pro Jahr ausgegeben.
- Der weltweit gefährlichste Job ist Fischer.
- Ein Durchschnittsmensch wartet im Laufe seines Lebens etwa zwei Wochen vor roten Ampeln.
- Das Wort »Fisimatenten« leitet sich angeblich vom französischen Balzruf: »Visitez ma tente!«, »Besuchen Sie mein Zelt!« ab, mit dem französische Besatzungssoldaten Kontakt zu deutschen Mädchen aufzunehmen versuchten. Besorgte Eltern sollen daraufhin ihre Töchter gemahnt haben, bloß keine Fisimatenten zu machen.
- »SOS« ist weder die Abkürzung für »Save Our Ship« noch von »Save Our Souls«. Es wurde 1908 zum Notruf-Morsecode bestimmt, weil die Buchstaben »S« (Punkt-Punkt-Punkt) und »O« (Strich-Strich-Strich) leicht zu merken und durchzuführen sind.
- In den meisten Reklamen stehen die Uhren auf 10.10 Uhr. Die Zeigerstellung soll wie ein freundlich lächelnder Mund wirken. Auch in Uhrengeschäften wird auf eine sympathische Zeigerstellung bei stillstehenden Uhren geachtet.
- Damit die Jungen des Gürteltiers nicht in hungergeplagten Zeiten zur Welt kommen, kann das geschwängerte Gürteltierweibchen die Entwicklung ihres Embryos um bis zu drei Jahre vertagen.
- Gesellen bestimmter Zünfte trugen als Zeichen ihrer Zugehörigkeit Ohrringe. Benahmen sie sich unzünftig und verstießen gegen die Regeln ihrer Zunft, wurde ihnen der Ohrring brachial aus dem Ohr gerissen. Damit war der Handwerker ab da eindeutig als Schlitzohr zu erkennen.
- Der erste bekannte, erfolgreiche Kaiserschnitt an einer Lebenden wurde im Jahre 1500 vom Schweizer Schweinekastrierer Jakob Nufer an seiner eigenen Frau durchgeführt. Eigentlich waren zu dieser Zeit nur Kaiserschnitte an toten

Frauen erlaubt. Als der Schweinefachmann fürchtete, seine Frau würde die Geburt nicht überleben, entschloss er sich für die lebensrettende Maßnahme. Man nimmt an, dass er als professioneller Kastrierer über mehr anatomische Zusammenhänge Bescheid wusste als jeder Arzt zu dieser Zeit. Deswegen konnte die Operation für Frau und Kind erfolgreich verlaufen. Angeblich gebar seine Frau, Elisabeth Alespachin, schon im Jahr darauf – auf natürlichem Wege – Zwillinge und im Laufe ihres Lebens noch weitere vier Kinder.

- Wenn bei einem Reiterdenkmal das Pferd mit allen Füßen auf dem Boden steht, bedeutet dies, dass der verehrte Reitersmann eines natürlichen Todes starb. Sind beide Vorderbeine in der Luft, wurde das Leben des Kriegshelden bei einer Schlacht beendet. Ist dagegen nur ein Vorderbein angehoben, kann man davon ausgehen, dass der Reiter seinen Kriegsverletzungen erlag.

Einbürgerungstest

Seit September 2008 muss jeder Zuwanderer, der einen deutschen Pass haben möchte, einen Einbürgerungstest bestehen. Ein Katalog aus 310 Fragen wird im Auftrag des Bundesinnenministeriums an der Berliner Humboldt-Universität entwickelt (und veröffentlicht). Daraus werden dann jeweils 33 Fragen aus den Themenbereichen »Politik in der Demokratie«, »Geschichte und Verantwortung« sowie »Mensch und Gesellschaft« ausgewählt. 17 Fragen müssen richtig beantwortet sein. Der umstrittene Test kann beliebig oft wiederholt werden. Testen Sie sich selbst:

1. Nennen Sie drei Flüsse, die durch Deutschland fließen.

a) Elbe, Donau, Rhein b) Main, Donau, Drau c) Rhein, Donau, Moldau

2. Nennen Sie drei Länder, die an die Bundesrepublik Deutschland grenzen.
a) Österreich, Slowenien, Italien b) Polen, Dänemark, Tschechische Republik c) Schweiz, Ungarn, Frankreich

3. Wie viele Einwohner hat Deutschland?
a) ca. 93 Millionen b) ca. 73 Millionen c) ca. 83 Millionen

4. Wie heißt die Hauptstadt der BRD?
a) Berlin b) Bonn c) Hamburg

5. 1918 wurde in Deutschland die erste Republik mit demokratischer Verfassung ausgerufen. Wie hieß diese Republik?
a) Deutsche Demokratische Republik b) Weimarer Republik c) Deutsche Bundesrepublik

6. Wann während der ersten Hälfte des 20. Jahrhunderts war Deutschland eine Diktatur?
a) 1914–1918 b) 1918–1948 c) 1933–1945

7. Welche war die herrschende Partei während der nationalsozialistischen Diktatur? *a) NPPD b) NSDAP c) KPD*

8. Was geschah am 8. Mai 1945?
a) Die Konzentrationslager wurden befreit b) Adolf Hitler verübte Selbstmord c) Die Nationalsozialisten erklärten ihre bedingungslose Kapitulation

9. Wie hieß der erste Bundeskanzler?
a) Konrad Adenauer b) Ludwig Erhard c) Kurt Georg Kiesinger

10. Welcher Bundeskanzler erhielt den Friedensnobelpreis?
a) Willy Brandt b) Helmut Kohl c) Helmut Schmidt

Lösungen: 1 a), 2 b), 3 c), 4 a), 5 b), 6 c), 7 b), 8 c), 9 a), 10 a) 1971

GESANG UND STIMME

Neben dem Sprechen, der Mimik und der Gestik ist der Gesang die älteste Form der menschlichen Äußerungsform. Das Instrument ist der Körper selbst: Stimmbänder, Kehlkopf, Resonanzräume, Lunge, Zunge und Stimmlippen. Der Mensch brachte zu allen Zeiten und Entwicklungsstufen seine Regungen, Emotionen und seelischen Zustände über Musik und Gesang zum Ausdruck. Kaum etwas wird als so beruhigend und friedlich empfunden wie ein sanft vorgetragenes Schlaflied der Mutter für ihr Kind, und an kaum einem anderen Ort schlagen die emotionalen Wellen derart hoch wie auf den Konzerten berühmter Rockstars. Keine Kultur, kein Volk dieser Welt bestand jemals ohne Gesang, seien es etwa religiöse oder rituelle Gesänge, Arbeitslieder, Kinderlieder.

Stimmwirkung

- Wer aufgeregt ist, hat schnell einen unangenehm schrillen Klang in der Stimme. Die Stimme wirkt »flach«. Frauen neigen dazu, eine piepsige, hauchartige Stimme zu bekommen, wenn sie unsicher sind, weil sie so das Signal ausstrahlen, beschützenswert und verletzlich zu sein – freilich werden sie so auch nicht annähernd so ernst genommen wie mit einer Stimme, deren Klangspektrum voll genutzt wird.
- Eine volle, resonanzreiche Stimme wirkt angenehm, einnehmend und souverän. Voraussetzungen dafür sind ein entspannter Stimmapparat und ein ebensolcher Oberkörper.
- Achten Sie auf eine aufrechte Körperhaltung. Die Halsmuskulatur sollte locker sein, die Stimme sollte aus dem Bauch und nicht aus dem verkrampften Kehlkopf kommen.

Übungen:

- Gähnen Sie mit weit geöffnetem Mund, räkeln Sie sich, seufzen Sie vernehmlich und machen Sie auf diese Weise Platz für viel Luft und tiefes Atmen.
- Stellen Sie sich breitbeinig auf den Boden, ballen Sie die Fäuste und lassen Sie die Luft aus Ihrem Bauch mit einem pfeifenden »Pffffff«-Laut entweichen. Öffnen Sie dann die Hände wie Kelche und lassen Sie mit geöffnetem Mund reichlich Luft in sich einströmen.
- Lassen Sie beide Hände auf Ihrem Bauch kreisen und geben Sie einen lang anhaltenden Summton »mmmhhhh« von sich, während Sie sich vorstellen, mit den in etwa 50 Zentimeter Abstand aufgestellten Füßen den Boden wegzudrücken. Die Lippen liegen locker aufeinander.
- Lippen flattern lassen (»brrrr«).
- Lunge »wecken«: Stellen Sie sich aufrecht hin und klopfen Sie mit den Handflächen den Brustkorb ab.

Berühmte Sängerinnen und ihre besten Songs

Die amerikanische Pop- und Rockmusik-Zeitschrift Rolling Stone veröffentlichte 2004 eine Liste der 500 besten Singles aller Zeiten. Darunter finden sich folgende:

1. Aretha Franklin »Respect« (1967)
2. Ike und Tina Turner »River Deep – Mountain High« (1966)
3. Martha and the Vandellas »Dancing in the Street« (1961)
4. Patsy Cline »Crazy« (1961)
5. Donna Summer »Hot Stuff« (1979)
6. The Crystals »Da Doo Ron Ron (When He Walked Me Home)« (1963)
7. The Shirelles »Will You Love Me Tomorrow« (1961)

8. Janis Joplin »Me and Bobby McGee« (1971)
9. Sinead O'Connor »Nothing Compares 2 U« (1990)
10. Aretha Franklin »I Never Loved a Man (The Way I Love You)« (1967)
11. The Chantels »Maybe« (1958)
12. Dolly Parton »Jolene« (1974)
13. Patsy Cline »I Fall to Pieces« (1961)
14. Aretha Franklin »Chain of Fools« (1967)
15. Blondie »Heart of Glass« (1979)
16. The Crystals »He's a Rebel« (1962)
17. New York Dolls »Personality Crisis« (1973)
18. The Dixie Cups »Chapel of Love« (1964)
19. Joni Mitchell »Help Me« (1974)
20. Blondie »Call Me« (1980)
21. Blondie »One Way or Another« (1978)
22. Madonna »Like a Prayer« (1988)
23. Tina Turner »What's Love Got to Do With It« (1984)
24. Patti Smith Group »Dancing Barefoot« (1979)
25. The Supremes »Baby Love« (1964)
26. Bonnie Raitt »I Can't Make You Love Me« (1991)
27. The Supremes »You Keep Me Hanging On« (1966)
28. Little Eva »The Locomotion« (1962)
29. Eurythmics »Sweet Dreams« (1983)
30. Martha and the Vandellas »Nowhere to Run« (1965)
31. Roberta Flack »Killing Me Softly With His Song« (1973)
32. Freda Payne »Band of Gold« (1970)
33. The Shirelles »Tonight's the Night« (1960)
34. Donna Summer »I Feel Love« (1977)
35. Gladys Knight and the Pips »Midnight Train to Georgia« (1973)
36. Salt'n'Pepa »Push It« (1987)
37. Sonny and Cher »I Got You Babe« (1965)
38. The Chiffons »One Fine Day« (1963)

39. Carole King »It's too Late« (1971)
40. Joni Mitchell »Free Man in Paris« (1974)
41. The Supremes »Where Did Our Love Go« (1964)
42. Aretha Franklin »Do Right Woman, Do Right Man« (1967)
43. Patti LaBelle »Lady Marmalade« (1975)
44. Joan Jett »I Love Rock 'n' Roll« (1981)
45. Gloria Gaynor »I Will Survive« (1979)
46. The Crystals »Then He Kissed Me« (1963)

Hit-Rekorde der Frauen

- Als Kelly Clarksons (USA) Debütsingle »A Moment Like This« im Oktober 2002 von Platz 53 der Charts auf Platz 1 hochschnellte, brach sie den Rekord der Beatles.
- Mit »Wannabe« landeten die Spice Girls (GB) im Juli 1996 einen Nr.-1-Hit in Großbritannien, verkauften allein dort in wenigen Wochen 1,2 Millionen und landeten in 31 anderen Ländern auf Platz 1.
- Das erfolgreichste Country-Album ist »Wide Open Spaces« von den Dixie Chicks (USA). Seit 1998 wurden 10 Millionen Exemplare verkauft.
- Reba McEntire (USA) ist die erfolgreichste Country-Sängerin der Welt. Sie brachte es allein auf acht Mehrfach-Platin-Auszeichnungen. Insgesamt verkaufte sie in 25 Jahren etwa 48 Millionen Alben.
- Nachdem Celia Cruz (Kuba), die legendäre Queen of Salsa, im Juli 2003 gestorben ist, landeten acht ihrer Alben unter den ersten zehn der Billboard-Tropical-Latin-Charts.

ERNÄHRUNG

Essen Sie maßvoll, essen Sie qualitativ hochwertige Waren, essen Sie vitaminreich und kalorienarm, und bewegen Sie sich – empfohlen wird mindestens zwei- bis dreimal pro Woche eine halbe Stunde Sport. Wer diese Grundsätze beachtet, versorgt sich optimal.

Traditionell bilden kohlenhydrat- und ballaststoffreiche Getreideprodukte wie Flocken und Brote, Reis, Nudeln und Kartoffeln die Basis der sogenannten Ernährungspyramide, weil sie als Grundnahrungsmittel gelten, die eine sättigende Grundversorgung gewährleisten. Auf der nächsthöheren Stufe folgen vitamin-, mineralstoff- und ballaststoffreiches Obst und Gemüse. Diese liefern auch sekundäre Pflanzenstoffe wie etwa krankheitshemmende Carotinoide. Dann folgen die eiweiß- und calciumreichen Milchprodukte, gefolgt von den Protein-, Jod- und Eisenlieferanten Fleisch, Fisch, Geflügel, Eier, Hülsenfrüchte und Nüsse. An der Spitze stehen Fette, Öle und Zucker, von denen am wenigsten konsumiert werden sollten.

Neuere Studien legen nahe, Pflanzenöle mit ungesättigten Fettsäuren, wie zum Beispiel Olivenöl oder Rapsöl mit an die Basis der Pyramide zu setzen. Bei Getreideerzeugnissen, Reis und Nudeln müsse darauf hingewiesen werden, dass lediglich Vollkornprodukte die postulierten positiven Eigenschaften besitzen, während geschälter Reis, helle Nudeln und Weißmehlerzeugnisse nur noch einen sehr kleinen Anteil der wertvollen Inhaltsstoffe besitzen und in kleinen Mengen verzehrt werden sollten. Butter und fetteres rotes Fleisch gehören im Gegensatz zu Geflügel zu den Produkten, die nur einmal wöchentlich bzw. in kleinen Mengen auf den Speiseplan kommen sollten.

Das US-amerikanische Landwirtschaftsministerium, dessen Ernährungspyramide auch in Europa verbreitet ist, geriet in die Kritik, als Stimmen laut wurden, die Pyramide sei keineswegs nur im Hinblick auf objektive Nährwerte erstellt worden. Es hätten vielmehr auch taktische Erwägungen eine Rolle gespielt: So hätten sich die Angaben günstig auf den Absatz der nationalen Agrarprodukte auswirken sollen.

Noch liegen keine neuen Langzeitstudien vor. Es soll künftig stärker untersucht und entsprechend berücksichtigt werden, dass Menschen von Region zu Region und von Kultur zu Kultur andere Bedürfnisse und Eigenschaften entwickelt haben.
Jeder Mensch sollte mindestens 1,5 Liter am Tag trinken: vor allem Wasser, aber auch Mineralwasser und frische Säfte. Alkohol dagegen nur in Maßen.

Kalorienverbrauch

Im Ruhezustand, um die Vitalfunktionen aufrechtzuerhalten, braucht ein 85 Kilo schwerer Mann pro Tag im Schnitt etwa 2050 Kilokalorien (kcal), eine 65 Kilo schwere Frau etwa 1400 kcal. Die Formel für den Verbrauch lautet: Männer verbrauchen pro Stunde von 24 Tagesstunden 1 kcal pro Körperkilo: $1 \times 85 \times 24 = 2040$.
Frauen 0,9 kcal pro Körperkilo: $0{,}9 \times 65 \times 24 = 1404$.
Legt man einen durchschnittlichen Arbeitsalltag zugrunde, braucht eine Frau im Schnitt täglich 1900 kcal, ein Mann etwa 2400 kcal.

Übrigens: Forscher der Universität Cambridge haben anhand alter Speisezettel der Londoner Westminster-Abtei herausgefunden, dass die Benediktinermönche täglich deutlich über 7000 kcal zu sich nahmen, vor allem, indem sie täglich etwa viereinhalb Liter Bier tranken. Die dicken Bäuche galten als Wärmepolster in den ungeheizten Klosterzellen.

Gewichtsabnahme

- Ein Mensch verliert an Gewicht, wenn dem Körper weniger Energie zugeführt wird, als er verbraucht. Dann verbraucht er das Fett wieder, das er aus überschüssiger Energie für schlechte Zeiten gebildet hat.
- Um ein Kilo Fett zu verlieren, müssen etwa 7500 kcal eingespart werden. Das bedeutet, eine Frau müsste im Schnitt dreieinhalb bis vier Tage hungern oder eine gute Woche knapp die Hälfte der Portionen essen.
- Durch Sport kann man den Energiebedarf steigern sowie den Kreislauf und den Stoffwechsel anheizen. Bei sportlicher Ausdauerbelastung werden zwischen 550 und 950 kcal pro Stunde verbraucht. Wer konsequent dreimal pro Woche eine halbe Stunde Sport treibt, vernichtet um die 1200 kcal. Bei einer Stunde ist der Verbrauch bereits entsprechend höher.
- Wer zudem seine Ernährung auf optimale Bedingungen umstellt, kann je nach Aktivität sein Gewicht um zwei bis drei Kilo pro Monat senken. Eine schnellere Gewichtsreduktion sollte man sich mit Rücksicht auf den Kreislauf gar nicht vornehmen. Zumal man sein Gewicht nach maßvoller Umstellung besser halten kann, als wenn es durch einen Kraftakt gedrückt wurde. Beim ersten Lockerlassen besteht dann die Gefahr, dass es gleich wieder nach oben schnellt.

Wohlstandsindikator Kalorienverbrauch

Die Qualität der Ernährungssituation eines Landes lässt sich auch über den Kalorienverbrauch pro Kopf ermitteln. So ist der Kalorienverbrauch neben der Kindersterblichkeits- und Alphabetisierungsrate ein Wohlstandsindikator beziehungsweise ein Hinweis auf einen möglichen Entwicklungslandstatus.

Essstörungen

Essstörungen sind zahlreich und weit verbreitet: Magersucht, Fressattacken, Ess-Brech-Sucht, Orthorexia nervosa (krankhaftes Gesundessen). Betroffene haben mit massiven gesundheitlichen und psychischen Problemen zu tun und bedürfen ärztlicher und psychologischer Hilfe.

Beachtenswert sind die Anzeichen einer latenten Essstörung:

- Einsatz von Abführmitteln, Appetitzüglern und unverhältnismäßig vielen Lightprodukten, verbunden mit Angst vor Gewichtszunahme.
- Häufiger Wechsel zwischen Diät und maßlosem Essen, verbunden mit starken Gewichtsschwankungen (»Jo-Jo-Effekt«).
- Häufiges Kalorienzählen und Kalorienbedenken, verbunden mit der Unfähigkeit, Essen entspannt zu genießen, und häufigem Nachdenken über das eigene Körpergewicht.
- Das Vertrauen in die eigenen Körpersignale und die vom Körper zum Ausdruck gebrachten Bedürfnisse fehlt.

Essen-Allerlei

- In den Schalen von Äpfeln und Birnen sind bis zu sechsmal mehr Vitamine und Mineralstoffe enthalten als im Fruchtfleisch. Bei Kartoffeln hingegen ist der Vitamingehalt im Inneren höher.
- Manche Frühstücksflocken enthalten weniger Nährstoffe als die Verpackungspappe.

- In Schnellimbissen und an Tankstellentheken wird sehr viel mehr Umsatz gemacht als in deutschen Restaurants.
- Nach einer Befragung von 100 000 Gästen in deutschen Kantinen stellte sich heraus, dass »Currywurst mit Pommes frites« auf Platz 1 der beliebtesten Gerichte der Deutschen rangiert, gefolgt von Spaghetti Bolognese und Nürnberger Rostbratwürstchen mit Püree.
- Das erfolgreichste Fertigprodukt Deutschlands ist seit Jahrzehnten »Ravioli in pikanter Sauce« von Maggi. Etwa 40 Millionen Dosen landen pro Jahr in deutschen Einkaufstaschen.
- Wissenschaftler erklären den enormen Erfolg von Kochshows im Fernsehen mit der Sehnsucht der Menschen nach guten alten Zeiten, als die Großmütter noch in den Küchen herrschten und wahre Wunder vollbrachten. Die traditionelle Tischgemeinschaft der Familie wird durch die regelmäßige Gesellschaft der Fernsehköchinnen und Köche ersetzt. Sie erzählen mittels überlieferter Rezepte die Geschichte einer Region, eines Landes; Fernsehköche sind moderne Geschichtenerzähler.
- Jeder Deutsche isst im Schnitt 15 Kilo Joghurt pro Jahr. Soziologen behaupten, die Milchindustrie habe den Frauen genau rechtzeitig ein gesundes, unkompliziert zu handhabendes Essen präsentiert, nämlich damals, als die Frauenbewegung in Schwung und das konservative Kochen aus der Mode kam.
- Olivenöl gilt als das am häufigsten manipulierte europäische Agrarprodukt. Herkunftsländer werden falsch angegeben, billigere Öle wie Raps- und Sojaöl zusammen mit Chlorophyll und Betakarotin eingepanscht, Herstellungsmethoden werden geschönt angegeben. Schätzungen besagen, dass 90 Prozent des als »extra nativ« deklarierten Olivenöls keineswegs dieser obersten Güteklasse zuzurechnen sind.

- Der Beruf Koch ist in Deutschland mittlerweile der am häufigsten angestrebte Ausbildungsberuf.

Essen global

Die Ernährung fällt weltweit höchst unterschiedlich aus:

- Jedes Jahr im Frühling, kurz vor dem Fest Sham el Nessim, herrscht in den ägyptischen Krankenhäusern Alarmbereitschaft: das traditionelle Festgericht, Fiseekh, besteht aus verfaulter, in Salz eingelegter Meeräsche. Nach dem Genuss werden regelmäßig etliche Ägypter mit Lebensmittelvergiftung in die Notaufnahme eingeliefert. Es hat sogar bereits Tote zu beklagen gegeben, aber die Tradition, die schon die Pharaonen kannten, will niemand abschaffen.
- In Japan gilt Natto, vergorene, schleimige, von einer schimmelartigen Schicht überwucherte Sojabohnen, seit Jahrhunderten als Delikatesse. Die geruchsintensive Mahlzeit ist der Fermentation durch die Mikrobe Bacillus natto zu verdanken.
- Proteinreiche Insekten gelten vielen Forschern als das Nahrungsmittel der Zukunft. Schon heute essen Menschen in vielen Teilen Afrikas und Asiens frittierte, gebratene Heuschrecken.

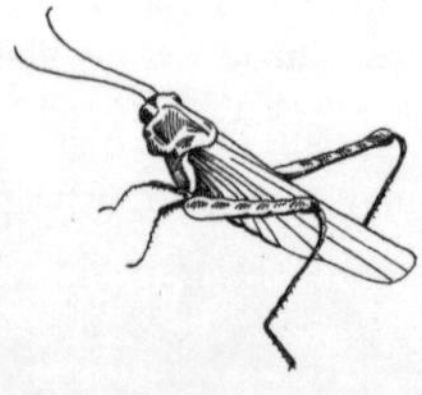

Heuschrecke

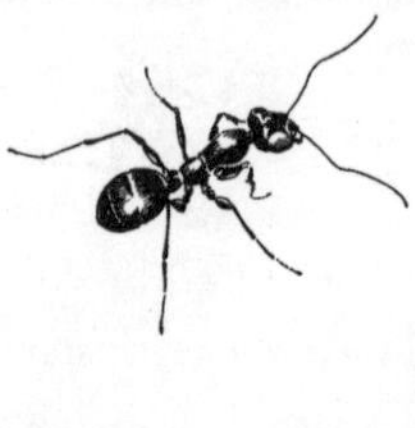

Ameise

Skorpion

- Gegrillte, panierte Mehlwürmer, vorzugsweise mit Gurke, Salat und Zwiebeln (in vielen Teilen Afrikas, Asiens und Südamerikas); sonnengetrocknete, über Kohlen geröstete, mit Salz bestreute Termiten (das Popcorn Zentralafrikas und Hawaiis); auch die großen weißen Eier der roten Ameise sind ein beliebter Snack.
- Frittierte Skorpione sind ebenfalls sehr beliebte Zwischenmahlzeiten. Skorpione in Gemüseaspik werden in Singapur und Malaysia gegessen, zudem Käfer, Maden, Wanzen, Grillen, Raupen – dabei gilt: Finger weg von den behaarten, die sind meistens ungenießbar –, Libellen und Fliegen.
- Mauersegler nisten in schwindelnden Höhen, indem sie aus ihrem Speichel sowie Pflanzenteilen, Federchen und Tang Nester an den Felsen kleben. Sammler in Südostasien riskieren ihr Leben, indem sie auf Bambuskonstruktionen hinaufklettern, um aus den gereinigten, nahezu geschmacksneutralen Vogelnestern eine angeblich blutdrucksenkende Suppe zu kochen, für die in Restaurants bis zu 400 Dollar pro Schale bezahlt wird.
- Nachdem die Tentakel entfernt wurden, entsteht aus dem in Streifen geschnittenen Schirm einiger Quallen ein knackiger Salat. Er ist ein Eiweißspender und hat viel Vitamin A und B und wenig Fett.

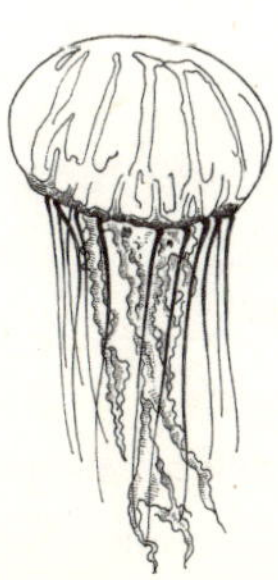

Qualle

Flughund

Gürteltier

- Das wilde Krokodil ist in Thailand zwar ausgestorben, es gibt jedoch zahlreiche Krokodilfarmen. Ein dazugehöriges thailändisches Restaurant hat an die 40 Krokodil-Gerichte auf der Speisekarte.
- In Asien werden Leguane zu Spießchen, Schlangen zu Ragout, Flughunde zu Suppen, Fledermäuse und Babymäuse zu Grillgut und Feldratten zu Dörrfleisch verarbeitet.
- In Australien und Neuseeland kommt gelegentlich der dunkle Sturmtaucher auf den Tisch, ein derart fischig schmeckender Vogel, dass ihn denn auch meistens die Fischhändler im Angebot haben. Gelegentlich gibt es auf Grillfesten in Mexiko oder den Südstaaten der USA Gürteltier. In Kochbüchern mit Wildunfall-Rezepten werden Gürteltiere meist sehr umfangreich bedacht, da sie sich so häufig überfahren lassen. Aber Vorsicht: Gürteltiere tragen mitunter den Lepra-Erreger in sich und müssen unbedingt komplett durchgegart werden.

Gütesiegel

Wo heute Bio draufsteht, muss auch Bio drin sein. Das war nicht immer so. Damit die Verbraucher den Aufdrucken wie »Biologisch«, »Bio« oder »Öko« auf Lebensmitteln vertrauen können, hat die EU 1993 die Verordnung 2092/91 zum ökologischen Landbau erlassen und diese Begriffe rechtlich geschützt. Die umfangreiche EU-Verordnung legt fest, welche Kriterien ökologischer Anbau grundsätzlich zu erfüllen hat, wie Bioprodukte verarbeitet, verpackt und gekennzeichnet werden müssen. Die Vorschriften werden von 22 Kontrollstellen in Deutschland überwacht. Diese sind private Unternehmen, die von staatlichen Behörden zugelassen und kontrolliert werden. Mindestens einmal im Jahr werden Biolandwirte oder Bioverarbeiter sowie Importeure und Exporteure von Fachleuten der Kontrollstellen geprüft. Hinzu kommen unangekündigte Stichproben. Seit dem Jahr 2000 gelten zusätzlich auch Vorschriften für tierische Produkte aus ökologischer Produktion. Schwachstellen sind Bioimporte aus fernen Ländern. Das Risiko, dass die strengen EU-Richtlinien unterlaufen werden, steigt mit der Entfernung zwischen Hersteller und Endverbraucher.

Lange vor den gesetzlichen Vorschriften haben Bioanbauverbände für ihre Mitglieder privatrechtliche Vorschriften zur Qualitätssicherung ihrer Bioprodukte erlassen. Bekannte Anbauverbände sind unter anderem Bioland, Demeter oder Naturland. Die Richtlinien dieser Verbände gelten in vielerlei Hinsicht als wesentlich strenger als die Vorschriften für das gesetzliche Biosiegel.

NATUR UND UMWELT

Die Welt, in der wir leben

In der Süddeutschen Zeitung stand das Tankred-Dorst-Zitat im Dezember 2007 wie ein Mahnmal: »Wer lebt, stört«, und zwar das ökologische Gleichgewicht, die Gesundheit der Natur, das Überleben. Millionen Tonnen von Treibhauskillergasen werden jeden Tag, jeden Monat, jedes Jahr in die Atmosphäre gejagt.
Und jeder Einzelne trägt seinen Teil bei: Inzwischen kann man so ziemlich jede menschliche Regung in einen klimaschädlichen Wert umrechnen. Wer statt eines Nassrasierers einen elektrischen benutzt, hat um die 100 Gramm Kohlenstoffdioxid (CO_2) freigesetzt. Das entspricht ungefähr einem gefahrenen Autokilometer. Wer seinen Radiowecker bemüht und keinen einfachen Aufziehwecker, hat der Welt gut 20 Gramm CO_2 zugemutet.

Die USA haben einen Anteil von knapp 25 Prozent an den weltweiten Treibhausgasemissionen, gefolgt von der Europäischen Union mit knapp 15 Prozent; darunter sind unter anderem Deutschland mit 3,4 Prozent, Großbritannien mit 2,2 Prozent, Italien mit 2,0 Prozent, Frankreich mit 1,9 Prozent und Spanien mit 1,4 Prozent. China produziert knapp 13 Prozent, Russland knapp 7 Prozent, Japan 4,6 Prozent und Indien 4,1 Prozent.

Jeder Deutsche produziert im Schnitt 380 Kilo Müll pro Jahr. Das sind 100 Kilo mehr als ein Pole. Die New Yorker führen mit 600 Kilo Müll pro Jahr und Person die Weltspitze an.

Die Erdenfläche, die ein Mensch für die Produktion seiner Nahrung und zur Erzeugung der von ihm verbrauchten Energie benötigt, lässt sich berechnen: Ein Europäer beansprucht im Schnitt 4,6 Hektar, ein Inder 0,7 Hektar, ein US-Amerikaner fast zehn Hektar. Würden alle Menschen auf der Welt so viel brauchen, bräuchte die Menschheit drei Erden.

Treibhausgase

- Kohlenstoffdioxid (CO_2) ist mit einem Anteil von etwa 60 Prozent der Hauptverursacher der zunehmenden Erderwärmung. CO_2 entsteht zum Beispiel bei der Verbrennung fossiler Energieträger. Es dauert im Schnitt 120 Jahre, bis es in der Atmosphäre abgebaut wird.
- Methan (CH_4) entsteht in der Landwirtschaft, in der Massentierhaltung, auf Müllhalden, in Klärwerken sowie beim Umgang mit Gasen. Zudem geben auftauende Dauerfrostböden Methan frei. Methan schädigt die Atmosphäre 23-mal so stark wie CO_2, wird aber bereits nach zehn bis 15 Jahren abgebaut.

Übrigens: Eine einzelne Kuh lässt pro Tag um die 200 bis 300 Liter Methangas entweichen. Das entspricht pro Liter Milch etwa 1 Kilo CO_2 – und das bedeutet statistisch leider, dass Milchtrinken fast so umweltschädlich ist wie Fliegen.

Lachgas (N_2O) hat eine Treibhauswirksamkeit, die rund 300-mal so hoch ist wie die von Kohlendioxid. Lachgas entsteht in der Landwirtschaft, zum Beispiel bei der Düngung, in mit fossilen Brennstoffen betriebenen Kraftwerken und im Kraftverkehr. Es braucht 100 Jahre, bis es abgebaut ist. Dies geschieht durch Reaktion mit Sonnenlicht in der Stratosphäre.

Wälder

- Das Amazonas-Bassin liefert der Welt noch etwa 40 Prozent des Sauerstoffs, den sie verbraucht.
- Weit effektiver als jede Solar- oder Windkraftanlage ist das Aufforsten der Wälder, da Bäume mit Hilfe ihres grünen Blattfarbstoffs, des Chlorophylls, in den Blättern aus Sonnenlicht, Kohlendioxid und Wasser alle für sich lebensnotwendigen Stoffe herstellen. Diesen biochemischen Vorgang, bei dem der Baum Sauerstoff freisetzt, nennt man Photosynthese. Sie gilt als der wichtigste biologische Prozess auf der Erde.
- Eine 100-jährige Buche produziert pro Stunde gut 1,5 Kilo Sauerstoff. Diese Menge reicht 50 Menschen eine Stunde lang zum Atmen. Ein Hektar Buchenwald filtert pro Jahr etwa 70 Tonnen Staub und schädliche Partikel, die den Treibhauseffekt verstärken würden, aus der Luft. Ein Hektar Fichtenwald etwa 30 Tonnen.
- Allein in den Bäumen des bayerischen Staatswaldes, der rund 770 000 Hektar umfasst, sind wissenschaftlichen Schätzungen zufolge 80 Millionen Tonnen CO_2 gebunden.
- Gemäß einer Studie der Universität Helsinki ist der Baumbestand in Europa seit 1990 gewachsen, angeblich so stark, dass elf Prozent, das entspricht 126 Millionen Tonnen, des europäischen CO_2-Gesamtausstoßes neutralisiert werden können.

Wasser

- In einem Teelöffel Wasser sind etwa so viele Wassermoleküle wie Teelöffel Wasser im Atlantischen Ozean.
- Rechnet man das für Anbau und Verarbeitung benötigte Wasser mit, stecken in jeder Tasse Kaffee 140 Liter Wasser,

in jeder Tasse Tee hingegen nur etwa 35 Liter. In einer Maß Bier stecken 300 Liter Wasser, in einem Glas Milch (200 ml) 200, in einem Glas Apfelsaft 190 und in einem Glas Orangensaft 170 Liter Wasser.

- Um ein Kilo Baumwolle herzustellen – das reicht für ein T-Shirt – bedarf es etwa 15 000 Liter Wasser. In einem Kilo Reis stecken 3000 Liter Wasser, 1200 in einem Kilo Weizen und 900 Liter in einem Kilo Mais. Für ein Kilo Rindfleisch fließen 16 000 Liter.
- Ein dickes Buch hat auf seinem Entstehungsweg etwa 1600 Liter Wasser geschluckt, ein Paar Lederschuhe um die 750 Liter, und das Sonntagsfrühstücksei hat immerhin 135 Liter Wasser auf dem Gewissen.

Flora und Fauna

- 99 Prozent aller Lebensformen, die es je auf der Erde gab, sind wieder ausgelöscht.
- Die Jungen des Weißen Hais fressen sich bereits im Mutterleib gegenseitig auf: Der Sieger beim intrauterinen Kannibalismus kommt als Anderthalb-Meter-Brocken auf die Welt.
- Der Mauersegler hält sich monatelang ohne Unterbrechung in der Luft auf, schläft und paart sich sogar beim Fliegen. Nur zum Brüten muss er landen – auf verkümmerten Füßen, weil er sie so selten braucht.
- Kürbis, Gurke, Tomate und Melone gehören zu den Beerenfrüchten. Erdbeeren nicht, sie sind Nussfrüchte.
- Das Auge eines Vogel Strauß ist größer als sein Gehirn.
- Etwa 85 Prozent aller Lebewesen haben sechs Beine.
- Monogame Tiere sind die Großen Pampashasen, Höckerschwäne, Weißbauchseeadler, Biber, Albatrosse, Gibbons und Schakale.

Tierartenschutz und Forschung

Medikamente für die Humanmedizin konnten oft nur aufgrund von Forschungen mit besonderen Tieren entwickelt werden. Das Aussterben von Tierarten – laut WWF ist die Artenvielfalt seit 1970 um ein Viertel gesunken – reduziert also auch die Chance, in der Medizinforschung voranzukommen. Etwa vom australischen Magenbrüterfrosch, der seinen Nachwuchs im Magen austrägt, hatte man sich versprochen, einem Heilmittel für Magengeschwüre auf die Spur zu kommen. Die Magenbrüter sind in den achtziger Jahren ausgestorben – und mit ihnen ein Stück Hoffnung auf Heilung. Eine geringere Biodiversität bedeutet eine stärkere Anfälligkeit für Krankheiten, Naturkatastrophen und Klimaprobleme.

Globale Erderwärmung und Moskitos

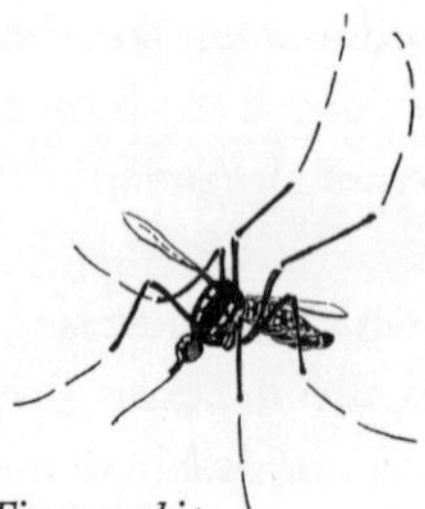

Tigermoskito

In den letzten Jahren sind bereits etliche exotische Mückenarten in Europa heimisch geworden. Auch der Tigermoskito wurde bereits in Deutschland gesichtet. Der schwarz-weiß gestreifte Blutsauger legt seine Eier in Autoreifen und reist so in neue Gefilde. Die globale Erwärmung macht es ihm möglich, sich neue Landstriche zu erschließen. Er gilt als Virusüberträger des gefürchteten Dengue- und Chikungunya-Fiebers. Noch hat er sich in Deutschland nicht weiter ausgebreitet, wie etwa im Mittelmeerraum.

Menschliche Auswirkungen

Der New Yorker Stadtteil Manhattan ist einer Sumpf- und Seenlandschaft abgetrotzt, die vom Atlantik und vom Hudson River umgeben ist. Die U-Bahn, ein Wunderwerk der Technik von 1903, ist Manhattans empfindlichste Stelle, da sie noch unterhalb der Kanalisation erbaut ist: Hunderte von Angestellten und 753 Pumpen kämpfen rund um die Uhr gegen Regen-, Fließ- und Grundwasser. Wenn sie die Arbeit einstellen würden, wäre die New Yorker U-Bahn nach 36 Stunden so vollgelaufen wie eine Badewanne.

Wenn – einmal angenommen – die Menschheit nicht mehr da wäre und die Tiere auch nicht mehr durch Zucht und Haltung manipulieren würden, würden die Fleischfresser sich ausbreiten und kaum noch etwas vom Nutzvieh übrig lassen. All die überzüchteten und empfindlichen Haustiere, Pferde, Katzen, Hunde würden verwildern und bis auf wenige zähere Exemplare zugrunde gehen. Nach 100 bis 200 Jahren wären sie vermutlich ausgelöscht, und aus all den verschiedenen Pferderassen etwa würde sich wahrscheinlich im Lauf der Jahrtausende wieder ein Wildpferd entwickeln, ähnlich dem Przewalski-Pferd der mongolischen Steppe.

Die blaue nordamerikanische Wandertaube, die viel größer war als die grauen Exemplare, die unsere Denkmäler vollkleckern, war einmal die häufigste Vogelart der Welt. Ein einziger Schwarm konnte aus etlichen Millionen Tieren bestehen, 350 Kilometer lang sein und den Himmel verdunkeln. Es schien unendlich viele zu geben, aber nach und nach wurden die

Wälder, die sie ernährten, in Ackerland umgewandelt, und sie wurden derart hemmungslos gejagt – bis zu 50 Tauben holten Jäger mit einem Schrotflintenschuss vom Himmel –, dass 1914 das letzte Exemplar im Zoo von Cincinnati starb. Die Wandertaube brütet nämlich nur in großen Schwärmen.

In den kanadischen Northwest Territories entstehen große Löcher, die Hunderte von Metern breit und tief sein können. Es sind ehemalige Seen, die aus fossilem Schmelzwasser in Kesseln entstanden, die die Gletscher nach der Eiszeit hinterließen. Da inzwischen der Permafrostboden auftaut, versickert das über Jahrtausende festgehaltene Wasser im Grund.

Biologisch nicht abbaubarer Plastikmüll in den Ozeanen ist weltweit ein gravierendes Problem. Im Nordpazifik treibt ein besonderes Mahnmal globaler Verschmutzung der Weltmeere: ein Plastikmüllstrudel von der Größe Mitteleuropas, der sich dort im Lauf von Jahrzehnten durch die Meeresströmungen angesammelt hat und von diesen angetrieben wird, Tüten, Kisten, Stühle, Kanister, Sixpacks, Flaschen, Schnüre etc. Hauptverursacher des Mülls ist die internationale Schifffahrt. Der Plastikmüll ist eine tödliche Falle für Millionen von Seevögeln, die sich verfangen oder an scharfkantigen Stücken verletzen. Ein gutes Drittel aller Albatros-Küken auf einer hawaiianischen Insel verendet, weil der Magen zwar von den Eltern gefüllt wurde, aber mit nährstofflosen Plastikstücken.

Bei jeder Raumfahrtmission entsteht Müll, der im All zurückbleibt. Das kann die Zange eines Astronauten sein, die beim Weltraumspaziergang aus der Hand geglitten ist, aber auch Teile von Raketen oder Satelliten. Die Erdanziehungskraft lässt den Schrott nicht aus der Umlaufbahn entkommen. Das Gefährlichste an der Allverschmutzung ist die enorme

Geschwindigkeit, mit der dieser Müll durchs All schießt. 28 000 Stundenkilometer machen selbst Treibstofftröpfchen zu ernst zu nehmenden Geschossen, die Löcher in eine Rakete schlagen können. Von der Erde aus wird der Müll mit Radarstrahlen beobachtet, um die Astronauten rechtzeitig vor nahenden Abfallgeschossen warnen zu können.

600 000 Tonnen Altautoreifen sammeln sich jährlich an. Bislang werden sie nicht wiederverwertet. Das macht sie zu einem der großen Umweltprobleme.

Wegwerfwindeln machen rund vier Prozent des Abfallberges aus. Das niederländische Windelrecyclingverfahren ließ sich hierzulande nicht durchsetzen. Zu begehrt sind die Stinkbombenpakete bei den unausgelasteten Müllverbrennungsanlagen. Nicht umsonst wurde der Stadt Neapel bei den Müllentsorgungsproblemen 2008 großzügig deutsche Hilfe angeboten und der angesammelte Müll abgenommen. Mit Müll werden einträgliche Geschäfte gemacht.

Durch die Rodung der Waldflächen und die anschließende Düngung der Flächen bedeutet der Anbau von Pflanzen für Biokraftstoffe eine höhere Kohlendioxidbelastung für die Umwelt, als wenn weiterhin herkömmliches Benzin gebraucht würde.

Moderne Arche Noah für den Artenschutz

Auf der norwegischen Insel Spitzbergen wurde im Februar 2008 eine Saatgutbank mit Platz für 4,5 Millionen Samenproben von Nutz- und Kulturpflanzen aus der ganzen Welt eröffnet. Die moderne Arche Noah soll sicherstellen, dass für zukünftige Generationen die pflanzliche Artenvielfalt nicht verloren geht. 130 Meter über dem Meeresspiegel führt ein 120 Meter langer Tunnel zum Samenbunker in den Berg. Die Samen lagern in drei großen Hallen, in denen eine konstante Temperatur von 18 °C herrscht. Bei dieser Temperatur erwartet man, dass die Samen möglichst viele Jahre keimfähig bleiben und im von Permafrost umschlossenen Sicherheitsbunker alle möglichen Naturkatastrophen oder Kriege überstehen. Insgesamt wollen sich 175 Länder der Welt einbringen. Über 10 000 Samenproben sollen auch aus Deutschland dort untergebracht werden. Für die Kosten kommt hauptsächlich die norwegische Regierung auf, unterstützt von den Vereinten Nationen.

Der Mensch

- Ein Mensch besteht aus etwa 100 000 Milliarden Zellen.
- In der DNS (Desoxyribonukleinsäure), einem langen Biokettenmolekül, ist die komplette Erbinformation eines lebenden Organismus enthalten. Sie befindet sich in den Chromosomen im Kern jeder Zelle. Die Struktur besteht aus zwei Zucker- und Phosphatmolekül-Strängen (Doppelhelix), die von Basenpaaren (Adenin und Thymin oder Guanin und Cytosin) verbunden werden. In welcher Reihenfolge welches Basenpaar auftritt (DNS-Sequenz), entscheidet über den individuellen Bauplan des Organismus.
- Das Knochenmark produziert innerhalb einer Stunde rund 15 Milliarden neuer Blutzellen.
- Die Grundstruktur der DNS ist für alle Organismen, ob Pflanzen, Bakterien oder Säugetiere, gleich.
- Das Gehirn ist, unter den bislang entdeckten und erschaffenen Dingen, das komplizierteste und komplexeste Gefüge des Universums. Es besteht aus rund 100 Milliarden Nervenzellen. Alles, von den Hirnstammfasern über Neuro-

transmitter bis zum Motorcortex, ist bis ins kleinste Detail vorprogrammiert. Dieses Programm entsteht bereits bei der Befruchtung der Eizelle im Mutterleib. Es ist im ersten DNS-Makromolekül des Embryos enthalten.
- Die Weltbevölkerung wächst alle vier Tage um eine Million Menschen.

Recycling

- Während Papier nur fünf- bis siebenmal wiederverwertet werden kann, ist Dosenblech immer wieder einschmelzbar und verwendbar. Die Herstellung ist jedoch so energieintensiv, dass man möglichst ganz auf Konserven und Dosen verzichten sollte.
- Altglas ist heute der wichtigste Bestandteil neuer Glasverpackungen. Blaues oder rotes Glas gehört in den Grünglascontainer. Weiß- und Braunglas können keine andersfarbigen Scherben beigemischt werden, ohne die Qualität des neuen Glases zu beeinträchtigen.
- Fensterglas, Spiegelglas, feuerfeste Gläser wie Auflaufformen oder Gefäße aus Kristallglas dürfen nicht in den Glascontainer geworfen werden. Sie haben unterschiedliche Schmelzpunkte und enthalten häufig Fremdmaterialien. Porzellan und Keramik etwa kann das Glas so verunreinigen, dass es nicht mehr weiterverwertbar ist.
- Aus Altglas kann auch ein Glasschaumgranulat gefertigt werden, das als Baudämmstoff eingesetzt werden kann. Das Granulat aus Altglas erfüllt viele bautechnische Eigenschaften. Es ist leicht und trotzdem druckfest und wirkt durch seine rauhe Oberfläche schallabsorbierend. Es ist nicht brennbar, alters- und chemikalienbeständig.

Übrigens: Vor Amerikas Ostküste wurden mittlerweile 700 ausrangierte rote U-Bahn-Waggons der New Yorker Subway versenkt. Auf diese Weise entsorgte man die veralteten »Redbirds« kostengünstig und legte gleichzeitig ein künstliches Riff an. Der sandige Meeresboden vor der US-Küste bot vorher wenig Lebensraum für Meerestiere. Seit der Versenkung der ersten Waggons im Jahr 2001 hat sich die Menge an Plankton und Meeresfauna angeblich vervierhundertfacht. Die Würmer und Muscheln, die sich auf dem »Redbird Reef« angesiedelt haben, locken nun Makrelen, Barsche und andere Meeresfische an.

Umweltspartipps für zu Hause

- Der Stromverbrauch wird um die Hälfte reduziert, wenn man Kochwäsche bei 60 statt bei 90 Grad wäscht. Noch einmal die Hälfte des benötigten Stroms kann bei einem 40-Grad-Waschgang eingespart werden.
- Waschmaschine, Kühlschrank und Elektroherd machen in einem normalen Haushalt bereits die Hälfte des gesamten Stromverbrauchs aus. Stromsparende Geräte der Energieeffizienzklasse A++ machen sich bezahlt.
- Würden alle Deutschen in der Nacht ihre Fernsehgeräte, Stereoanlagen und Computer richtig ausschalten und nicht im Stand-by-Modus lassen, könnte auf zwei Kraftwerke verzichtet werden. Die Anschaffung einer Steckerleiste, mit der mehrere Elektrogeräte gleichzeitig abgeschaltet werden können, vereinfacht die Sache.
- Ein Wasserkocher benötigt im Vergleich zu einem Elektroherd nur ein Drittel der Energie, um einen Liter Wasser zum Kochen zu bringen.
- Energiesparlampen sind zwar in der Anschaffung teurer als normale Glühbirnen, leben aber zwölfmal so lange und verbrauchen 80 Prozent weniger Strom.

- Räume, die um ein Grad weniger beheizt werden, helfen sechs Prozent der Heizenergie einzusparen.
- Legen Sie einen Ziegelstein in den Klospülkasten. Das vom Stein verdrängte Wasser wird pro Spülgang eingespart.

Richtig lüften

Insgesamt werden in einem Vier-Personen-Haushalt bis zu elf Liter Wasser pro Tag in die Luft abgegeben. Jeder Mitbewohner verdunstet täglich etwa ein bis zwei Liter Wasser über seine Haut und Atmung. Durch Wäschewaschen und Körperpflege im Bad gelangen drei Liter Wasser in die Raumluft. Etwa zwei Liter fallen durch Kochen an. Diese Luftfeuchtigkeit muss durch regelmäßigen Luftaustausch nach draußen gelassen werden, um Schimmelbildung vorzubeugen.
Lüften Sie immer stoßweise, wenn möglich quer durch ihre Wohnung. Fünf Minuten sind dafür ausreichend. Kühle Zimmer müssen häufiger gelüftet werden als gut geheizte. Gekippte Fenster lassen mehr Wärme aus ihrer Wohnung heraus, als Frischluft nachkommen kann. Ihre Wohnung sollte nie auskühlen. Das Wiederaufwärmen kostet wesentlich mehr Energie, als die Räume auf niedriger Stufe durchzuheizen.

Jane Goodall (*1934): britische Verhaltensforscherin und Umweltschützerin

Jane Goodall hat über 30 Jahre in den Urwäldern Tansanias mit Schimpansen gelebt und deren Verhalten erforscht. Sie hatte keinerlei wissenschaftliche Vorbildung, als sie eher zufällig mit ihren Beobachtungen in Afrika begann. Intuitiv versteckte sie sich nicht vor den Schimpansen, sondern näherte sich immer mehr der Gruppe an, bis sie bereits nach kürzester Zeit von den Affen akzeptiert und integriert wurde. Anderen Wissenschaftlern war nicht nur diese Beobachtungsweise fremd, sie empfanden es als absolut lächerlich, dass sie den Beobachtungsobjekten Namen gab. In Expertenkreisen wurde sie für ihre Erkenntnis, dass die Tiere unterschiedliche Persönlichkeitsstrukturen aufwiesen, zunächst nur belächelt. Bald konnte Goodall jedoch auch nachweisen, dass das Verhalten der Affen dem der Menschen sehr ähnlich ist. Nach ihren Erkenntnissen können Schimpansen glücklich, traurig, ängstlich, liebevoll und zornig sein und sogar hassen. Ihre Gesten und Gesichtsausdrücke entsprechen in ihrer Bedeutung den menschlichen. Anfang der siebziger Jahre spaltete sich die Affengruppe nach einem brutalen Krieg mit Kindsmord und hinterhältigen Übergriffen. Während sie dieses zerstörerische Potenzial an den Tag legten, lebten die Affen jedoch ihren Alltag im Dienste der Gruppe. Soziale Verantwortung bestimmte die Gemeinschaft weitaus stärker als purer Egoismus. Sie teilten bereitwillig ihre Nahrung, adoptierten Kinder, trösteten und zeigten Mitleid. Diese Erkenntnisse über das Urverhalten veranlassen Jane Goodall bis heute dazu, daran festzuhalten, dass die Menschen Verantwortung füreinander und für ihre Umwelt übernehmen, um langfristige Nachhaltigkeit zu erreichen. 1977 gründete die Primatenforscherin das »Jane Goodall Institut«, das sich dem harmonischen Miteinander auf der Welt verschrieben hat. Unermüdlich hält die über 73-Jährige bis heute Vorträge in aller Welt, um die Menschen für den Artenschutz zu sensibilisieren. Besonders wichtig ist es ihr, Kinder und Jugendliche zu erreichen. Die 1991 gegründete Aktion »Roots & Shoots« (Wurzeln und Sprösslinge) unterstützt Ideen und Projekte junger Menschen im Natur- und Umweltschutz.

Jane Goodall hört nicht auf zu hoffen: »Even George Bush has accepted global warming – even him!« (Sogar George Bush gibt die globale Erderwärmung zu – sogar er!).

Für ihr überzeugendes Engagement verlieh ihr Kofi Annan im Jahr 2002 den Titel einer UN-Friedensbotschafterin.

Engagement erfordert auch immer besonderen Mut. Die Interessen der Menschen auf der Welt sind unterschiedlich und kollidieren schnell. Goodalls Kollegin Dian Fossey, die mit den letzten Berggorillas in Afrika forschte, kämpfte gegen Tierhändler und Trophäenjäger. Ihr Einsatz hat sie das Leben gekostet. 1985 wurde sie in ihrer Buschhütte ermordet aufgefunden. Jane Goodall sagt darüber: »Man kann von den Menschen, die in Armut leben, nicht erwarten, dass sie sich um irgendetwas anderes sorgen als darum, wie sie etwas zu essen bekommen. Sie können nicht über die Zukunft nachdenken. Wir müssen sie in die Lage bringen, sich Gedanken über die Zukunft machen zu können – und das geht nicht mit leerem Bauch.«

MUSEN, GRAZIEN, FURIEN, GÖTTINNEN

Die Musen

Die Musen sind die Schutzgöttinnen der Künste und geistigen Tätigkeiten in der griechischen Mythologie. Sie gelten zudem als das Gedächtnis der Künstler, damit heilige Inspiration auch umgesetzt werden kann. Die neun Musen sind die in neun Nächten gezeugten Töchter von Göttervater Zeus und Mnemosyne, der Göttin der Erinnerung.

Der griechische Dichter Hesiod schreibt um 700 v. Chr. in der *Theogonie,* seinem Epos von der Entstehung der Welt und der Götter, von neun Musen. Hesiod behauptet, den tanzenden Musen am Berg Helikon begegnet und von ihnen zu seinem Werk inspiriert worden zu sein. Er beschreibt den sprichwörtlichen Kuss der Musen: Auserwählte seien auf diese Weise mit einem scharfen Urteilsvermögen ausgestattet worden und in der Gesellschaft deshalb besonders angesehen gewesen.

Klio

Terpsichore

- Klio, die Rühmende, ist die Muse der Geschichtsschreibung; ihre Attribute sind Papierrolle und Schreibgriffel.
- Melpomene, die Singende, ist die Muse der Tragödie; ihre Attribute sind Theatermaske und Weinlaubkranz.
- Terpsichore, die ausgelassen im Regen Tanzende, ist die Muse der Chorlyrik und des Tanzes; ihr Attribut ist die Leier.
- Thaleia, die Festliche, Blühende, ist die Muse der Komödie; ihre Attribute sind eine lachende Theatermaske und ein Efeukranz.
- Euterpe, die Erfreuende, ist die Muse der Lyrik und des Flötenspiels; ihr Attribut ist eine Doppelflöte.
- Erato, die Liebevolle, Sehnsucht weckende, ist die Muse der Liebesdichtung; ihr Attribut ist ein Saiteninstrument.
- Urania, die Himmlische, ist die Muse der Sternkunde und der Lehrdichtung; ihre Attribute sind Himmelskugel und Zeigestab.
- Polyhymnia, die Hymnenreiche (Liederreiche) ist die Muse des Sakralgesangs und der hymnischen Dichtung mit der Leier; ihr Attribut ist die Leier.
- Kalliope mit der schönen Stimme ist die Muse der epischen Dichtung, der Rhetorik, der Philosophie und der Wissenschaft; ihre Attribute sind Schreibtafel und Schreibgriffel.

Euterpe

Urania

Die Heiligtümer der Musen sind die Museion. Aus diesem Begriff leiten sich sowohl das Wort »Museum« als auch das Wort »Musik« ab.

Die Grazien

Die drei Grazien sind die Göttinnen der Anmut in der römischen Mythologie. In der griechischen Mythologie heißen sie Chariten. Sie sind die Töchter von Göttervater Zeus und der Nymphe Eurynome, einer der 3000 Töchter des Okeanos, Herrscher über die Weltmeere. Durch ihre Liebe zu den schönen Dingen verleihen sie den Sterblichen Talent und fungierten wie die Musen als Inspiration für Poesie und Kunst. Sie selbst sind ein beliebtes Motiv und werden häufig in gegenseitiger Berührung dargestellt.

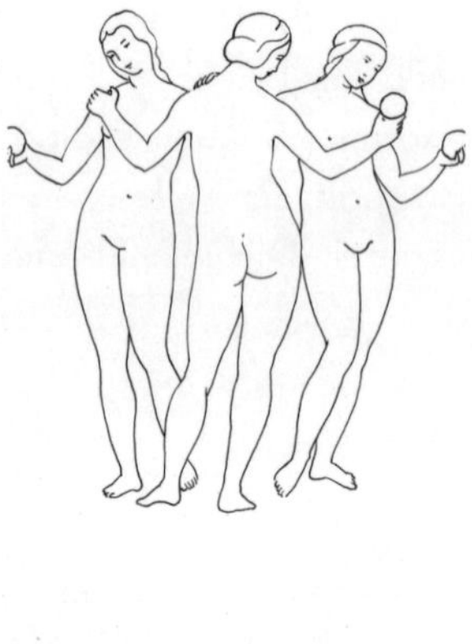

- *Euphrosyne* (Freude)
- *Thaleia* (blühendes Glück)
- *Aglaia* (Herrlichkeit, Glanz)

Die Furien

Die alten Römer nannten sie Furien, die Rasenden; bei den alten Griechen hießen sie Erinyen: die Rachegöttinnen. Der griechische Dichter Hesiod erzählt um 700 v. Chr. in der Theogonie, die Erd- und Muttergöttin Gaia habe die Furien geboren, nachdem sie ihren Sohn Kronos angewiesen hatte, ihren Gemahl Uranos mit einer Sichel zu entmannen. Gaia war zornig auf Uranos, weil er ihre gemeinsamen Kinder, die Titanen, die einäugigen Kyklopen und die furchtbaren Riesen Hekatoncheiren, ablehnte. Aus den Blutstropfen des entmannten Uranos gebar Gaia die Furien als furchtbare Werkzeuge des Gewissens, der Strafe und der Rache.

- Alekto, die Unaufhörliche (unerbittlich bei der Jagd)
- Megaira (dt. Megäre), der neidische Zorn
- Tisiphone, die Vergeltung, die Rächende

Göttinnen

Göttinnen der klassischen Antike

- Aphrodite (griech. Mythologie) / Venus (röm. Mythologie): Liebe, Schönheit, Erotik
- Artemis / Diana: Jagd, Mond, Wald, Hüterin der Frauen und Kinder
- Athene / Minerva: Städte, Weisheit, Dichter, Lehre, Krieg
- Demeter / Ceres: Fruchtbarkeit, Jahreszeiten, Ackerbau
- Hebe / Juventas: Jugend
- Hera / Juno: Ehe, Niederkunft
- Hestia / Vesta: Heim und Herd, heiliges Feuer, Familieneintracht

Aphrodite

Athene

RELIGION

Die fünf großen Weltreligionen

Christentum

Die Religion der sakramentalen Taufe und der darin begründeten kirchlichen Gemeinschaft, der Ekklesia, in deren Mittelpunkt Jesus von Nazareth steht, ging vor etwa 2000 Jahren in Palästina aus dem Judentum hervor und breitete sich über das Römische Reich, Persien und Indien aus. Im 4. Jahrhundert wurde sie Staatsreligion des Römischen Reiches. Als Folge der weltweiten Kolonisation und Mission wurde das Christentum die am weitesten verbreitete Religion mit den meisten Anhängern: über zwei Milliarden. Die größte Kirche innerhalb des Christentums ist die römisch-katholische mit weltweit etwa 1,1 Milliarden Mitgliedern. Die andere Milliarde setzt sich unter anderem aus Protestanten, Anglikanern und Orthodoxen zusammen.

Frauenspezifika: Die ältesten Schriften, die Paulusbriefe, setzen klar voraus, dass Frauen sich den Männern vollkommen unterordnen. Ämter und Führungspositionen werden von Männern bekleidet. Jesus hatte weibliche Begleiterinnen und hat sich nicht frauenfeindlich geäußert, zu seinen zwölf Jüngern zählte aber auch keine Frau. Im Mitteleuropa der frühen Neuzeit fanden die Hexenverfolgungen statt, da man an eine teuflische Bedrohung des Christentums glaubte. Der Teufel habe Hexen und Hexer auf seiner Seite, die Schaden und Tod über Menschen und Vieh brächten. Drei Viertel der Opfer waren Frauen, die aufgrund ihres Heilwissens und ihrer Einblicke in die Natur als unheimlich und bedrohlich empfunden wurden.

Die Hexenverfolgung gewährleistete das Machtmonopol der männlich dominierten Kirche und ihrer weltlichen Herrscher. Frauen dürfen in der katholischen Kirche keine höheren Ämter wie Priester, Bischof, Kardinal oder Papst bekleiden. Selbst in der aufgeschlosseneren evangelischen Kirche in Deutschland können Frauen erst seit etwa 70 Jahren Pfarrerin werden. In streng katholischen Ländern wie Spanien oder Portugal war es Frauen bis noch vor etwa 30 Jahren untersagt, ohne Genehmigung ihres Gatten vor Gericht zu gehen oder Geschäfte zu tätigen.

Judentum

Die rund 14 Millionen Anhänger sind über die ganze Welt verteilt. Die jüdische Religion stützt sich auf die Überlieferungen der Thora, der hebräischen Bibel, die den Glauben an Jahwe lehrt, und des Talmuds, der religionsgesetzlichen Schriften. Gemäß dem jüdischen Glauben hat Moses um 1000 v. Chr. auf dem Sinai die Thora von Gott erhalten; sie handelt vom Bund des jüdischen Volkes mit Gott. Die Menschen leben gemäß der darin beschriebenen Mitzwot, den Geboten.

Frauenspezifika: Kinder einer jüdischen Mutter sind jüdisch, denn der jüdische Glaube wird über die Mutter weitervererbt. Streng orthodoxe Juden verbieten es Frauen, Hosen zu tragen; verheiratete Frauen sollen ihren Kopf bedecken, und Frauen beten in den Synagogen von Männern getrennt. Jene Befürworter der alten Tradition haben Frauen – die immerhin auch vor Jahrhunderten fast alle lesen und schreiben konnten – von einem Teil der religiösen Pflichten (Mitzwoth) befreit. Es handelt sich bei dieser Lockerung der Pflichten aber de facto um Verbote. Damit sollte erreicht werden, dass sich die Frauen verstärkt auf Haushalt und Kinder konzentrieren. In modernen Strömungen des Judentums sind Frauen gleichberechtigt und dürfen das Amt der Rabbinerin innehaben.

Islam

1,3 Milliarden Anhänger weltweit hat die monotheistische Religion der Muslime, die dem Propheten Mohammed zwischen 610 und 632 n. Chr. bei der Kontemplation in der Wüste nahe Mekka offenbart wurde. Der Engel Gabriel übergab ihm die Suren des Korans. Im Islam herrscht keine Vorstellung von Inkarnation oder Dreifaltigkeit, sondern der Glaube an den einzigen und allmächtigen Allah, dem der Mensch sich unterwirft. Der Islam ist zugleich ein rechtlich-politisches Wertesystem. Mohammed hat die Lehre von den fünf Säulen des Islam als Vollender weitergegeben: 1. Das Bekenntnis zu dem einen Gott Allah und dem Propheten Mohammed, 2. fünfmal täglich Gebet, 3. milde Gaben für die Bedürftigen, 4. Fasten im heiligen Monat Ramadan, 5. mindestens einmal im Leben eine Pilgerreise nach Mekka. Die meisten Muslime leben in Südostasien, das größte islamische Land ist Indonesien.

Frauenspezifika: Nach dem Koran wurden Mann und Frau als Paar erschaffen. Nicht das Geschlecht, sondern die Gottesfürchtigkeit solle über die Vorrangstellung eines Menschen entscheiden. Vom Erbe bekommen Söhne mehr als Töchter, weil die nicht dazu verpflichtet sind, die Familie zu ernähren, sondern die Aufgabe haben, Mütter zu werden. Der Islam gestattet die Mehrehe des Mannes – allerdings nur vier Ehefrauen, was eine Einschränkung bedeutete, denn vorislamische Araber ehelichten zehn Frauen und mehr. Eine Ehe ist im Islam kein heiliges Sakrament, sondern ein bürgerlicher Vertrag, der, zumindest theoretisch, die Absicherung der Frau leisten soll. Männliche Gelehrte und Mystiker, wie etwa der sufistische Theologe al-Ghazali um 1000 n. Chr., bewirkten, dass Frauen in der islamischen Welt im Lauf der Jahrhunderte immer stärker beschränkt und ausgeschlossen wurden. Zwangsheirat, Ehrenmord und Kopftuchzwang sind bestehende Ungerechtigkeiten, die aber nicht auf Grundlage der Lehre des Korans geschehen, sondern wie so viele religiöse Zwänge eine Ausprägung des menschlichen Machtstrebens sind.

Buddhismus

Die Religion und Lehrtradition geht auf Siddhartha Gautama zurück, den historischen Buddha, der im 6. Jahrhundert v. Chr. in Nordindien einen Orden gründete. Den Kern der Lehre bilden die Vier Edlen Wahrheiten, von denen die vierte Wahrheit der Achtfache Pfad ist: der Lebensweg zur Aufhebung des Leidens. Weltweit hat der Buddhismus etwa 400 Millionen Anhänger, davon die meisten in China, Japan, Sri Lanka, Thailand, Tibet und Vietnam. Buddha hat die Lehre durch Meditation und das Verständnis der Natur, des Geistes und des Wesens aller Dinge entwickelt. Seine Lehre basierte aber nicht etwa auf göttlicher Eingebung, sondern er betonte stets die Selbstverantwortung jedes Menschen.

Frauenspezifika: Buddhas Gründungsorden gehörten auch Frauen an. Frauen hatten und haben dennoch eine nachgeordnete Rolle. Das Mönchstum vermeidet den Umgang mit Frauen, um Samsara, dem leidvollen Kreislauf von Begierde, Wiedergeburt, Sein und Vergehen, zu entgehen. Frauen sind Einschränkungen in Familie und Gesellschaft ausgesetzt. Wahre Erleuchtung erlangt nur der Mann. Zwar wird auch Frauen Weisheit zugestanden, aber eine weibliche Wiedergeburt gilt als niedriger als eine männliche.

Hinduismus

Weltweit hat der Hinduismus etwa 900 Millionen Anhänger. Die ältesten Zeugnisse sind die weisen Schriften der indischen Veden aus dem 5. Jahrhundert v. Chr. Hinduismus war ein Sammelbegriff für all jene, die keiner der anderen großen Weltreligionen angehörten. Mittlerweile hat sich der Begriff jedoch zu einer Eigenbezeichnung entwickelt. Im Hinduismus gibt es kein allgemeingültiges Glaubensbekenntnis und keine zentrale autoritäre Institution, sondern verschiedene Traditionen, Strömungen, Gottheiten und geistige Lehrer, Gurus. »Einheit in der Vielfalt« lautet das Selbstverständnis. Die meisten Hindus gehen allerdings davon aus, dass Leben und Tod einen sich immerfort wiederholenden Kreislauf bilden, dass jeder Mensch zeitlebens derselben Kaste angehört und dass Kühe heilig sind. Die am häufigsten verehrten Götter sind Brahma, Shiva und Vishnu.

Frauenspezifika: Die Hauptaufgabe der Frau ist die Mutterrolle. Sita, aufopferungsbereite Gattin des Gottes Rama, einer Vishnu-Reinkarnation, prägt das Bild der idealen, untadeligen Ehefrau. Zwar gab es ein paar Frauen, die zu den weisen hinduistischen Schriften beigetragen haben, mitunter wurde den Frauen aber auch die Lektüre der Veden untersagt. Frauen dürfen sich die Haare nicht schneiden lassen und müssen sich vollkommen züchtig benehmen. Frauen werden verehrt, aber auch nur in bestimmten konformen Rollen, etwa der der Schwiegermutter. Sie sind von Initiationsriten ausgeschlossen und haben keine modernen Rechte. Da für Mädchen eine hohe Mitgift fällig ist und sich der Gedanke, dass auch ein Mädchen später seine Eltern versorgen kann, noch nicht durchgesetzt hat, werden weibliche Föten häufig abgetrieben und viele junge Frauen schlecht behandelt. Die meisten Ehen werden noch von den Familien arrangiert.

Leuchtete der Stern von Bethlehem tatsächlich?

Der Astronom Johannes Kepler stellte 1606 die Theorie auf, der Stern von Bethlehem sei die Konjunktion der Planeten Jupiter und Saturn im Zeichen der Fische. Diese Annäherung tritt nur alle 805 Jahre auf, wurde von Keppler selbst 1603 beobachtet und ist für das Jahr 7 v. Chr., einem durchaus plausiblen Termin für Christi Geburt, auf einer am Euphrat aufgefundenen Sternentafel belegt.

Gebet der Vereinten Nationen

1945 wurden die Vereinten Nationen, die United Nations, als Nachfolgeorganisation des Völkerbundes gegründet. Die multinationale, multireligiöse Organisation soll den Weltfrieden und die internationale Kooperation sichern.

Herr, unsere Erde ist nur ein kleines Gestirn im großen Weltall.
Unsere Aufgabe ist es, daraus einen Planeten zu machen,
dessen Geschöpfe nicht von Kriegen gepeinigt werden,
nicht von Hunger und Furcht gequält,
nicht zerrissen in sinnloser Trennung nach Rasse,
Hautfarbe oder Weltanschauung.
Gib uns den Mut und die Voraussicht,
schon heute mit diesem Werk zu beginnen,
auf dass unsere Kinder und Kindeskinder einst mit Stolz
den Namen »Mensch« tragen.
Amen

ZUKUNFT

Mit großen Plänen in die Zukunft

Immer schon gab es Menschen, die die Zukunft in den düstersten Farben malten oder gar den Untergang der Erde prophezeiten. Einer der berühmtesten war der Arzt und Apotheker Nostradamus, der von 1503 bis 1566 in Frankreich lebte. Nach seinen Berechnungen dürfte es uns gar nicht mehr geben. Das wäre schade, denn es gibt noch einiges zu tun und zu erreichen:

Eine Gehaltserhöhung einfordern

Passen Sie den geeigneten Zeitpunkt für Ihre Forderung ab. Rennen Sie nicht vor Weihnachten zu Ihrem Chef, wenn all Ihre Kollegen ebenfalls mit Gehaltsforderungen aufwarten. Ein guter Zeitpunkt ist immer, wenn Sie aktuell besondere Leistungen vorzuweisen haben oder Ihr Chef von einem Vertragsabschluss oder aus dem Maledivenurlaub mit seiner neuen Geliebten zurückkommt. Leiten Sie Ihre Gehaltsforderungen immer mit freundlichem, kurzem Smalltalk ein: »Danke, dass Sie sich Zeit nehmen … ich arbeite sehr gerne an meinem Projekt …« Argumentieren Sie immer über Ihre persönliche Leistung, werten Sie keine Kollegen ab, oder bringen Sie nicht das Gehalt Ihrer Kollegen als Beförderungsgrund vor. Argumentieren Sie nie mit persönlichen Bedürfnissen oder familiären Notsituationen. Betonen Sie Ihre Effizienz und Ihren Beitrag zur Umsatzsteigerung, und erwähnen Sie erfolgreich abgeschlossene Projekte und absolvierte Fortbildungen. Formulieren Sie Ihre Vorstellung deutlich, ohne unsichere Floskeln wie: »Ich würde mich riesig freuen, wenn es eventuell möglich wäre …« Werden Sie aber keinesfalls unverschämt und übertrieben in Ihren Forderungen. Zehn bis 15 Prozent mehr Gehalt gelten als üblich. Bereiten Sie sich auf mögliche Gegenargumente vor, zeigen Sie dafür höfliches Verständnis, bleiben Sie aber zielorientiert und lassen Sie sich nicht auf faule Kompromisse ein. Sprechen Sie lieber über Ihre weiteren engagierten Ziele, Ihre Arbeitsbereitschaft und Ihre Überstunden. Reagieren Sie im Falle einer Ablehnung nie persönlich angegriffen oder drohen gar mit Kündigung. Sprechen Sie einfach bald wieder vor und vergessen Sie nicht, sich in jedem Fall für das Gespräch zu bedanken.

Erste Frau des deutschen Staates werden

Noch nie hat eine Frau das höchste Amt in Deutschland innegehabt.
Um die erste Bundespräsidentin werden zu können, müssen Sie deutsche Staatsbürgerin sein, über das aktive und passive Wahlrecht verfügen und das 40. Lebensjahr vollendet haben. Auch die Bedingung, während der Amtszeit keinem anderen Beruf nachzugehen und kein anderes Amt zu bekleiden, könnten Sie erfüllen. Die größere Herausforderung ist, eine der großen Parteien auf sich aufmerksam zu machen, denn diese schlagen die potenziellen Kandidaten für die nächste Präsidenten-/Präsidentinnenwahl vor. Wenn Sie diese Hürde genommen haben, müssen Sie nur noch von der Bundesversammlung gewählt werden. Dieses Gremium aus circa 1200 Stimmberechtigten wird nur zur Präsidentschaftswahl einberufen. Es setzt sich aus den Bundestagsabgeordneten und ebenso vielen Vertretern aus allen Bundesländern zusammen. Diese Vertreter müssen nicht zwangsläufig aus der Politik kommen. Grundsätzlich könnte das jeder sein, meistens wird das deutsche Volk jedoch von prominenten Staatsbürgern wie Sportlern oder Schauspielern bei der Wahl repräsentiert.
Als neue Bundespräsidentin beziehen Sie dann erst einmal

das Schloss Bellevue in Berlin. Sie reisen mit oder ohne Gatten in der ganzen Welt herum, kümmern sich nicht um die aktuelle Politik, sondern halten mit allen ausländischen Staatsoberhäuptern gepflegten Smalltalk an opulenten Banketten. Informieren Sie sich aber vorher bitte gut über die Kommunikationsregeln des jeweiligen Landes. In Indien beispielsweise ist Rülpsen absolut erwünscht, öffentliches Schneuzen dagegen tabu. Beachten Sie, dass Ihr Kopfschütteln in Bulgarien als »Ja« gedeutet wird, vergessen Sie nicht, einem Afrikaner Komplimente über seine erfolgreiche Gewichtszunahme zu machen, und nehmen Sie die von einem Japaner dargebotene Visitenkarte unbedingt mit beiden Händen und einer Verbeugung entgegen.

Außerdem ernennen Sie ab jetzt die Bundeskanzlerin und die Abgeordneten, lesen ab und an bereits formulierte Gesetze und Staatsverträge durch, bevor Sie diese mit Ihrer Unterschrift endgültig machen. Hier und da verleihen Sie dann ein paar Orden und Nadeln an ehrenwerte Staatsbürger. Das ist meist mit einer kleinen Ansprache verbunden – aber Hand aufs Herz, so wie der amtierende Christian Wulff kriegen Sie das doch auch hin.

Geben Sie sich einen Ruck! Schließlich macht Sie die Ernennung automatisch zum Ehrenbürger der deutschen Hauptstadt, und Sie beziehen ab dem Zeitpunkt Ihrer Vereidigung ein Jahresgehalt von etwa 213 000 Euro, das Ihnen ungekürzt bis an Ihr Lebensende als sogenannter Ehrensold ausgezahlt wird.

Übrigens: Folgende prestigeträchtige Bundesministerien wurden noch nie von Frauen geführt: Außen-, Innen-, Arbeits- Wirtschafts-, Finanz- und Verteidigungsministerium.

Das Bundesverdienstkreuz erhalten

Der Verdienstorden der Bundesrepublik Deutschland wurde im Jahre 1951 vom damaligen Bundespräsidenten Theodor Heuss ins Leben gerufen. Er kann an in- und ausländische Mitbürger vergeben werden, die sich sozial, politisch, geistig oder wirtschaftlich verdient gemacht haben. Dabei ist es nicht zwingend, dass Sie sich für die Gemeinschaft eingebracht haben. Auch Lebensretter oder Personen, die sich um einen privaten Pflegefall kümmern, werden berücksichtigt. Personenvorschläge kann jeder schriftlich bei der Staatskanzlei des zuständigen Bundeslandes einreichen. Der deutsche Bundespräsident entscheidet dann über die Nominierung. Der Orden wurde bislang etwa 200 000-mal verliehen. Verdiente Personen unter 40 Jahren erhalten meist die Verdienstmedaille, ansonsten ist als Erstauszeichnung das Verdienstkreuz am Bande üblich. Übergeben wird Ihnen die Auszeichnung wahrscheinlich nicht vom Bundespräsidenten höchstselbst, sondern vom zuständigen Landrat oder Bürgermeister.

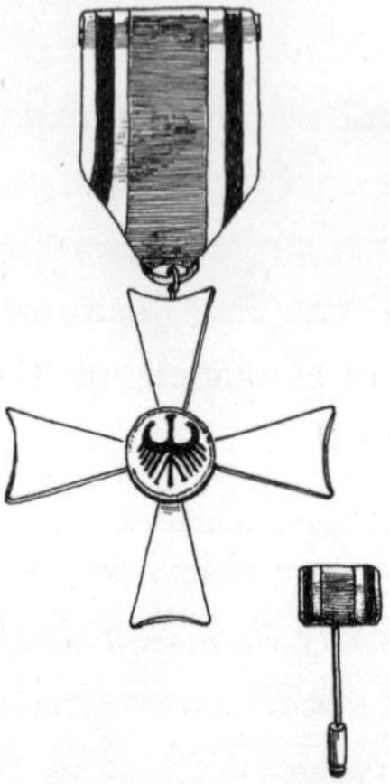

Orte besuchen, die es nicht mehr lange gibt

Irgendwo zwischen Australien und Hawaii liegt der kleine Inselstaat Tuvalu. Seine höchste Stelle ragt kaum 5 m über den langsam, aber stetig steigenden Meeresspiegel hinaus, und es ist eine Frage der Zeit, wann die Wellen sich das Land wieder holen. Damit ist Tuvalu auf der Liste der »Orte, die Sie vor 2020 besuchen sollten« (sonst gibt es sie womöglich nicht mehr) gelandet, zusammen mit den Schneealpen, den Malediven und den Gletschern Alaskas.

Ins All fliegen

Bis zum Juni 2008 hätten Sie sich per Internet bei der ESA für eine Ausbildung zur Astronautin bewerben können. Vier Ausbildungsplätze für Raumfahrer waren ausgeschrieben. Zum ersten Mal seit 16 Jahren wurde bei der ESA wieder Astronautennachwuchs rekrutiert. Unter den vormals 15 aktiven ESA-Astronauten waren bislang keine Frauen. Gerechtigkeitshalber muss man jedoch sagen, dass beim letzten Auswahlverfahren im Jahr 1992 zwei Frauen mit ausgewählt wurden, die noch vor Beendigung der fünfjährigen Ausbildung das Team verließen.
Anders sieht es da bei der NASA aus. Sowohl die Raumfähre Discovery als auch die Internationale Raumstation (ISS) werden von amerikanischen Astronautinnen geleitet. 18 aktive Raumfahrerinnen gibt es derzeit im 91-köpfigen amerikanischen Weltraumteam. Die NASA stellt allerdings nur US-Amerikaner ein.
Die größten Chancen auf einen der begehrten Ausbildungsplätze haben Wissenschaftler, Ingenieure oder Ärzte. Früher hatten auch Piloten gute Chancen, diese werden aber, mangels eigener Raumfähre, bei der ESA nicht mehr benötigt.
Das sollten Sie mitbringen: beste gesundheitliche Verfassung,

psychische und physische Belastbarkeit, Flugtauglichkeit, räumliches Vorstellungsvermögen, Geschicklichkeit, Konzentrations- und Merkfähigkeit, wissenschaftliche Berufserfahrung, Mehrfachbelastbarkeit und ausgezeichnete Englischkenntnisse. Zudem müssen Sie europäische Staatsbürgerin eines ESA-Mitgliedslandes, zwischen 153 und 190 cm groß und zwischen 27 und 37 Jahre alt sein.

Ihre Fähigkeiten werden dann in einem intensiven Aufnahmetest geprüft.

Sollten Sie diesen erfolgreich bestehen, kommt die größte Hürde. Die ESA-Nationen rangeln dann um die Plätze für die Bewerber aus ihrem Herkunftsland. In diesem Moment sind Sie auf das Verhandlungsgeschick der deutschen Vertretung angewiesen. Im Falle einer Aufnahme werden Sie bei der ESA angestellt und beginnen eine einjährige Grundausbildung im europäischen Astronautenzentrum in Köln. Danach werden Sie in laufende Weltraumprojekte eingebunden. Ein spezielles Fitnesstraining bereitet Sie auf den schweren Einsatz im Weltall vor. Zur Ausbildung zählen außerdem Grundlagen der Weltraumforschung, Geschichte der Raumfahrt, Technik, Organisation und Fremdsprachen.

Wenn Sie all diese Hürden genommen haben, könnten Sie die erste deutsche Astronautin im Weltall werden. Die erste deutsche Frau wird im Jahr 2012 als Weltraumtouristin ins All starten. Die 31-jährige Sonja Rohde aus Hagen lässt sich ihren Weltraumflug beim privaten Raumfluganbieter Virgin Galactic 200 000 Euro kosten und absolviert gerade ihr Weltraumtrainingsprogramm.

Erste Frau beim KSK werden

Das »Kommando Spezialkräfte« ist die Eliteeinheit der Bundeswehr. Sie wurde auf internationalen Druck 1994 eingerichtet und kam seitdem bei der Verfolgung von Kriegsverbrechern im ehemaligen Jugoslawien und im Rahmen der Operation »Enduring Freedom« in Afghanistan zum Einsatz. Grundsätzlich können sich alle Mitglieder der Bundeswehr für die Spezialeinheit bewerben. Noch nie hat eine Frau die Aufnahme in die geheim operierende Truppe geschafft.

Insgesamt sind 6,5 Prozent aller Berufs- und Zeitsoldaten bei der Deutschen Bundeswehr Frauen. Sie steuern Panzer und fliegen mittlerweile auch Kampfeinsätze mit Tornados. Auch eine einzige Generalin kann die Bundeswehr aufweisen. Sie leitet derzeit das Bundeswehrkrankenhaus in Ulm.

Im Unterstützungsbereich kann das KSK schon seit längerem auf Soldatinnen zurückgreifen. Dort dienen sie als Sanitäterinnen und bei der Instandhaltungseinheit.

Um Kommandosoldatin für Kampfeinsätze zu werden, müssen Sie eine extrem belastende Eignungsprüfung bestehen. Nur zehn Prozent aller Bewerber halten diesen harten Aufnahmetests stand. Neben den geläufigen Bundeswehrdisziplinen Fahren, Funken, Schießen werden Sie zehn Tage lang auf Ihre psychische und physische Belastbarkeit getestet. Orientierungsübungen, Gewaltmärsche und Geiselnahmen gehören ebenso zum Tagesprogramm wie ein nervenaufreibendes Überlebenstraining, das Sie an den Rand Ihrer körperlichen Grenzen bringen wird. Um sich für die dreijährige Ausbildung zu qualifizieren, müssen Sie die gleichen Leistungen erbringen wie Ihre männlichen Konkurrenten.

Die Truppe der Härtesten, die im Schwarzwald stationiert ist, ist generell chronisch unterbesetzt, eigentlich könnte die Bundeswehr mehr Spezialkräfte gebrauchen. Damit mehr Soldaten und Soldatinnen die Aufnahme in die KSK gelingt, soll ein neues Trainingsprogramm der Bundeswehr die Aspiranten auf die Prüfung vorbereiten. Um einen zusätzlichen Anreiz für den harten Job zu schaffen, wurde 2008 der Sold für KSK-Kampfsoldaten erhöht und eine schnellere Beförderung in Aussicht gestellt.

Zum Mann werden

Um Ihren weiblichen Vornamen durch einen geschlechtsspezifischen Männervornamen zu ersetzen, bedarf es eines gerichtlichen Verfahrens. Dieses setzt die Gutachten zweier unabhängiger Psychologen voraus, die Ihnen positiv beschieden haben, dass Sie sich eindeutig dem männlichen Geschlecht zugehörig fühlen und seit mindestens drei Jahren das dringende Bedürfnis verspüren, ein Mann sein zu wollen. Außerdem muss aus den Gutachten glaubhaft hervorgehen, dass sich Ihr Identifikationsgefühl längerfristig nicht mehr ändern wird. Der Antrag auf eine geschlechtsspezifische Vornamensänderung setzt keine Hormonbehandlung oder geschlechtsangleichende Operationen voraus. Er wird offiziell als »kleine Lösung« bezeichnet.

Als »große Lösung« gilt die Personenstandsänderung, bei der im Pass der Eintrag »weiblich« durch den Eintrag »männlich« ersetzt wird. Die »große Lösung« setzt die kleine voraus. Sie müssen zudem unverheiratet sein und sich Gebärmutter, Eierstöcke und Brüste operativ entfernen lassen. Durch die Einnahme des männlichen Sexualhormons Testosteron bilden sich Muskeln, und die Körperbehaarung nimmt zu. Ihr äußeres Erscheinungsbild sollte dem männlichen angenähert sein. Ein Scheidenverschluss beziehungsweise ein Penoidaufbau dürfen nicht verlangt werden, sind operativ aber grundsätzlich nicht ausgeschlossen.

Dabei gestaltet sich die Ausbildung eines Neopenis als besonders schwierig. Zudem sind die Erfahrungswerte von Ärzten äußerst gering. Intersexuelle Kinder werden deswegen der Einfachheit halber eher zu Mädchen umoperiert.
Für den operativen Aufbau der äußerst empfindlichen Geschlechtsorgane bei einer Geschlechtsumwandlung entnimmt man in der Regel Gewebe aus dem Oberarm. Die Ausbildung zeugungsfähiger Hoden ist zwar ausgeschlossen, sie können aber durch Prothesen nachgebildet werden. Durch die Einnahme von Testosteron vergrößert sich die Klitoris, und es entsteht ein empfindungsfähiger Penis, der sich allerdings in Größe und Form von dem eines natürlichen Penis unterscheidet.

Selig- oder gar heiliggesprochen werden

Um die 15 000 katholische Heilige gibt es schon auf der Welt. Katholische Heilige können nur vom Papst höchstselbst anerkannt werden. Johannes Paul II. war diesbezüglich besonders großzügig. Allein 482 Heiligsprechungen gehen auf ihn zurück. Das sind etwa doppelt so viele Ernennungen wie in den 400 Jahren zuvor.

Der Heiligsprechung wird die Seligsprechung nach Ihrem Ableben vorausgesetzt, und es versteht sich von selbst, dass Sie bekennender Katholik waren. Dafür muss ein Hinterbliebener einen Antrag beim Bischof für Ihre Person einreichen und die Aufwandskosten von etwa 50 000 Euro übernehmen. Bis zur Heiligsprechung kann dann eine Summe von 250 000 Euro zusammenkommen, die an den Vatikan zu entrichten ist. Für arme Kirchengemeinden gibt es jedoch einen Fonds zur finanziellen Unterstützung.

Eine vom Bischof berufene Arbeitsgruppe sammelt dann alle Informationen über Sie und Ihr hoffentlich christlich geführtes Leben zusammen. Auch Ihre private Post wird gelesen, und Zeugen werden befragt. Sehr positiv wird bewertet, wenn Sie einen Orden oder wenigstens ein Krankenhaus gegründet haben. Der »Förderer der Gerechtigkeit« wurde früher »Advocatus Diaboli«, also Anwalt des Teufels, genannt. Er sucht aktiv nach Vergehen und Missetaten in Ihrem Lebenslauf. Sollte da unerwarteterweise doch mehr zusammengekommen sein, wird der Prozess abgebrochen.

Um eine Runde im Seligsprechungsprozess weiterzukommen, müssen Sie in Ihrem Lebenslauf ein Wunder nachweisen können. Diese werden heutzutage akkurat von Wissenschaftlern und Ärzten geprüft. Erst wenn sich alle einig sind, dass es keine Erklärung für das Geschehene gibt und Sie also in direktem Kontakt zu Gott gestanden haben müssen, gilt es als Wunder.

Die Akte, mit allen Beweisen, wird dann vom Bischof in den Vatikan geschickt. Dort wird von einem Gremium aus über 100 Bischöfen, Kardinälen und sonstigen Beratern erneut alles geprüft und über Ihre Seligsprechung beraten.

Wenn das Gremium für Ihre Seligsprechung stimmt, kann Ihre Akte schließlich dem Papst vorgelegt werden, der dann letztendlich entscheidet, ob Sie von gläubigen Katholiken als Gottesvermittler offiziell angerufen werden können.

Für die Heiligsprechung, die Ihnen eine weltweite Verehrung garantiert, geht dann der Prozess erneut von vorne los. Antrag stellen, Kosten übernehmen ... Aber vor allem brauchen Sie: ein neues Wunder!

Bewerbung bei »Germany's next Topmodel«

Sobald die nächste Sendestaffel ausgerufen wird, kann man sich die Aufnahmebedingungen von der PRO7-Website herunterladen. Für die dritte Staffel waren das neben dem Bewerbungsformular über die persönlichen Daten ein Porträtfoto, ein Bikinifoto, ein selbstgedrehtes Video, die Unterzeichnung der Vertragsbedingungen über die Senderechte und die Bedingung, für acht Wochen am Stück verfügbar zu sein. Dass die Sendung fortgesetzt wird, gilt mehr als wahrscheinlich. Das amerikanische Vorbild des Modelwettbewerbs ist bereits in der 17. Runde. In Deutschland laufen gerade die Vorbereitungen für die siebte Staffel auf Hochtouren.

Aufnahme ins Guinnessbuch der Rekorde

Eine Anmeldung für Ihre Rekordidee ist ausschließlich über die Website www.guinnessworldrecords.de möglich. Auch wenn Sie einen bestehenden Rekord brechen wollen, müssen Sie sich über diese Seite anmelden. Die Anmeldung ist kostenfrei, außer Sie wünschen ausdrücklich eine beschleunigte Bearbeitung. Nachdem Ihre E-Mail-Adresse geprüft wurde und Sie den Vertragsbedingungen zugestimmt haben, wird Ihre Anfrage bearbeitet.

Nach etwa vier Wochen erhalten Sie über die Annahme oder Ablehnung des Rekordversuchs Bescheid. Wenn Ihr Antrag zugelassen wurde, enthält der Anhang die definierten Regeln und Bedingungen, die beim Versuch einzuhalten sind, bezie-

hungsweise auch den aktuellen Leistungsstand des bestehenden Rekords, den es zu brechen gilt.
Danach können Sie mit der Realisierung Ihres Vorhabens beginnen. Beachten Sie bitte, dass der Rekordversuch nach der offiziellen Beweisliste dokumentiert werden muss. Benutzen Sie dazu die Formblätter, die Ihnen mit den Vertragsbedingungen zugesandt wurden. In besonderen Fällen wohnt ein offizieller Prüfer bei. Sie können auch einen Prüfer anfordern, müssen dann jedoch für dessen Honorar und Reisekosten selbst aufkommen.
Jeder Rekordversuch muss öffentlich durchgeführt werden und von mindestens zwei unabhängigen, volljährigen Zeugen protokolliert und bestätigt werden.
Etwa einen Monat benötigt GUINNESS WORLD RECORDS dann zur Sichtung und Auswertung Ihres postalisch eingegangenen Beweismaterials. Durch die Zusendung einer Urkunde werden Sie schließlich als aktuelle Rekordhalterin bestätigt. GUINNESS WORLD RECORDS behält sich vor, Ihren Rekord im jährlich neu erscheinenden Buch zu dokumentieren.

Trainerin einer Fußballmannschaft werden

1986 erwarb Tina Theune-Meyer als erste deutsche Frau eine Fußballtrainer-Lizenz.
Heute ist das Ausbildungssystem in vier Stufen gegliedert. Die Spitze des Trainerlizenzsystems bildet die Zulassung als Berufsfußballtrainer von der Regional- bis zur Bundesliga. Sie kann durch ein zweisemestriges Studium an der Deutschen Sporthochschule in Köln erworben werden.
Tina Erkenrath ist die einzige Trainerin einer Herrenmannschaft mit A-Lizenz in Deutschland. Darüber wurde sogar der Film »Elf Männer und eine Frau« gedreht. Die Tatsache

scheint so sensationell zu sein, dass die Mannschaft von Tina Erkenrath zur absoluten Nebensache wird. Über das Internet bekommt man weder den Namen des Vereins noch die Liga heraus, dafür aber, dass Frau Erkenrath mit ihrer Mannschaft in den Urlaub fährt und beim Duschen nach den Spielen mit dabei ist.

Bislang offene Fragen der Wissenschaft beantworten

1. Was ist die biologische Basis des Bewusstseins?
2. Gibt es eine absolute Grenze für die Lebensspanne eines Menschen, und wo liegt sie?
3. Wie speichert das Gehirn Erinnerungen und ruft sie wieder ab?
4. Gibt es noch andere Universen?
5. Gibt es außer auf der Erde noch anderes Leben in unserem Sonnensystem?
6. Wie lassen sich Einsteins Gravitationstheorie und Quanteneffekte miteinander vereinbaren?
7. Wie genau entsteht eine Eiszeit?
8. Wie konstruiert man ein verlässliches Frühwarnsystem für Erdbeben?
9. Wie gelingt es den Genen, das Zellwachstum zu beschränken, so dass Organe, Organismen und Glieder richtige und gleichmäßige Größen erreichen?
10. Wie ist der Zusammenhang zwischen Krebserkrankungen und Stammzellen?
11. Wie genau orientieren sich Vögel, Fische, Wale und Insekten auf ihren zum Teil über Tausende von Kilometern verlaufenden Wegen?
12. Schlafen Lebewesen, weil Muskeln und Organe sich erholen müssen, oder braucht vor allem das Gehirn die Sonderphase Schlaf?

13. Ist Träumen nur ein Nebeneffekt, während das Gehirn sich formatiert?
14. Wie entsteht Autismus, und wie kann man die Krankheit optimal behandeln und womöglich heilen?
15. Wie hoch ist der Anteil genetischer Vorgaben an der Persönlichkeit eines Menschen?

(Auswahl aus 125 großen, unbeantworteten Fragen der Wissenschaft, die das angesehene US-amerikanische Magazin »Science« im Jahr 2005 veröffentlichte)

Richtig Lotto spielen

Die Chance, im Lotto sechs Richtige zu haben, liegt bei 1 : 14 000 000.

Die Wahrscheinlichkeit, ermordet zu werden, ist 176-mal so groß. In Deutschland spielen wöchentlich etwa 21 Millionen Deutsche Lotto.

Bekanntlich werden die Zahlen von Geburtsdaten und Zahlenkombinationen, die auf dem Lottoschein ein bestimmtes Muster ergeben, besonders häufig getippt. Besonders beliebt ist die Zahl 19 für das 19. Jahrhundert, gefolgt von den Monatszahlen 1 bis 12 und den Monatstagen. Die Zahlen ab 32 werden deutlich seltener angekreuzt, besitzen aber natürlich die gleiche Ziehungswahrscheinlichkeit, nur ist die Gefahr deutlich geringer, im unwahrscheinlichen Falle eines Lottogewinns mit anderen teilen zu müssen. Das heißt, Sie können durch geschicktes Wählen der Zahlen zwar nicht die Gewinnwahrscheinlichkeit beeinflussen, die Höhe der Gewinnsumme durch selten getippte Zahlen jedoch schon.

Fakt ist: Es gibt keine Methode, die Wahrscheinlichkeit zu erhöhen, außer Sie würden unsinnigerweise so viele Lottotipps abgeben, dass Ihre Einsatzsumme die Gewinnsumme überstei-

gen würde. Es ist egal, welche Zahlenkombination Sie tippen. Alle sind gleich wahrscheinlich, unabhängig davon, welche Zahlen besonders häufig oder schon lange nicht mehr gezogen wurden.
Die Chance auf einen Dreier oder Vierer erhöht sich allerdings, wenn sich Ihre getippten Zahlen bei mehreren, gleichzeitig abgegebenen Tippversuchen nicht überschneiden.

Übrigens: *Dass viel Geld gar nicht glücklich macht, zeigen diverse Studien, die sich mit den Lebensläufen früherer Lottomillionäre beschäftigen. Es ist eine gesunde Einrichtung der Natur, nur für kurze Zeit großes Glück oder Unglück zu empfinden, um sich nicht zu lange von potenziellen Gefahren ablenken zu lassen und sich schnell wieder auf die wesentlichen Grundbedürfnisse zu besinnen. Luxus ist wie Alkohol. Man gewöhnt sich schnell daran und braucht immer mehr, um Glück und Zufriedenheit empfinden zu können.*
Wohlstand ist zwar für unser Glücksempfinden durchaus entscheidend. Geld und Glück verhalten sich jedoch nur bis zu einer gewissen Höhe proportional, dann flacht die Verhältniskurve jäh ab. Solange wir uns genauso viel leisten können wie unser Umfeld, fühlen wir uns wohl. Sobald wir wesentlich mehr besitzen als alle anderen, beginnt die soziale Abgrenzung, und die Vereinsamung nimmt ihren Lauf. Für Glückswissenschaftler steht jedoch eindeutig fest, dass unser Wohlempfinden hauptsächlich von der Einbindung in unsere Familien und die Gesellschaft und der damit verbundenen positiven Persönlichkeitsbestätigung abhängt.

Hoffnung schöpfen mit dem Kranich

Überall auf der Welt wünschen sich Menschen Glück und Gesundheit und versuchen beides durch Symbole und Rituale heraufzubeschwören. In Japan gilt der Kranich als Symbol für ein langes, glückliches Leben. Einer alten Legende nach hat man einen Wunsch frei, wenn man 1000 Origami-Kraniche gefaltet hat. Vielleicht klappt es ja! Gehen Sie wie folgt vor:

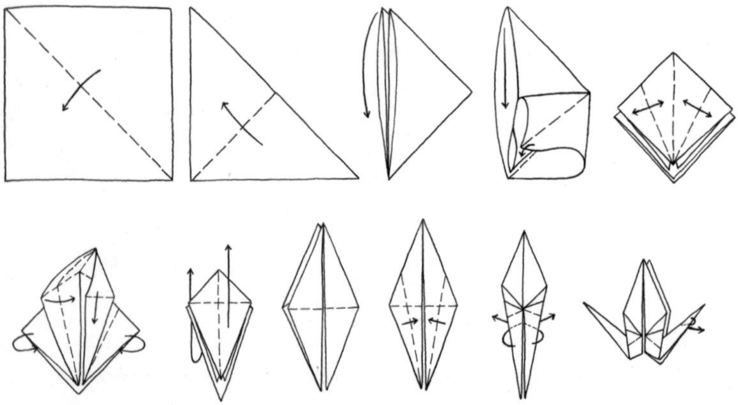

1. Quadrat falten und wieder entfalten, dann wenden.
2. Erneut falten und entfalten.
3. Von den Ecken zu einem Quadrat zusammenschieben.
4. Kanten von links und rechts jeweils zur Mitte falten und wieder entfalten.
5. Obere Ecke nach unten falten und wieder entfalten.
6. Untere Ecke nach oben falten; äußere Kanten dabei zur Mitte bewegen.
7. Für die Rückseite wie unter 4. bis 6. verfahren.
8. Die linke und rechte untere Kante zur Mitte falten.
9. Schritt 8 für die Rückseite wiederholen.
10. Schwanz und Hals des Kranichs mit innerem Gegenbruch auf jeder Seite falten.
11. Kopf mit innerem Gegenbruch falten; Flügel zu den Seiten falten.

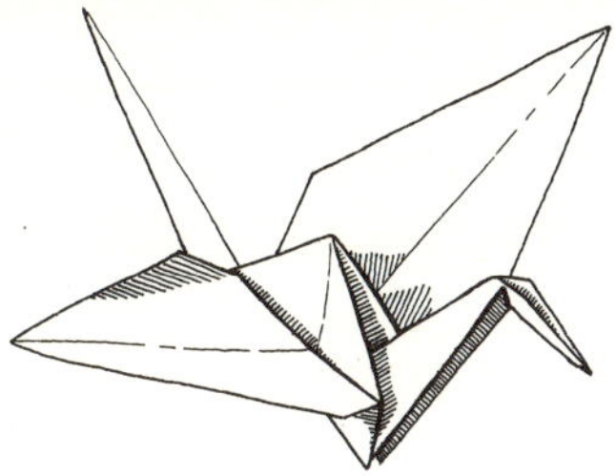

12. Fertig!

Eigenhändig ein Huhn schlachten

Zunehmend mehr Menschen, die einen Garten oder ein Stück Land haben, halten ein paar Hühner und schlachten sie bei Bedarf selbst, weil sie auf diese Weise genau wissen, wo das Fleisch herkommt und dass es dem Huhn in seinem ein- bis zweijährigen Leben verhältnismäßig gut ging.
Achten Sie darauf, dass das Huhn nicht zu alt ist, dann taugt es nämlich nur noch zum Suppenhuhn. Das Huhn sollte zwölf bis 15 Stunden vorher von den anderen getrennt und nicht mehr gefüttert werden. Das erleichtert später das Ausnehmen.

- Das Huhn wird an den Füßen gepackt, die Federn gut in der Haltehand fixiert und kopfüber gehalten.
- Mit einem kräftigen Schlag auf den Kopf mit der Rückseite einer Axt wird es erschlagen.
- Sofort danach wird es auf den Rücken auf einen Holzblock gelegt und mit der Axt geköpft.
- Während es zuckt und flattert, muss das Huhn gut festgehalten werden. Zum Ausbluten wird es über eine Schale gehalten.
- Die Federn werden von oben nach unten gerupft.
- Wer zügig arbeitet, kann die Federn rupfen, wenn das Huhn

noch warm ist, dann lösen sich die Federn leichter als bei einem kalten.

- Um die Afteröffnung wird ein kreisförmiger Schnitt gemacht – nicht zu tief, um nur ja keine Organe zu öffnen. Durch diesen Zugang werden sämtliche Innereien herausgeholt.
- Am Schluss werden die Hühnerfüße mit der Axt entfernt.

Über gefährliche Ideen philosophieren

Das Online-Magazin »The Edge« stellte 2006 bekannten Wissenschaftlern und Persönlichkeiten die Frage: Wie lautet Ihre gefährliche Idee? Nicht, weil sie für falsch gehalten wird, sondern weil sie wahr sein könnte. Eine Auswahl:

Der Mensch hat gar keine Seele.
Paul Bloom, Psychologe

Wir sind vollkommen allein im Universum.
Keith Devlin, Mathematiker

Die Wissenschaft gerät außer Kontrolle.
Martin Rees, Astrophysiker

Alles ist sinnlos.
Susan Blackmore, Psychologin und Skeptikerin

Demokratie könnte ein Auslaufmodell sein.
Haim Harari, Physiker

Mehr gibt's nicht: Das Leben beginnt mit der Geburt und endet mit dem Tod.
Robert R. Provine, Psychologe und Neurologe

Der Einfluss der Eltern auf ihr Kind ist gleich null.
Judith Rich Harris, unabhängige Forscherin

Die Wissenschaft muss die Religion zerstören.
Sam Harris, Neurologe

Eltern können sich das Geschlecht ihres Kindes aussuchen.
Diane F. Halpern, Psychologin

Wir sind selbst nichts weiter als hochentwickelte Bakterien.
Lynn Margulis, Biologin

Der Kampf gegen die Erderwärmung ist verloren.
Paul Davies, Physiker

Regierungen sind das Problem, nicht die Lösung.
Matt Ridley, Wissenschaftsautor

Ein Apfelbäumchen pflanzen

»Auch, wenn ich wüsste, dass morgen die Welt zugrunde geht, würde ich heute noch ein Apfelbäumchen pflanzen.« Ein weiser Ausspruch, der Martin Luther zugeschrieben wird.
Mit einer Eiche könnte man sich freilich ein richtiges Denkmal setzen. Diese wird mehrere hundert Jahre alt, braucht aber auch entsprechend Platz. Für ein kleines Apfelbäumchen sollte in jedem Garten Platz sein. Im Durchschnitt werden Apfelbäume 70 Jahre alt. Ihre Früchte gelten als Sinnbild der Liebe, Fruchtbarkeit, Ewigkeit und der weiblichen Verführung!

Nach Ihrem Bäumchen sollten Sie am besten in einer der regionalen Baumschulen suchen. Dort werden vorzugsweise Sorten angeboten, die auf die Bodenbeschaffenheit der Umge-

bung abgestimmt sind und im örtlichen Klima besonders gut gedeihen. Viele Baumschulen bieten sogar eine Anwachsgarantie.
Containerpflanzen sind Bäume aus Pflanzkübeln. Diese können, außer bei Bodenfrost, ganzjährig in den Garten eingebracht werden. Apfelbäume mit losen Wurzeln werden im Oktober gepflanzt und müssen im Gegensatz zu Containerbäumen gleich zurückgeschnitten werden.

Heben Sie Ihr Pflanzloch im doppelten Topfdurchmesser aus und lockern Sie den Untergrund gut auf. Ihr Bäumchen soll so tief in der Erde stehen wie vorher im Topf. Reichern Sie den Erdaushub nach Möglichkeit mit Komposterde an. Halten Sie den Baum am Stamm fest und füllen Sie das Erdreich ein. Schütteln Sie ihn immer wieder leicht, damit sich möglichst viel Erde an den Wurzeln andichten kann. Die Verdickung des Stammes knapp über dem Wurzelballen ist die Veredlungsstelle. Hier wurde die Wurzelunterlage dauerhaft mit einem fruchtbildenden Spross verbunden, der nun ihre Apfelsorte bestimmt. Von hier aus sollen sich keine Wurzeln entwickeln, und deswegen muss bei Apfelbäumen diese Stelle oberhalb des Erdreichs liegen. Bringen Sie gleich beim Einpflanzen einen Stützpfahl mit ein, ohne den Wurzelballen dabei zu beschädigen. Das ist weniger mühsam als hinterher. Verdichten Sie zum Schluss die Erde durch vorsichtiges Antreten und binden Sie den Stamm mit einem Nylonstrumpf am Stützpfahl fest. Achten Sie darauf, dass sich beide nicht berühren. Der Baum muss nun gut gegossen werden, um fest im Boden zu sitzen und anzuwachsen.

Wenn Ihr Baum im Frühling genügend Bienen angelockt hat, können Sie bereits im ersten Herbst Ihre eigenen Bioäpfel ernten. An apple a day, keeps the doctor away!

Eine Stiftung gründen

In Zukunft wird eine immer kleiner werdende Gruppe Arbeitnehmer eine immer größer werdende Anzahl von Rentnern mitfinanzieren müssen. Studiert man die demographischen Zahlen des Statistischen Bundesamtes, werden Frauen durchschnittlich um sechs Jahre älter als Männer. Gebildete Frauen haben wiederum eine höhere Lebenserwartung als ungebildete. Gebildete Frauen heiraten nach wie vor, bleiben jedoch immer mehr zugunsten ihrer Karriere kinderlos. Die konsequente Folgerung aus diesen Daten ist, dass in Zukunft immer mehr wohlhabende, intelligente Alleinerbinnen unter den Rentnerinnen sein werden.

Eine gute Option – nicht nur hinsichtlich einer späteren Selig- oder Heiligsprechung – besteht darin, einen Teil Ihres Vermögens rechtzeitig durch eine Stiftung gemeinnützigen Zwecken zur Verfügung zu stellen. Sei es, um die fleißigen jungen Menschen zu unterstützen oder den alten Menschen ihren verdienten Lebensabend zu erleichtern. Eine gemeinnützige Stiftung verspricht Ihnen dabei nicht nur zu Lebzeiten einen steuerlichen Vorteil. Im Gegensatz zur Dauertestamentsvollstreckung, die Ihre Einflussnahme auf 30 Jahre beschränkt, stellt die Stiftung die einzige Möglichkeit im deutschen Recht dar, den Willen einer natürlichen Person für die Ewigkeit zu fundamentieren.

Den Zweck der Stiftung bestimmen Sie natürlich selbst, ganz nach Ihrem Ermessen und Ihren Vorstellungen. Ihr eingebrachtes Vermögen sollte jedoch so hoch sein, dass die vorgesehenen Aufwendungen auch langfristig aus den Erträgen des Vermögens gedeckt sind. Das muss nicht zwangsläufig ein Geldvermögen sein. Auch Immobilien, Kunstwerke, Unternehmensbeteiligungen oder verwertbare Rechte können für eine Stiftung ertragreich sein. Kümmern Sie sich rechtzeitig um eine kompetente, geschäftstüchtige und ehrenamtliche Verwaltung. Ihre Willenserklärung zur Gründung einer gemeinnützigen Stiftung reichen Sie bei der Stiftungsbehörde des zuständigen Landes ein. Die Anforderungen des Gemeinnützigkeitsrechts prüft dann das Finanzamt.

Meine Zukunftspläne

(zum Selbstnotieren)

THEMENINDEX